高职交通运输与土建类专业系列教材

高等职业教育新形态一体化教材

地铁盾构施工

第2版

蔡英利　李建军　张　冰　主　编
　　　　　　　刘慧玲　副主编
　　　　　　　王国政　主　审

人民交通出版社股份有限公司

北　京

内 容 提 要

本书系统介绍了盾构施工内容，包括盾构构造、选型、施工、隧道防水、洞内出渣运输、施工测量与监测、管片制作与运输等相关内容，并对特种盾构工法及土压盾构机、泥水盾构机、TBM 的施工操作进行了简要介绍。内容全面，贴近实际。

本书可供高职城市轨道交通工程技术、地下与隧道工程技术等相关工程类专业选作教材，亦可供相关施工技术人员参考。

图书在版编目（CIP）数据

地铁盾构施工／蔡英利，李建军，张冰主编. —2版. —北京：人民交通出版社股份有限公司，2024.1
ISBN 978-7-114-18971-5

Ⅰ.①地… Ⅱ.①蔡…②李…③张… Ⅲ.①地下铁道—铁路工程—隧道工程—盾构（隧道）—工程施工—高等职业教育—教材 Ⅳ.①U231

中国国家版本馆 CIP 数据核字（2023）第 167942 号

Ditie Dungou Shigong

书　名：	地铁盾构施工（第 2 版）
著 作 者：	蔡英利　李建军　张　冰
责任编辑：	李　娜
责任校对：	赵媛媛　龙　雪
责任印制：	刘高彤
出版发行：	人民交通出版社股份有限公司
地　　址：	（100011）北京市朝阳区安定门外外馆斜街 3 号
网　　址：	http://www.ccpcl.com.cn
销售电话：	(010)59757973
总 经 销：	人民交通出版社股份有限公司发行部
经　　销：	各地新华书店
印　　刷：	北京武英文博科技有限公司
开　　本：	787×1092　1/16
印　　张：	16.25
字　　数：	395 千
版　　次：	2011 年 1 月　第 1 版
	2024 年 1 月　第 2 版
印　　次：	2024 年 1 月　第 2 版　第 1 次印刷
书　　号：	ISBN 978-7-114-18971-5
定　　价：	49.00 元

（有印刷、装订质量问题的图书，由本公司负责调换）

前言 Introduction

  地铁盾构技术是城市地铁施工中一种重要的施工技术，是在地面下暗挖隧洞的一种施工方法。地铁盾构施工，能够适应城市的多种地质，而且施工精确度高，能够提高地铁工程的整体质量，并且相对其他挖掘措施更经济。为了适应行业的发展和地铁施工现场一线高素质技术技能人才的需求，编写了本教材。

  本书具有专业性强、实践性强、技术性强的特点，同时结合高等职业教育培养高素质技术技能人才的目标，注重理论联系实践，强调解决实际问题，既保证知识的系统性和完整性，又体现内容的实用性和可操作性，便于实践教学和案例教学。教材配有丰富的教学资源，包括 PPT 课件、三维动画、微课、施工视频及案例等，读者可扫描封面二维码，绑定课程后进行学习。

  本书由蔡英利、李建军、张冰任主编，刘慧玲任副主编。具体编写分工如下：哈尔滨铁道职业技术学院张冰编写了项目一；刘慧玲编写了项目二；李建军编写了项目三、项目四、项目六、项目八、项目九、项目十；蔡英利编写了项目五、项目七、项目十一、项目十二、项目十三、项目十四、项目十五。

  中铁工程装备集团有限公司王国政为本书作了主审工作，提出了许多中肯的意见和建议，在此表示感谢。同时本书在编写过程中得到了中铁隧道集团有限公司和中交隧道工程局有限公司许多盾构方面技术人员的大力支持，在此一并表示感谢。

  由于编者水平有限，且时间仓促，本书难免有错误和不足之处，恳请专家和读者批评指正。

编 者

2023 年 6 月

目录 Contents

项目1 绪论 ·············· 1
    任务1 盾构法简介 ·············· 1
    任务2 地铁区间隧道施工方法 ·············· 4

项目2 盾构的构造与功能 ·············· 6
    任务1 盾构的基本构造 ·············· 6
    任务2 盾构的功能描述 ·············· 11

项目3 盾构的种类与选型 ·············· 22
    任务1 盾构分类 ·············· 22
    任务2 盾构选型 ·············· 26

项目4 施工准备 ·············· 34
    任务1 施工前准备 ·············· 34
    任务2 技术准备 ·············· 37
    任务3 设备材料准备 ·············· 41

项目5 盾构隧道竖井施工 ·············· 46
    任务1 盾构竖井的分类 ·············· 46
    任务2 盾构竖井的构筑工法 ·············· 50
    任务3 地下连续墙竖井工法 ·············· 55
    任务4 挡土围护竖井施工法 ·············· 63
    任务5 沉井竖井工法 ·············· 67
    任务6 竖井工程实例 ·············· 70

项目6 隧道端头加固技术 ·············· 73
    任务1 隧道端头加固的目的 ·············· 73

任务 2　隧道端头加固的方法 …… 73

项目 7　盾构施工 …… 78

任务 1　盾构组装与调试 …… 78
任务 2　盾构始发 …… 83
任务 3　土压平衡式盾构掘进 …… 88
任务 4　泥水盾构掘进 …… 93
任务 5　管片拼装 …… 98
任务 6　壁后注浆 …… 101
任务 7　刀具的检查与更换 …… 104
任务 8　特殊地段施工 …… 106
任务 9　盾构到达 …… 109
任务 10　盾构掉头 …… 110
任务 11　盾构拆卸 …… 116
任务 12　地中对接技术 …… 118

项目 8　盾构隧道的防水 …… 123

任务 1　衬砌结构的自防水 …… 123
任务 2　管片接缝的防水 …… 127
任务 3　其他措施 …… 131

项目 9　洞内出渣、运输及弃土外运 …… 134

项目 10　施工测量与监测 …… 137

任务 1　施工前期测量工作 …… 137
任务 2　建立地面控制网 …… 138
任务 3　竖井联系测量 …… 139
任务 4　地下控制测量 …… 141
任务 5　盾构掘进施工测量 …… 144
任务 6　盾构贯通测量 …… 155
任务 7　地表沉降监测及控制措施 …… 157

项目 11　管片制作与运输 …… 168

任务 1　管片的种类 …… 168
任务 2　管片的构造 …… 170

  任务 3 管片制作 …… 173
  任务 4 管片运输及存放 …… 178

项目 12 特种盾构工法简介 …… 179

  任务 1 扩径盾构工法 …… 179
  任务 2 球体盾构工法 …… 180
  任务 3 多圆盾构工法 …… 182
  任务 4 H&V 盾构工法 …… 183
  任务 5 可变断面盾构工法 …… 185
  任务 6 偏心多轴盾构工法 …… 186

项目 13 土压盾构机施工操作 …… 188

  任务 1 土压盾构机操作面板认识 …… 188
  任务 2 土压盾构机操作 …… 205

项目 14 泥水盾构机施工操作 …… 210

  任务 1 泥水盾构机操作面板认识 …… 210
  任务 2 泥水盾构机操作 …… 219

项目 15 TBM 施工操作 …… 237

参考文献 …… 252

项目1 绪　　论

任务1　盾构法简介

1.1 概述

随着中国社会经济的快速发展,城市化进程的加快,城市地铁已经在社会公共功能中扮演越来越重要的角色,水下隧道正在改变着越江跨海通道"唯桥是举"的局面,高速铁路、高速公路、水利工程均面临大型隧道工程的挑战。中国的隧道工程具有建设数量多、规模大、技术复杂、发展快等特质,如何采用高效的、先进的隧道施工技术,是摆在工程技术人员面前的一道重要课题。现代盾构隧道技术在我国的逐步完善和迅速发展顺应了时代的要求,其必将在中国的基础设施建设等领域发挥越来越重要的作用。

我国城市轨道交通运营线路总长度从2016年的3990.4km上升至2021年的9206.8km,增长空间大。根据《"十四五"现代综合交通运输体系发展规划》,预计2025年城市轨道交通运营里程达10000km左右,平均每年新增680km。鉴于盾构法在地铁工程中的广泛应用,盾构技术有望迎来快速发展。

盾构是在与隧道形状一致的盾构外壳内,装备着推进机构、挡土机构、出土运输机构、安装衬砌机构等部件的隧道开挖专用机械。盾构法就是使用盾构修建隧道的方法,它使用盾构在地下掘进,在防止开挖面坍塌和保持开挖面稳定的前提下,同时在机内安全地进行隧道的开挖作业和衬砌作业,从而构筑成隧道的施工法。近年来由于盾构法在施工技术上的不断改进,机械化程度越来越高,其对地层的适应性也越来越好。城市市区建筑公用设施密集,交通繁忙,明挖隧道施工对城市生活干扰严重。特别在市中心,若隧道埋深较大,地质又复杂时,用明挖法建造隧道则很难实现;而盾构法施工对城市地下铁道、上下水道、电力通信、市政公用设施等各种隧道均具有明显优势,其埋设深度可以很深而不受地面建筑物和交通的限制。此外,在建造水下公路、铁路隧道或水工隧道时,盾构法也往往因其经济合理而被采用。

盾构法是一项综合性的施工技术。盾构法施工的概况如图1-1所示。盾构法的施工过程如下:先在隧道某段的一端建造竖井或基坑,以供盾构安装就位。盾构从竖井或基坑的墙壁预留孔处出发,在地层中沿着设计隧道轴线,向另一竖井或基坑的设计预留孔洞推进。盾构推进中所受到的地层阻力,通过盾构千斤顶传至盾构尾部已拼装的预制衬砌,再传到竖井或基坑的后靠壁上。盾构是这种施工方法的核心,是一个能支承地层压力,又能在地层中推进的圆形、矩形、马蹄形或其他特殊形状的钢筒结构。盾构隧道的基本断面形状是圆形,因圆形断面抵抗地层中的土压力和水压力效果较好,衬砌拼装简便,构件通用性强、易于更换而应用广泛。后陆续开发应用了多圆和异形盾构,其直径稍大于隧道衬砌的直径。在钢筒的前面设置各种类型的支撑和开挖土体的装置,在钢筒中段周圈内安装顶进所需的千斤顶,钢筒尾部是具有一定空间的壳体,在盾尾内可以安置数环拼成的隧道衬砌环。盾构每推进一环距离,就在盾尾支护下拼装一环衬砌,并及时向盾尾后面的衬砌环外周的空隙中压注浆体,以防止隧道及地面下沉。盾构在推进过程中不断从开挖面排出适量的土方。

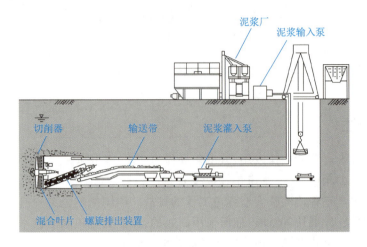

图 1-1　盾构法施工的概况(土压平衡)

盾构法施工时还需要有包括地下水的降低、稳定地层、防止隧道及地面沉陷的土壤加固措施,隧道衬砌结构的制造,地层的开挖,隧道内的运输,衬砌与地层间的充填,衬砌的防水与堵漏,开挖土方的运输及处理,配合施工的测量、监测技术,合理的施工布置等其他施工技术密切配合才能顺利进行。此外,采用气压法施工时,还涉及一些医学上的问题和防护措施等。

1.2　盾构技术在我国的应用和发展

我国从 1953 年才开始盾构与盾构法施工的探索。中国盾构技术的发展历程可划分为三个阶段:技术的黎明期(1953—2002 年)、技术的创新期(2003—2008 年)、技术的跨越期(2009 年至今)。虽然起步很晚,但由于注意参考和借鉴别国成功的经验和失败的教训,所以发展很快。特别是近十年来随着我国城市地铁大规模建设,盾构技术得到了新一轮发展。

1970 年,上海隧道工程公司使用直径为 10.2m 的挤压式盾构,修建了穿越黄浦江的第一条水下隧道,从而实现了中国用盾构法修建隧道"零"的突破。1988 年完工的另一条黄浦江水下隧道延安东路北线隧道,盾构施工段长 1476m,线路平面呈 S 形,曲率半径 500m,纵坡 3%;该隧道除穿越黄浦江外,还要在高层建筑群和地下管线等重要环境保护地段通过。此隧道是用我国自行设计和制造的直径为 11.3m 网格式水力机械盾构修建的。进入 20 世纪 90 年代,上海地铁 1 号线采用法国 FCB 公司设计的盾构(其车架、拼装机、螺旋输送机、皮带输送机、搅拌机等设备在上海配套制造)完成总长 18.5km 的单线圆形区间隧道(内径 5.5m,外径 6.2m)施工。

随着盾构法应用的增加,工程人员对其技术研究逐步深入,盾构隧道的设计计算、盾构的选型及配套、盾构的使用及施工技术等在我国都得到了快速发展和提高,有些(尤其是地铁隧道盾构技术)达到了国际先进水平。

以城市地铁盾构法技术为代表,目前国内已开展地铁建设的城市有48个,使用3500余台盾构施工,不仅采用了土压平衡盾构,也采用了泥水平衡盾构,还有复合式盾构;除区间单圆盾构外,在上海地铁施工中还采用了双圆盾构一次施工两条平行的区间隧道;盾构隧道地面环境除复杂的建(构)筑物外,也有在江下、湖下穿越的(上海穿越黄浦江、广州穿越珠江、南京穿越玄武湖);盾构穿越地层除黏土、淤泥质软土、砂黏土外,还有砂层、砂砾层、卵石层以及较高强度的岩石地层等。需要特别指出的是,广州地铁2号线经研究采用了具有土压平衡、气压平衡和局部气压平衡模式的新型复合式盾构,成功修建了既有软土又有坚硬岩石以及断裂破碎带的复杂地层的区间隧道,打破了长期以来盾构法应用地质禁区的限制,大大拓宽了盾构法的应用范围。

目前,我国地铁盾构法隧道管片常用环宽为1.0m、1.2m、1.5m。广州地铁2号线率先采用了1.5m环宽的管片,为目前地铁区间隧道所用的最宽管片,其有利于提高隧道结构的整体刚度,且拼装接缝减少,安装效率提高,同时节约成本。接缝大多采用遇水膨胀橡胶或三元乙丙橡胶弹性密封防水,使隧道建成后不渗不漏,可达到A级防水标准。

在施工中已采用激光导向或陀螺仪导向,并辅助以人工测量技术,以及运用盾构推进油缸分区操作和姿态控制与纠偏技术、管片排版选型和拼装技术等,可将隧道线形精度控制在30~50mm,管片错台高度控制在5~10mm。

管片背后环形间隙注浆除采用日本常用的即时注浆和欧洲常用的惰性浆液同步注浆外,我国也已开发出非惰性浆液的同步注浆技术,具有更好的早期稳定管片和控制地层沉降效果。

目前,我国在掘进控制、泥水与土压力和排渣管理、渣土改良、防止刀盘结"泥饼"技术等方面已做得很好;端头加固、联络通道施工、始发到达、安全换刀、信息化施工等技术已完全掌握;在盾构的故障诊断及管片维修养护上亦有了较完善技术,可以达到55%~67%的高机时利用率。

我国盾构施工中的地表隆沉量一般可控制在+10~-20mm,可以在距已有建(构)筑物很近的距离下安全掘进隧道。广州地铁2号线越三区间隧道穿越既有14股铁路轨道,轨面沉降控制在5mm以内,轨道沉降差小于2mm。上海地铁2号线近距离下穿地铁1号线区间隧道、引水箱涵和地下室,地面沉降控制在3.5~8.5mm。盾构掘进速度一般平均为180~200m/月。广州地铁2号线越三区间最高月进度405m,平均进度为236m/月。在相似地质的广州地铁3号线大汉区间,盾构施工进度平均已达334m/月,最高月进度达到562.5m,达到国际先进水平。

在城市地铁隧道盾构法快速发展的同时,我国采用盾构法修建越江隧道技术也有所突破。上海采用直径11.2m的泥水盾构已建成穿越黄浦江的大连路隧道,平均进度超过200m/月。上海、广州地铁也成功采用土压平衡盾构修建地铁越江区间隧道。

我国地下管廊的规划建设拉动了盾构机长期需求。城市地下管廊即在城市地下建造一个隧道空间,将电力、通信、燃气、供热、给排水等各种工程管线集于一体,是保障城市运行的重要基础设施和"生命线"。城市地下管廊已经成为国外发达城市市政建设管理现代化象征。目前我国城市管廊的近期、中期、远期规划建设正有序进行中,《"十四五"住房和城乡建设科技发展规划》提出,研究地铁暗挖及地下管廊工程施工安全技术。总体估计,我国城市地下综合管廊年均建设需求将超过 3000km。

1.3 盾构的发展动向

盾构施工法开挖面稳定技术从压气施工法的"气"演变到泥水式的"水"和土压式的"土"。"开挖面稳定"和"盾构开挖"的技术已达到较完善的程度。目前盾构一般指密封式的泥水式和土压式盾构。泥土加压式盾构因其具备用地面积小、适用土质广、残土容易处理等优点,在建筑物密集的市区,使用数量正逐年增加。

从世界范围来看,盾构法隧道施工技术正在朝长距离、大直径、大埋深、复杂断面和高度自动化的方向发展,在这些方面处于领先地位的是日本和欧洲。目前,盾构技术的发展动向是:开发超大断面的盾构和多圆(Multi Face,MF)盾构、双圆盾构(DOT)等多断面盾构,在衬砌和开挖方面采用挤压混凝土衬砌(Extrude Concrete Lining,ECL)施工法的技术;采用管片自动组装装置的省力化,以及用自动测量进行开挖控制,用计算机进行各种施工管理而实现管理系统化等的开发研究,以提高盾构法施工的安全性、施工性和经济性。

1.4 盾构法的主要技术特点

盾构法施工是在闹市区和水底的软弱地层中修建地下工程较好的施工方法之一。近年来,盾构机械设备和施工工艺不断发展,其适应复杂工程地质和水文地质条件的能力大为提高。盾构法施工对城市地下空间的利用起到有力的技术支持作用,其施工优点有:

(1) 地面作业很少(除竖井外),隐蔽性好,因噪声、振动引起的环境影响小;
(2) 隧道施工的费用和技术难度基本不受覆土深度的影响,适宜于建造深埋隧道;
(3) 穿越河底或海底时,不影响通航,也不受气候的影响;
(4) 穿越地面建筑群和地下管线密集的区域时,对周围环境影响较小;
(5) 盾构推进、出土、拼装衬砌等主要工序循环进行,易于管理,施工人员较少。

盾构法施工存在的缺点则有:
(1) 施工设备费用较高;
(2) 覆土较浅时,地表沉降较难控制;
(3) 施作小曲率半径隧道时掘进较困难等。

任务2 地铁区间隧道施工方法

表 1-1 中总结了几种常用隧道施工方法,并对其适用环境、优缺点及发展方向进行了对比。

隧道施工方法的对比　　表 1-1

序号	施工方法	环境场地要求	优点	缺点	发展方向
1	明挖法	市郊施工场地开阔,软岩和土体,如北京和天津地铁	进度快,工作面大,便于机械和大量劳动力投入	破坏环境生态,影响交通,带来尘土和噪声污染	①有效井点降水系统;②可靠的支撑系统;③大型土方机械、混凝土搅拌及运输机械

续上表

序号	施工方法	环境场地要求	优点	缺点	发展方向
2	矿山法	岩石和坚硬土体，如青岛和重庆地铁	地面干扰小，造价低	进度慢，劳动强度大，风险大	①多臂钻孔台车、自动装药引爆装置；②光面爆破、喷锚支护，监控数据反馈指导设计和施工方法
3	暗挖法	埋深较浅，需对土体进行冻结、注浆、深层搅拌桩加固、棚管法加固，可用于浅埋车站，如北京、哈尔滨等城市地铁	地面干扰小，造价低，便于土法上马	机械化程度低，劳动强度大，环境恶劣，风险大	①发展可靠的浅地层地基处理技术；②小型灵活的地下开挖机械；③可靠的临时支护措施和机具
4	盾构法和顶管法	城市软地层、深埋隧道，如上海、广州、北京等城市地铁	地面影响小，机械化程度高，安全，工人劳动强度低，进度快	机械设备复杂，且价格昂贵；施工工艺繁杂，需要专业施工队伍	①开发适用不同地质条件，自动更换刀盘的气压、土压泥水平衡盾构和顶管，超前探测排障技术；②钢纤维挤压混凝土衬砌；③三维仿真计算机管理系统，管理信息化、自动化；④自动导向，中途对接异形盾构
5	沉管法	跨越江河湖海，软地基，如广州、宁波、上海过江隧道	造价低，速度快，隧道断面大	封锁江河水面，需专门的驳运、下沉、对接机具，水下作业，风险大	①大型涵管制作及驳运技术；②地下定位对接、防水技术
6	掘进机法（TBM）	坚硬岩石地质，如重庆地铁	速度快，机械化程度高，安全，地面无干扰	造价高，技术复杂，刀具易磨损	①开发国产高性能凿岩机；②改进高强合金刀具；③完善后配套系统；④超前不良地质探测系统

项目1 习题

项目2　盾构的构造与功能

盾构,是一种用于软弱地层隧道暗挖施工,具有金属外壳,壳内装有整机及辅助设备,在盾壳的掩护下进行土体开挖、土渣排运、整机推进和管片安装等作业,而使隧道一次成型的隧道施工机械。盾构必须能够承受围岩压力,且能安全经济地进行隧道掘进。盾构在其施工区间内所遇到的地质、环境是复杂多变的,因此必须根据地质勘探结果选择盾构形式,使其强度、耐久性、施工可行性、安全性、经济性与实际条件相适应。

盾构由通用机械(外壳、掘进机构、挡土机构、推进机构、管片组装机构、附属机构等部件)和专用机构组成。专用机构因机种的不同而异。如对土压盾构而言,专用机构即为排土机构、搅拌机构、添加材注入装置;而对泥水盾构而言,专用机构系指送/排土机构、搅拌机构。

任务1　盾构的基本构造

1.1　外壳

设置盾构外壳的目的是保护掘削、排土、推进、衬砌等所有作业设备、装置的安全,故整个外壳用钢板制作,并用环形梁加固支撑。

一台盾构的外壳沿纵向可分为前、中、后三段,通常又把这三段分别称为切口环、支承环及盾尾,见图2-1。盾尾后端安装有盾尾密封。

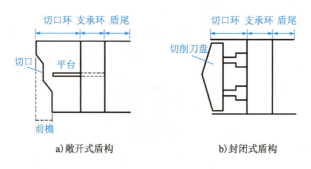

图2-1　盾构体构成图

1) 切口环

切口环位于盾构的前方,该部位装有掘削机械和挡土设备,故又称为掘削挡土部。对切口环的要求是:

(1) 切口环的形状、尺寸,必须与围岩条件相适应;

(2)刃脚必须是坚固、易贯入地层的结构。

切口环保持着工作面的稳定,并作为把开挖下来的土砂向后方运送的通道。因此,采用机械化开挖、土压式或泥水加压式盾构时,应根据开挖下来土砂的状态,确定切口环的形状、尺寸。尤其是当工作面用隔板隔开,构成承受水压、土压的压力室时,必须对其强度进行充分研究。

对于全敞开式盾构而言,通常切口的形状有阶梯形、斜承形、垂直形三种,见图2-2。切口的上半部较下半部凸出,呈帽檐状。凸出的长度因地层的不同而异,通常为300～1000mm。但是对部分敞开式(网格式)盾构而言,也有无凸出帽檐的设计。对自立性地层来说,切口的长度可以设计得稍短一些;对无自立性地层而言,切口的长度应设计得长一些。掘削时把掘削面分成几段,设置几层作业平台,依次支承挡土、掘削。有些情况下,把前檐做成靠油缸伸缩的活动前檐。切口的顶部做成刃形;对砾石层而言,应做成T形。

图2-2 切口形状

对于封闭式盾构,如图2-1b)所示,与图2-1a)的主要区别是在切口环与支承环之间设有一道隔板,使切口部与支承部完全隔开,即切口部得以封闭。切口部的前端装有掘削刀盘,刀盘后方至隔板之间的空间称为土仓(或泥水仓)。刀盘背后土仓空间内设有搅拌装置。土仓底部设有进入螺旋输送机的排土口。土仓上部留有添加材注入口。此外,当考虑更换刀头、拆除障碍物、地中接合等作业需要时,应同时考虑并用压气工法和可以出入掘削面的形式,因此隔板上应考虑设置人孔和压气闸。

2)支承环

支承环连接切口环与盾尾,内部可安装切削刀盘的驱动装置、排土装置、盾构千斤顶等,或作为推进操作的场所。在人力开挖盾构的切口环中装备有支挡装置,支承环承担支护开挖面千斤顶和盾构千斤顶反力,并且为盾构千斤顶等设备提供安装的空间,见图2-3。

图2-3 盾构支承环(中盾)

支承环是盾构的主体结构,承受作用于盾构上的全部荷载。另外,切口环和盾尾的设计都是根据支承环具有足够刚度的假定进行的,故支承环的设计非常重要。通常在支承环的前方设置环状刚性结构作为补强措施,因此,支承环的壳板有时设计得比切口环及盾尾板薄一些。

支承环的长度应根据安装盾构千斤顶、切削刀盘的轴承装置、驱动装置和排土装置的空间决定。

封闭式盾构的切口环与支承环用隔板隔开,切口环则成为用切削刀盘切削下来的土砂的通路。

3) 盾尾

盾尾的长度需根据管片宽度和形状及盾尾密封装置的道数来确定;对于机械化开挖式、土压式、泥水加压式盾构,还要根据盾尾密封的结构来确定。盾尾的最小长度必须满足衬砌组装工作的需要,同时应考虑在衬砌组装后因破损而需更换管片、修理盾构千斤顶和在曲线段进行施工等条件,使其具有一些富余量。

盾尾板的厚度在不产生有害变形的前提下,应尽可能薄一些。在盾尾的尾端安装有密封材料,使之具有防水性能。另外,在盾尾中安装有管片拼装机。在带有可拆设备的盾构中,为了在支承环处进行分割,钢壳部分分为前壳和后壳,或分割成几块,用方向控制千斤顶联结。

1.2 盾构尺寸、质量的确定

(1) 盾构外径 D_e

盾构外径 D_e 可由下式确定,即

$$D_e = D_0 + 2(X + t) = D_0 + 2\Delta D \tag{2-1}$$

式中:D_0——管片的外径,mm;

　　　X——盾尾间隙,mm;

　　　t——盾尾外壳的厚度,mm;

　　　ΔD——构筑空隙,mm。

(2) 盾构的长度 L

盾构的长度 L 与地层条件、开挖方式、出土方法、操作方式及衬砌形式等多种因素有关,通常由下式确定

$$L = L_C + L_G + L_T \tag{2-2}$$

式中:L_C——切口环的长度,m;

　　　L_G——支承环的长度,m;

　　　L_T——盾尾的长度,m。

切口环长度 L_C 对全(半)敞开式盾构而言,应根据切口贯入掘削地层的深度、挡土千斤顶的最大伸缩量、掘削作业空间的长度等因素确定;对封闭式盾构而言,应根据刀盘厚度、刀盘后面搅拌装置的纵向长度、土仓的容量(长度)等条件确定。

支承环长度 L_G 取决于盾构推进千斤顶、排土装置、举重臂支承机构等设备的规格大小。L_G 不应小于千斤顶最大伸长状态的长度。

盾尾长度 L_T 可按下式确定

$$L_T = L_D + B + C_F + C_R \tag{2-3}$$

式中:L_D——盾构千斤顶撑挡的长度,m;

B——管片的宽度,m;
C_F——组装管片的余度,m,通常取 $C_F = (0.25 \sim 0.33)B$,见图2-4;
C_R——包括安装盾尾密封材在内的后部余度,m。

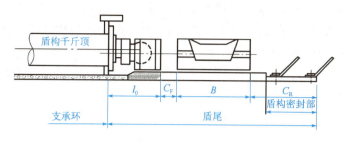

图2-4 盾尾构成及尺寸分布情况

通常把 $L/D_e (=\xi)$ 记作盾构的灵敏度。ξ 越小,操作越方便。大直径盾构($D_e \geq$ 6m),取 $\xi = 0.7 \sim 0.8$(多取 0.75);中直径盾构($3.5m \leq D_e \leq 6m$),取 $\xi = 0.8 \sim 1.2$(多取 1.0);小直径盾构($D_e \leq 3.5m$),取 $\xi = 1.2 \sim 1.5$(多取 1.5)。

(3)盾构的质量

盾构的质量是盾构的躯体、各种千斤顶、举重臂、掘削机械和动力单元等质量的总和。另外,重心位置也极为重要,因为它直接影响盾构的运转。盾构的解体、运输、运入竖井等作业也应予以重视。盾构的自重力(W)与直径(D_e)的关系如下:

对人工掘削盾构(或半机械盾构)

$$W \geq (25 \sim 40)(kN/m^2) \times D_e^2 \qquad (2-4)$$

对机械掘削盾构

$$W \geq (45 \sim 55)(kN/m^2) \times D_e^2 \qquad (2-5)$$

对泥水盾构

$$W \geq (45 \sim 65)(kN/m^2) \times D_e^2 \qquad (2-6)$$

对土压盾构

$$W \geq (55 \sim 70)(kN/m^2) \times D_e^2 \qquad (2-7)$$

1.3 隔板与平台

在敞开式盾构中,需设有竖直隔板和水平工作平台。隔板和平台的结构除能保证作业空间和加固支承环之外,还必须具有与围岩条件相适应的开挖和支挡的构造。

隔板和平台一般均安装在支承环内,二者组成 H 形、I 形、十字形、井字形等形状,形成一定的空间,用于安装支挡开挖面的千斤顶,保护配管和机器及堆渣设备等,同时也作为支承环的加强构件。分隔开的空间大小以宽 1.2m 以上,高 1.8m 左右为宜。尺寸的选定应充分考虑支挡方法及开挖土砂的处理等因素。另外,平台是作为作业台使用,除承受开挖土砂、作业人员及排土装置、组装机等的荷载外,还应作为支承环的加劲梁。

1.4 盾尾密封装置

盾尾密封装置通常安装在尾板和衬砌之间,是用于防止周围地层中的土砂、地下水、背后注入浆液、掘削面上的泥水和泥土从盾尾间隙流向盾构掘削仓而设置的封装措施。

盾尾密封装置通常使用钢丝刷、尿烷橡胶或者两者的组合。

盾尾密封装置通常与衬砌保持同心圆状态，但也有装配成偏心圆或椭圆形的情况。在曲线隧道施工时，盾尾空隙很难做到均等，因此，盾尾密封层数至少是设计的两倍，同时，其还要能抵抗注浆压力、地下水压力及泥浆压力。

为了提高止水效果，通常设多级盾尾密封。具体数量视盾构外径、土质条件、地下水压力、施工中更换盾尾密封的情况而定。

盾尾密封的材料有橡胶、树脂、钢制及不锈钢制等几种或其中几种的组合。其形状有刷状及板形，见图2-5。

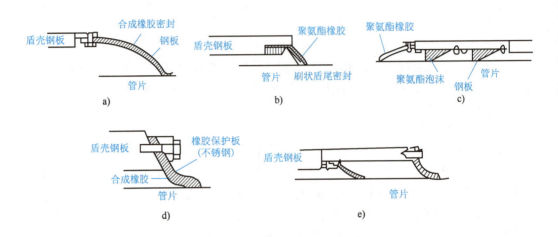

图2-5 盾尾密封示意图

通常情况下，盾尾密封要求有高止水性和高寿命。盾尾中经常充填一些油脂类物质，随着推进不可避免地被损耗，因此，必须准备定期补充油脂的设备。

盾尾密封装置的寿命受其材质、结构形式所左右，此外，所使用的衬砌背面的物质、拼装精度对其也有很大影响，因此，在选择时应充分考虑这些因素。特别是长距离施工或有急转弯小半径曲线施工时要周密研究盾尾密封的材料、级数及充填材料的给脂方法等问题。

现阶段比较常用的盾尾密封装置由三道钢丝刷和一道弹簧钢板组成。每两道密封之间注入密封材料，如黄油等，用作防高压水措施，同时可减少钢丝刷密封件与隧道管片外表面之间的摩擦，延长密封件的寿命。盾尾密封中的钢丝刷是一部分一部分组合起来的，在磨损、损坏时可方便更换；钢丝刷的润滑是由装在后配套系统上的盾尾密封黄油泵通过在尾端的管道提供的，可按预定注油速度进行自动润滑或者进行人工操作。

盾尾发生泄漏现象时的对策如下：

(1) 针对泄漏部位集中压注盾尾油脂；

(2) 配制初凝时间较短的双液浆进行壁后注浆，压浆部位在盾尾后3环钢丝密封刷处；

(3) 利用垫放海绵等进行堵漏。

如上述措施效果不佳时，可用聚氨酯在盾尾一定距离处压浆封堵，或用充气膨胀密封装置进行封堵。

1.5 铰接装置

在小曲率半径曲线施工时,可以把盾构做成可以折2节、3节的铰接形式。铰接装置的设置不仅可以减少曲线部位的超挖量,同时弯曲容易,故盾构千斤顶的负担亦得以减轻;推进时作用在管片上的偏压减小,施工性得以提高。另外,铰接装置不仅可以做成水平铰接,还可以做成纵向铰接(即竖向铰接),故而使掘进方向的修正变得容易。在仅靠铰接装置不能满足小曲率半径施工要求的场合下,还应增加超挖刀,见图2-6;也有采用主动铰接的情形,见图2-7。

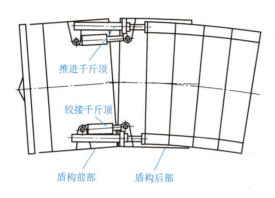

图2-6 被动铰接

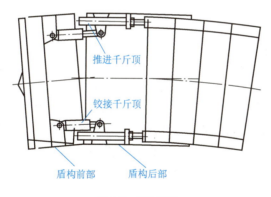

图2-7 主动铰接

任务2 盾构的功能描述

盾构按功能来分包括挡土机构、驱动机构、掘削机构、推进机构、管片拼装机构、液压、电气及控制机构、附属设施。

2.1 挡土机构

挡土机构是为了防止掘削时掘削面地层坍塌和变形,确保掘削面稳定而设置的机构。机构因盾构种类的不同而不同。

就敞开式盾构而言,挡土机构是挡土千斤顶。对地下水压小、涌水量不大的砂层中掘进的全敞开式盾构而言,可采用顶棚式挡土装置。对半敞开式网格盾构而言,挡土机构是网格式封闭挡土板。对机械盾构而言,挡土机构是刀盘面板。对泥水盾构而言,挡土机构是泥水仓内的加压泥水和刀盘面板。对土压盾构而言,挡土机构是土仓内的掘削加压土和刀盘面板。

2.2 驱动机构

驱动机构是指向刀盘提供必要旋转扭矩的机构。该机构是由带减速机的液压马达或者电动机经过副齿轮驱动装在掘削刀盘后面的齿轮来工作的。

刀盘驱动一般有电动式传动或液压式传动两种。电动式传动,传动效率高,并可减少管路阀节布置,噪声小,维护管理方便,宜优先使用;但传动电动机长度大,占据空间大,一般多在大直径盾构中使用。液压式传动体积小,传动平稳,调整方便,其对启动和掘削砾石层等情形较为有利;但相关配套设备较多,效率低,一般多在直径小的盾构中应用。

驱动系统由大轴承、大齿圈、密封圈、减速器及电动机(或液压马达)组成。

刀盘用高强度螺栓与大齿圈连接,大齿圈即为大轴承的回转环,电动机(或液压马达)带动减速器输出轴上的小齿轮,小齿轮与大齿圈啮合,从而驱动刀盘转动。大轴承既承受刀盘的自重,又承受盾构掘进机的推动力,是盾构的主要组成部件。主轴与密封仓之间设密封装置,其良好的密封性是保证盾构刀盘工作的核心。

一般在开挖软弱围岩时,采取高转矩、低转速的工况;切削硬岩时,采取低扭矩、高转速的工况。

2.3 掘削机构

选择掘削机构时应充分考虑盾构形式、刀盘形式、刀盘支承方式、刀盘转矩、刀盘取土口、刀盘上的切削钻头、装备推力等因素。半机械化盾构的掘削机构包括挖掘、装载机构。使用土压式、泥水式及机械化盾构的目的是提高掘进速度、降低劳动强度和保持工作面的稳定,以做到安全施工。因此在选定这三种盾构时,必须周密考虑刀盘形式及支承方式、装配扭矩、刀盘取土口、刀盘上的切削钻头及装备掘进等参数及它们之间的组合。

1) 刀盘形式

刀盘用来开挖土体同时兼具搅拌泥土的功能,一般有封闭式和开放式两种构造形式,可正反方向回转,工作效率相等。刀盘用螺栓、螺母固定,可以更换。

封闭式刀盘,由辐条刀盘架、刀具和面板组成。辐条是刀具安装的底架,刀具沿辐条两侧对称布置,以满足刀盘正反两个方向旋转切削的需要。刀具的设置要做到可对全断面进行均匀切削。一般对大直径盾构来说,越靠近周边,刀具切削轨道越长,故在周边应适当增加刀具数量。刀盘周边装有边刀和超挖刀。当盾构沿曲线推进时,通过超挖可减小对周围地层的扰动;当在松软地层中施工时可不设超挖刀;一般外缘刀直径比盾构前部刀直径大 10cm 左右。刀盘的进土槽形式有同一宽度型、逐渐放大型和局部放大型等。槽口宽度根据泥土中最大砾石大小而确定,一般应在 20~50cm,刀盘开口率一般为 20%~40%。由于刀盘与泥土接触部位摩阻力大,磨损严重,通常在刀盘面板和周边磨损最多的部位,用硬质合金交叉堆焊或复焊一块耐磨钢板,以增强耐磨性。

开放式刀盘只有辐条刀盘架而无面板,辐条正面安装刀具,背面安装搅拌叶板,开口率近100%。这种刀盘多在加泥式土压平衡盾构中应用。图2-8为某开放式刀盘的构造。

图2-8 某开放式刀盘构造

对兼有软土和硬岩的混合地层,一般采用盘形滚刀和割刀组合布置的刀盘。割刀用以开挖砂土层、黏土和强风化岩等软弱围岩,盘形滚刀用来对较硬的中、微风化岩层进行全断面破碎开挖。

刀盘的切削方式通常使用结构紧凑的旋转切削,但也有使用摇动切削和行星切削等特殊切削方式的。

刀盘前端的形状有平板、中心部分凸出和整体凸出三种。上述形状均是由考虑开挖面稳定要求而决定的。特殊情况下,刀盘有多级配置的,结构上是按前、后配置。同时要注意在含漂石、孤石的土层中施工时因刀盘前端形状不同而产生的磨损也不同。

2) 刀盘的支承方式

刀盘的支承方式由盾构直径及土质条件决定,同时应考虑其与排土机构的组合。

(1) 中心支承式

结构简单,多用于中小型盾构,优点是附着黏性土的危险性小。此外,当刀盘需要前后滑动时,中心支承式比其他支承方式更易做到。但是,由于其结构需要而造成机内空间狭窄,且处理孤石或漂石时难度大,见图2-9。

(2) 中间支承式

结构均衡,多用于大中型盾构。当用于小直径盾构时,需充分考虑处理孤石、漂石及防止中心部位附着黏性土的措施,见图2-10。

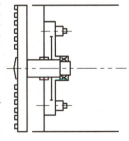

图2-9 中心支承式

(3) 外周支承式

由于该支承形式的盾构内空间广阔,故便于大直径盾构中处理孤石、漂石。刀盘支架形状有滚筒和棱柱状(梁形)两种。外周支承方式土砂容易附着在刀盘外周,所以要仔细考虑防止附着黏性土的措施,见图2-11。

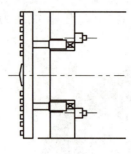
图2-10 中间支承式
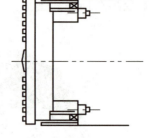
图2-11 外周支承式

3) 刀盘设备扭矩

刀盘设备扭矩由地质条件、盾构形式及盾构结构确定。

(1) 切削设备扭矩的确定方法

切削设备扭矩应根据围岩条件、盾构形式、盾构构造、盾构直径等确定。切削所需扭矩由以下要素组成：

① 因土壤切削阻力而产生的扭矩；
② 因土的摩擦阻力而产生的扭矩；
③ 因搅拌、提升土壤阻力而产生的扭矩；
④ 轴承阻力所产生的扭矩；
⑤ 密封摩擦阻力所产生的扭矩。

设备扭矩与所需扭矩相比，应有一定的富余量。

(2) 切削设备扭矩计算

$$T = \alpha \cdot D^3 \tag{2-8}$$

式中：T——设备扭矩，N·m；

D——盾构直径，m；

α——扭矩系数，N/mm²，机械化盾构取 0.8~1.4N/mm²，土压式盾构取 1.4~2.3N/mm²，泥水加压式盾构取 0.9~1.5N/mm²。

(3) 产生扭矩的方法

① 切削刀头回转方式产生扭矩：

a. 液压马达驱动方式：易于控制回转数、控制扭矩、微动调整。

b. 电动机驱动方式：具有高效、洞内环境好等特征。

c. 采用转换器可控制回转数，具有可简化切削刀头用的动力设备台车等优点。

② 油压千斤顶驱动方式产生扭矩。

4) 切削刀头的切口

(1) 切削刀头的切口形状和尺寸往往受到辐条数、排出土石的尺寸制约。切口一般沿着辐条做成直角形，考虑到排出大砾石的需要，采用的形状多种多样。一般切口刀的尺寸根据在地层中可能出现的最大砾石能够通过为原则来确定，但在开挖工作面有破碎砾石功能的盾构中，同时要对盾构的尺寸进行限制。

(2) 开口率为盾构开挖断面面积与面板开口部分总面积之比（不包括刀头的投影面

积)。在一般条件下,辐条数与盾构外径成比例增加,开口率也有加大的倾向,即使是黏性土,也多将开口率加大进行开挖。在易坍塌的地层中,如果开口率加大,则有过多的土砂易被排出的危险。停止开挖时,应防止从切口处引起工作面的坍塌。另外,为了调节土砂排出量,多设有切口开闭装置。

5) 切削刀

(1) 切削刀的形状必须与土质相适应,对切削刀的前角及后角必须加以注意。对黏性土,前角及后角应大;对砾石层,一般采用略小的角度。对于砾石层,需防止尖端缺损和剥离,有时采用滚刀、特殊切削刀等。当产生磨耗或损伤及伴随着土质变化而改变切削刀形状时,由于需更换切削刀,必须考虑此点确定切削刀的形状。切削刀的高度按土质和滑动距离计算磨耗量、掘进速度、刀盘转数及刀盘设置位置等因素,求出切削深度来确定。

(2) 材质多采用矿山超硬烧结合金工具钢。

(3) 必须根据围岩条件、盾构外径、切削刀回转数、施工长度等确定切削刀的布置。

6) 刀盘轴承密封装置

刀盘轴承密封装置用于防止土砂、地下水及添加剂侵入轴承。

(1) 刀盘轴承密封圈的安装位置视刀盘的支承方式而定。

(2) 刀盘轴承密封装置要求轴封耐压、耐磨、耐油、耐热等,并能适应在有土压力和水压力的环境条件下使用。

(3) 刀盘轴承密封装置的形状有单一唇形和多级唇形两种,通常多级密封圈组合使用。经常给油封注润滑脂或润滑油,同时要防止密封圈滑动面的磨损和土砂的侵入。

7) 超挖装置

为提高盾构的操作性能,盾构上装备了超挖装置。超挖装置必须适合土质条件和施工条件并能完成超挖的工作。

超挖装置通常装在刀盘内,应做到结构简单,工作可靠。此外,为了得到足够的超挖能力,切削岩土的刀具应以刀盘为准。

(1) 超挖刀

把刀具从刀盘处伸向盾构外侧,围绕盾构全周做定量超挖,凸出的刀具靠液压调整,用最外周的固定刀具定量挖掘。

(2) 仿形切刀

与超挖刀相同,把刀具从刀盘处伸向盾构外侧,但可以做任意范围的超挖。刀具伸缩通常靠液压操作,这时,要求液压回路上安装的回转接头形状及结构气密且牢固性要好。当仿形切刀的行程和刀盘扭矩较大时,由于仿形切刀上作用着较大的掘进阻力,故需具有足够的强度。

2.4 推进机构

盾构是通过沿支承环周边布置的千斤顶支承在已安装好的管片衬砌上所产生的作用力而前进的,推进时,千斤顶既可单独操作,也能分组操作(图2-12)。为了防止千斤顶对

管片的挤压破坏及控制推进方向,一般采取如下措施:

(1)每个千斤顶上装有一个球形轴承节十字头,其上安有聚亚氨酯鞍板,球形轴承节可以自动调节鞍板,使其与管片的接触面对齐。

(2)将千斤顶分成若干组,如四个一组,在每一组千斤顶上装线性传感器,以显示盾构位置和进刀速度。或者每一组设一个电磁比例减压阀,调节各组千斤顶的压力,从而纠正或控制盾构推进方向,使之符合设计要求。

图 2-12　盾构推进千斤顶

1) 盾构推进的总推力

盾构的总推力必须大于各种推进阻力之和。盾构的推进阻力由下列各种阻力构成:

(1)盾构四周与土壤间的摩擦阻力或黏结阻力。

(2)推进时,在刃脚前端产生的贯入阻力。

(3)工作面前方的阻力:

①采用人力开挖、半机械化开挖时,为工作面支护阻力;

②采用机械化开挖时,为作用在切削刀盘上的推进阻力。

(4)变向阻力(曲线段施工、修正蛇行、对稳定翼及阀门的阻力等)。

(5)在盾尾内的衬砌与盾尾板间的摩擦阻力。

(6)后配套拖车的牵引阻力。

以上各种推进阻力的总和决定了盾构推进的总推力。但在使用时,必须研究各种使用条件下诸因素的影响,并留出必要的富余量。

每单位面积(m^2)工作面的总推力大致如下:

人力开挖、半机械化开挖盾构:700~1100kN;

机械化开挖盾构:700~1100kN;

封闭式盾构:1000~1300kN;

土压式盾构:1000~1300kN;

泥水加压式盾构:1000~1300kN。

2) 盾构千斤顶的选择及配置

选配原则如下:

(1)应根据盾构的灵活性、管片的构造、组装衬砌的作业条件等选择和配置盾构千斤顶。

(2)应尽量采用结构紧凑的高压千斤顶,根据目前所用油压泵、配管等条件,多采用液压值为 30~40MPa 的千斤顶。

（3）千斤顶应该重量轻、耐久性好、易于维修和更换。

（4）选择千斤顶时，需充分考虑其运转性能。

（5）千斤顶按等间距布置在壳板内侧，能对衬砌的全周长度施加均等荷载。由于土质的关系，有时也采用不等间距的布置。

（6）千斤顶的推进轴线应与盾构的轴线平行。为了纠正盾构的偏转，有时也采用一部分倾斜布置的千斤顶。

每台盾构千斤顶的推力及千斤顶的总台数应根据盾构外径、总推进力、衬砌构造和隧道线形(平面及纵断面形状)等因素确定。一般情况下，在中、小直径的隧道中，每台千斤顶的推力为 600~1500kN，在大直径的隧道中多为 2000~4000kN。

3）盾构千斤顶的行程和推进速度

盾构千斤顶的行程必须等于管片宽度加上必要的富余量，此富余量是在盾构内进行衬砌的组装所必需的。另外，当盾构在曲线隧道上施工时，千斤顶行程也必须有足够的长度。在一般情况下，盾构千斤顶行程应比管片宽度大 150mm。当采用楔形管片时，根据楔形管片的端面坡度，有时需要采用较大的行程。

采用一般千斤顶时，千斤顶的推进速度为 500~1000mm/min。为提高效率，千斤顶的回程速度越快越好。当采用机械化开挖、土压式、泥水加压式盾构时，根据土质的不同，采用不同的贯入深度，需调节千斤顶的推进速度以提高开挖速度。对于封闭式盾构，最好也能采用可调节动作速度的结构。

4）千斤顶支座

在盾构千斤顶活塞的前端必须安装球面接头支座，以便将推力均匀地分布在管片的端面上。为了不使管片受到偏心推力且不使纵肋受到过大的压力，必须选择合理的支座尺寸，有时将支座中心相对千斤顶中心线稍作偏移，尤其在用钢铁管片时，更应注意。

根据管片材质不同，必须在支座面上安装橡胶或木质衬料，对管片端部进行防护。

为方便曲线段隧道施工时能给管片以均等的推力，有时采用压力环装置，但对其结构必须认真研究。

5）撑靴

撑靴的作用是防止盾构滚动。当刀盘旋转切削硬岩时，盾体有一个滚向与切削相反方向的自然趋势，由于在硬岩中盾壳与土体之间摩擦力矩较小，这种滚动更加明显。于是一般在盾体前部设一撑靴，当可能出现较大滚动时，将撑靴伸出撑在隧道壁上，抵抗滚动反力矩。撑靴主要由支撑靴板、支撑油缸、支撑座组成，不需要时可以收回。

2.5 管片拼装机构

管片的拼装系统由举重臂和真圆保持器等组成。

1）举重臂

举重臂是一个机械装置。为了能把管片按照所需要的形状，安全、迅速地进行拼装，它必须具有钳住管片及使管片伸缩、前后滑动、旋转等4个功能。举重臂的种类有环式、齿轮齿条式、中心筒体式等。常用的是环式举重臂。环式举重臂装在支承环后部或者盾构千斤顶撑板附近的盾尾部,它是一个把可自由伸缩的支架装在具有支撑滚轮的中空圆环上的机械手。该形式举重臂出土设备安装在中空圆环中,并且拼装管片和出土可同时进行,工作面大。

举重臂的提升力应是最大管片重力的 1.5～2.0 倍,推出力应是最大管片重力的 5 倍。举重臂的转动速度就是拼装管片的圆周速度,它至少要有高速和低速两级,一般来说,高速时为 250～400mm/s,低速时为 10～50mm/s。

支架的前后滑动装置可使管片沿隧道轴线方向移动,举重臂夹住管片后能容易地进行拼装。

2)真圆保持器

盾构向前推进时管片会从盾尾脱出,管片受到自重和土压的作用产生变形,当该变形量很大时,已成环和拼装时就会产生高低不平,给安装纵向螺栓带来困难。为了避免管片产生高低不平,必须让管片临时保持真圆,该装置就是真圆保持器。

真圆保持器支柱上装有上、下可伸缩的千斤顶,其上支撑有圆弧形的支架。真圆保持器可在动力车架的挑梁上滑动,当一环管片拼装成环后,就让真圆保持器移到该管片环内,调整支柱上的千斤顶,使支架密贴管片后,盾构就可继续推进,而管片圆环不会产生变形,始终保持真圆状态。

2.6 液压、电气及控制机构

1)液压机构

液压回路由盾构千斤顶系统、刀盘系统及拼装系统构成。油泵有分别安装在各自系统中的,也有共同使用一个总泵的。盾构液压部件在高压力、大容量条件下使用,因此设计时的要求也高。

2)电气机构

电气机构由电机、配电盘、漏电开关等组成,应做到防水、防滴水、防潮、防尘及防膨胀并便于操作。

3)控制机构

盾构控制机构的作用是使掘进、推进、排土等相互关联的机构及其他机构相互协调联合工作。

(1)显示各机构的运转状态,异常时能迅速报警;
(2)为了保全设备,误操作时设有联锁器或有报警装置;
(3)断电或临时停电时各部件立即停止动作或停在安全位置。

主机操作台安装在一封闭的隔音操作室内,操作人员从闭路电视上可查看卸料及护盾区的工作及操作台上的仪器,可控制掘进和盾构的整体操作。在操作室和盾构其他区域之间一般设一对讲系统相互联系。

自动监测设施可测试下列数据：
(1)刀盘转速、转向及油压；
(2)盾构前进速度和推进千斤顶位置；
(3)土仓中的土压；
(4)土仓中的注水压力；
(5)推进千斤顶压力；
(6)螺旋输送机的内部压力；
(7)电力荷载；
(8)机械的运行状态；
(9)添加剂的喷射流量；
(10)开挖材料的重量。

2.7 附属设施

1)形态控制装置

形态控制装置是为了使开挖的隧道外廓尺寸和线路线形、坡度符合设计要求而准确控制盾构姿势的装置。通常，仅操作盾构千斤顶很难控制盾构姿势，所以，在讨论推进装置时要注意盾构的重心位置、浮力中心位置。

(1)鉴于盾构推进而产生的土压力，控制装置应有足够的功能和强度，在安装控制装置的地方，盾构主体也要有足够的强度。

(2)根据盾构线形、土质软硬及盾构形式选择控制装置的种类、形状、数量及位置。

形态控制装置有以下几种：

(1)超挖装置：土压式、泥水式及机械式盾构上安装在刀盘上的超挖转刀和仿形切刀等，其切削的直径比盾构直径要大，这种超挖减小了土抗力，使盾构形态(姿态)容易得到控制。

(2)稳定器：盾构机前端凸出的翼板起稳定作用，它所产生的阻力能防止盾构摆动。当翼板倾斜安装时，可使盾构产生一定的转动。

(3)阻力板：为沿盾构前进方向凸出的垂直板，它所产生的土抗力能控制盾构的方向。

(4)配重(锁链板)：安装于盾构最下部，靠其自重防止盾构沉降并可作方向修正。

2)铰接装置

为了控制曲线隧道的线形，将盾构主体分为前筒和后筒，前后筒连接段上设一处或两处折线弯曲，以减少盾构推进时的超挖量，同时连接段在盾构推进时产生的推进分力作用下很容易弯曲，这种结构就是铰接装置。注意以下几个问题：

(1)铰接密封处的止水性很关键。

(2)盾构主体折曲时，盾构千斤顶和衬砌中心线的偏心量应特别注意。

(3)处理好土压式盾构的螺旋输土器或泥水式盾构送排泥管的相互干扰的问题。

铰接装置通常有前筒加压把千斤顶安装在后筒及后筒加压把千斤顶安装在前筒两种形式。铰接结构有弯折部有销连接的 X 形铰接结构、弯折部不用销连接的 V 形铰接结构。作为一种特殊的铰接装置,为了在推进时减小地基阻力或超挖量,在曲线内侧把偏心滑板装在刀盘部分,或配备能使刀盘倾斜的刀盘滑动装置。

3)测量装置

为了把握盾构形态,可根据需要选择设在盾构上的测量仪器。常用的测量仪器如下:

(1)"点头"量测:盾构千斤顶行程计、U 形管、铅锤、倾斜仪等。
(2)摇摆量测:盾构千斤顶行程计、陀螺罗盘。
(3)滚动量测:U 形管、铅锤、倾斜仪。

为了自动计测盾构的位置、形态,常组合使用激光测距仪、陀螺罗盘等仪器。

4)背后注浆装置

为了做到同步注浆,注浆管通常设在盾构主体尾部。其安装位置以不扰动围岩为准,同时在盾构推进时不损坏环形垫圈。

5)后配套台车

后配套台车是为盾构顺利掘进而设的机构停置场、材料堆放场和各种作业工具存放场,用以放置不能装在盾构内的操作室、液压设备、电气装置、出土设备、注浆设备等。图 2-13 为某盾构后配套台车。

图 2-13 某盾构后配套台车

由于小直径盾构通道狭小,因此要考虑安全施工措施。大直径盾构应设栏杆等,以防止坠落事故。

后配套台车有门式及侧式两种,可根据隧道直径和工程特点选择其一。

通常,后配套台车都敷设有轨道或在衬砌上安装托架,供台车在其上行走。行走方式有把台车用杆件挂在盾构主体上随盾构推进牵引台车行走和追随盾构推进而自动行走两种。此外,应注意小半径转弯隧道中台车与安装衬砌的间隙,并制订防止台车翻车及脱轨的措施,还要注意在大坡度地段施工时,制订防止台车出轨的措施。

6)润滑装置

润滑机构在施工过程中给刀盘轴承、刀盘轴承密封圈、减速机、搅拌机、螺旋输送器及铰接装置等部件润滑,结合不同的用途选择合适的润滑方法。

7)出土装置

(1)螺旋输送机的主要功能

①将密封仓内的土体排出盾构。

②泥土通过螺旋杆输送压缩成密封土塞,阻止泥土中的水流,并通过调节转速控制出土量,保持泥土仓内土压稳定。

③改变螺旋输送机转速、调节排土量,即调节密封仓土压,使其与开挖面水、土压保持平衡。

(2)螺旋输送机的构造

螺旋输送机由螺旋叶片、外壳、排土闸门等部件组成,可变速、可逆转。泥土入口端装在密封仓底部,穿过密封隔板固定,倾斜安装,出土口安有滑动式闸门,用以防水。图2-14为盾构螺旋输送机。

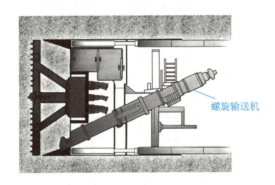

图2-14 盾构螺旋输送机

螺旋输送机一般有中心轴螺旋杆式和无中心轴带状螺旋式两种,前者适用于一般砂性土,后者可用于较大颗粒砂砾及块石运输。

项目2 习题

项目 3 盾构的种类与选型

任务 1 盾 构 分 类

盾构是隧道施工正面支护掘进和衬砌拼装的专用机具。盾构类型的区别主要是盾构正面对土体支护开挖的方法工艺不同。为此盾构的种类按其结构特点和开挖方法来分,主要可分为四大类,即手掘式盾构、挤压式盾构、半机械式盾构、机械式盾构,如图 3-1 所示。

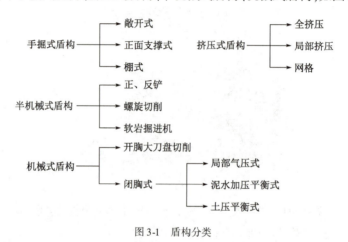

图 3-1　盾构分类

1.1 手掘式盾构

手掘式盾构(图 3-2)结构最简单,配套设备少,因而造价也最低,制造工期短。

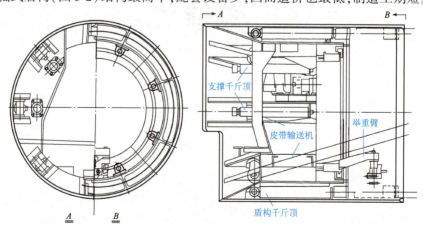

图 3-2　手掘式盾构示意图

手掘式盾构开挖面可以根据地质条件决定采用全部敞开式或用正面支撑开挖,或一面开挖一面支撑。在松散的砂土地层,可以按照土的内摩擦角大小将开挖面分为几层,这时的盾构就被称为棚式盾构。

手掘式盾构的主要优点:
(1)正面是敞开的,施工人员随时可以观测地层变化情况,及时采取应对措施;
(2)当在地层中遇到桩、大石块等地下障碍物时,比较容易处理;
(3)可向需要方向超挖,容易进行盾构纠偏,也便于曲线施工;
(4)造价低,结构设备简单,易制造,加工周期短。

它的主要缺点有:
(1)在含水地层中,当开挖面出现渗水、流沙时,必须辅以降水、气压等地层加固措施;
(2)工作面若发生塌方时,易引起危及人身及工程安全事故;
(3)劳动强度大、效率低、进度慢,在大直径盾构中尤为突出。

手掘式盾构尽管有上述不少缺点,但由于简单易行,在地质条件良好的工程中仍广泛应用。

1.2 挤压式盾构

挤压式盾构(图3-3)的开挖面用胸板封起来,把土体挡在胸板外,对施工人员比较安全、可靠,没有塌方的危险。当盾构推进时,让土体从胸板局部开口处挤入盾构内,然后装车外运,不必用人工挖土,劳动强度小,效率也成倍提高。在特定条件下可将胸板全部封闭推进,那就是全挤压推进。

挤压式盾构仅适用于松软可塑的黏性土层,适用范围较窄。在挤压推进时对地层土体扰动较大,地面产生较大的隆起变形,所以在地面有建筑物的地区不能使用,只能在空旷的地区或江河底下、海滩等区域使用。

网格式盾构是一种介于半挤压和手掘之间的盾构形式,见图3-4。这种盾构在开挖面装有钢制的开口格栅,称为网格。当盾构向前掘进时土体被网格切成条状,进入盾构后运走;当盾构停止推进时,网格起到支护土体的作用,从而有效防止了开挖面的坍塌。网格式盾构对土体挤压作用比挤压式盾构小,因此引起地面变形的量也小一些。

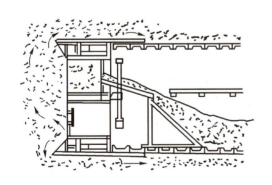

图3-3 挤压式盾构示意图

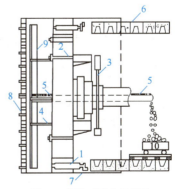

图3-4 网格式盾构示意图

1-盾构千斤顶(推进盾构用);2-开挖面支撑千斤顶;3-举重臂(拼装装配式钢筋混凝土衬砌用);4-堆土平台(盾构下部土块由转盘提升后落入堆土平台);5-刮板运输机(土块由堆土平台进入后输出);6-装配式钢筋混凝土衬砌;7-盾构钢壳;8-开挖面钢网格;9-转盘;10-装土车

网格式盾构也仅适用于松软可塑的黏土层,当土层含水率大时,尚需辅以降水、气压等措施。

1.3 半机械式盾构

半机械式盾构是在手掘式盾构正面装上机械来代替人工开挖,根据地层条件,可以安装反铲挖土机或螺旋切削机(图3-5)。土体较硬时,可安装软岩掘进机。

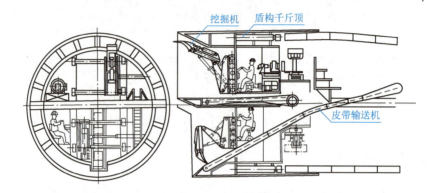

图3-5 半机械式盾构示意图

半机械式盾构的适用范围基本上和手掘式一样,其优点除可减轻工人劳动强度外,其余均与手掘式相似。

1.4 机械式盾构

机械式盾构是在手掘式盾构的切口部分装上一个与盾构直径一般大小的大刀盘,用它来实现盾构施工的全断面切削开挖。

当地层土质好、能自立或采用辅助措施而能自立,则可用开胸式的机械盾构,反之如地层土质差,又不能采用其他地层加固方法时,采用闭胸机械式盾构比较合适。

现在介绍三种常用的机械式盾构:

1)局部气压式盾构

这种盾构系在开胸机械式盾构的切口环和支承环之间装上隔板,使切口环部分形成一个密封仓,仓中输入压缩空气,以平衡开挖面的土压力,保证正面土体自立而不坍塌(图3-6)。压气是为了疏干地下水,改变土体的物理性能,有利于施工。用盾构法进行隧道施工,首先是要解决切口前开挖面的稳定,加局部气压是使正面土体稳定的方法,从而代替了在隧道内加气压的全气压施工方法。这样,衬砌拼装和隧道内其他施工人员,就可不在气压条件下工作,这无疑有很大的优越性。

但局部气压式盾构的一些技术问题,目前未得到很好地解决,主要是:

(1)从密封仓内连续向外出土的装置,还存在漏气和使用寿命不长的问题;

(2)盾尾密封装置还不能完全阻止压力仓内的压缩空气通过开挖面经盾构外表至盾尾处泄漏;

(3)衬砌环接缝防止不了压力仓内的气体经过盾构外表通至盾构后部管片缝隙渗入隧道内。

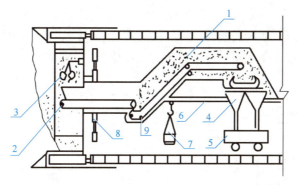

图 3-6 局部气压式盾构示意图

1-气压内出土运输系统;2-皮带输送机;3-排土抓斗;4-出土斗;5-运土车;6-运管片车辆;7-管片;8-管片拼装机;9-伸缩接头

以上三处的漏气,都影响正面压力仓内的压力控制。由于压力仓容量小,加上这三处防漏气技术尚未彻底解决,因此压力仓内压力值上下波动较大,当正面压力仓遇到有问题需要处理时,需有工人进入压力仓工作,这种施工条件对人的生理影响很大。而正常施工中,仓内压力控制不好,正面土体稳定就没有保证,也将直接影响施工。故目前该形式盾构使用已不多。

2) 泥水加压平衡式盾构

前面叙述了局部气压式盾构的技术难题是连续出土与压缩空气的泄漏问题。在地层压力差及土质相同的条件下,漏气量要比漏水量大 80 倍之多。因此,若在上述局部气压的密封仓内用泥水或泥浆来代替压缩空气,如泥水加压平衡式盾构,这样既可利用泥水压力来支撑开挖面土体,又可大大减少泄漏。刀盘切削下来的土在泥水中经过搅拌机搅拌,用泥浆泵将泥浆通过管道输送到地面集中处理,这样就解决了连续出土的技术难题,泥水加压平衡式盾构的优点是显而易见的(图 3-7)。

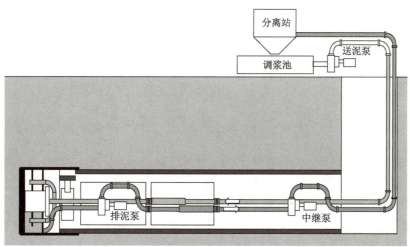

图 3-7 泥水加压平衡式盾构示意图

但泥水加压平衡式盾构的辅助配套设备多,首先要有一套自动控制和泥水输送系统,其次还要有一套泥水处理系统,所以泥水盾构的设备费用较高。这是它的主要缺点。但反而言之,像泥水处理系统这样的辅助设备可重复利用,经济上还是可行的。

3)土压平衡式盾构

这种盾构又称削土密封式或泥土加压式盾构,是在上述两种机械式盾构的基础上发展起来的适用于含水饱和软弱地层中施工的新型盾构(图3-8)。

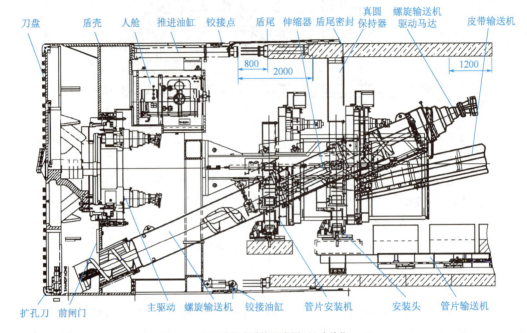

图3-8 土压平衡式盾构示意图(尺寸单位:mm)

土压平衡式盾构的前端也是一个全断面切削刀盘,在盾构中心或下部有一个长筒形螺旋输送机的进土口,其出口在密封仓外。

所谓土压平衡,就是盾构密封仓内始终充满了用刀盘切削下来的土,并保持一定压力平衡开挖面的土压力。螺旋输送机靠转速来控制出土量,出土量要密切配合刀盘的切削速度,以保持密封仓内充满泥土而又不致过于饱和。这种盾构既避免了局部气压式盾构的主要缺点,又避免了泥水加压式盾构投资较大的缺点。

至今,土压平衡式盾构与泥水加压平衡式盾构,已成为比较成熟、可靠的新型设备,广泛应用在地铁隧道施工中。

任务2 盾构选型

盾构是根据工程地质、水文地质、地貌、地面建筑物及地下管线等具体条件来"度身定做"的。盾构不同于常规设备,其核心技术不仅仅是设备本身的机电设计,还在于设备如何适用于各类工程地质。盾构施工的成功率,主要取决于盾构的选型,以及盾构是否适应现场的施工环境。盾构的选型正确与否决定着盾构施工的成败。

在进行盾构选型之前,首先要对盾构法施工进行可行性研究,即一定要对现有的地质条件及施工条件做出是否采用盾构的正确判断;其次,对盾构的几个定义加以明确。

(1)盾构的类型

盾构的类型是指与特定的盾构施工环境,特别是与特定的基础地质、工程地质和水文地质特征相匹配的盾构的种类。

根据施工环境,隧道掘进机(包括盾构和硬岩掘进机)的类型分为软土盾构、硬岩掘进机(即通常所说的 TBM,主要用于山岭隧道)、复合式盾构三类。因此,盾构的类型分为软土盾构和复合式盾构两类。

软土盾构是指适用于未固结成岩的软土、某些半固结成岩及全风化和强风化围岩条件下的一类盾构。软土盾构的主要特点是刀盘仅安装切削软土用的切刀和刮刀,无需滚刀。

复合式盾构是指既适用于软土,又适用于硬岩的一类盾构。复合式盾构的主要特点是刀盘既安装有用于软土切削的切刀和刮刀,又安装有破碎硬岩的滚刀,或安装有破碎砂卵石和漂石的撕裂刀。

(2)盾构的机型

盾构的机型是指根据工程地质和水文地质条件,盾构所采用的最有效的开挖面支护形式。

盾构的机型根据支护地层的形式主要有敞开式盾构(采用自然支护式和机械支护式)、气压式盾构(压缩空气支护式)、泥水加压平衡式盾构(泥水支护式)和土压平衡式盾构(土压平衡支护式)等四种。目前,敞开式盾构和气压式盾构已基本被淘汰,本书重点研究目前应用广泛的土压平衡式盾构和泥水式盾构两种机型。

(3)盾构的操作模式

盾构的操作模式是指在一定机型的基础上,根据特定的施工环境,盾构所采用的最有效的"出渣进料"操作方式。操作模式是盾构在施工过程中采用的一种操作方式。如复合式土压平衡盾构的操作模式可分为敞开式、半敞开式(气压式)、闭胸式(土压平衡式)三种。

(4)盾构的形式

盾构的形式涉及盾构的机型和操作模式。

不论是适用于单一软土地层的软土盾构,还是适用于复杂地层的复合式盾构,都包含有土压平衡式盾构和泥水式盾构两种机型。

盾构的选型是指选择盾构的类型和机型,是在施工前决定的;而操作模式则是在施工过程中根据具体的施工环境由操作人员实时决策的。

2.1 盾构选型依据

根据不同的工程地质、水文地质条件和施工环境与工期的要求,合理地选择盾构类型,对保证施工质量,保护地面与地下建筑物安全和加快施工进度是至关重要的。

1)盾构选型依据的重要性排列顺序

(1)土质条件、岩性(抗压、抗拉、粒径、成层等各参数);

(2)开挖面稳定(自立性能);

(3)隧道埋深、地下水位;

(4)设计隧道的断面;

(5)环境条件、沿线场地(附近管线和建筑物及其结构特性);

(6)衬砌类型;

(7)工期;

(8)造价；

(9)宜用的辅助工法；

(10)设计路线、线形、坡度；

(11)电气等其他设备条件。

2)盾构选型中的地质资料

优化盾构施工方案的关键在于针对地质和环境特点，选择经济合理的盾构开挖面装置和盾尾后压浆工艺，使之既能适应于基本的地质条件、环境要求和技术要求，又能在复杂困难地段具有应变能力。优化开挖面装置设计是盾构选型中的最重要问题，其主要要求是合理提出开挖面的开挖及支撑方法以及开挖面土压力的平衡办法。

为合理选型，需查清和分析以下资料：

(1)地质纵剖面图

根据足够数量的可靠地质柱状图绘制地质纵剖面图，可以最大程度地了解盾构穿越的有代表性的地质条件和最困难部分的土层工程特性和各种障碍。了解的要点如下：

①隧道沿线地面下各土层的分类，各土层在垂直方向及水平方向的分布，以及各类土的工程特性和土层含沼气状况。

②盾构穿越地层的地下水位高度，穿越透水层和含水砂砾透镜体的水压力、土壤渗透系数，以及土壤在动水压力作用下的流动性。

③盾构开挖可能碰到的各种障碍物的里程位置，以及盾构穿越的各种地下管线和地上地下建筑物。

④盾构穿越河道时的覆土层厚度。

(2)土壤参数

用于盾构选型的土壤参数有：

①表示土的固有特性的参数：颗粒级配、最大土粒粒径、d_{50}(小于d_{50}粒径的土重占土总重的50%)、d_{10}(小于d_{10}粒径的土重占土总重的10%)、不均匀系数u、液限w_L、塑限w_P、塑性指数$I_P(I_P = w_L - w_P)$。

②表示土的状态的参数：含水率w、饱和度S_r、液性指数$I_L[I_L = (w - w_P)I_P]$、孔隙比e、渗透系数K、湿土重度γ_e。

③表示土的强度和变形特性的参数：不排水抗剪强度S_u、黏结力c、内摩擦角φ、标准贯入度N、灵敏度S_t、压缩系数α、压缩模量E_s。

④对于岩层，则有无侧限抗压强度σ_c、RQD等。

另外，在地层中地下水作用在开挖面上各层土的水压力，以及隧道覆土厚度都是影响开挖面土体工程特性的重要参数，应与上述土壤参数相结合，用于盾构选型。

在应用上述土壤参数，分析土层工程特性，进行盾构选型时，注意：

①颗粒级配、d_{50}、d_{10}、u、w_L、w_P、I_P等参数，可用于鉴别土层属于哪类土以及土的基本性质。

②d_{10}、K等参数是估计土壤的渗透性和黏结性以及预计用气压及降水疏干土层效应的重要参数，它对于在含水土层中选定盾构正面装置形式以及控制地下水的技术方案具有重要意义。

③在砂性土层中，孔隙比和渗透系数越大，不均匀系数越小，土壤越易液化。对易发生严重流沙的地层，宜采用泥水平衡式盾构或在盾构正面加高密度泥浆的土压平衡式

盾构。

④w_L、w_P、I_P、I_L、w、N等参数,用于分析黏性土的稠度状态,然后根据黏性土的软硬程度,考虑盾构正面支撑和开挖装置的选型设计。

⑤γ_e、S_u、c、φ等参数用于了解黏性土开挖面土体稳定系数N_t。

⑥当$N_t \geq 6$时,正面土体流动性较大,需采用机械式闭胸盾构(泥水加压平衡式盾构、局部气压式盾构、土压平衡式盾构)。

闭胸式盾构适用的地层特性:

①颗粒组成:含砂20%以下,含粉土20%以上,含黏土20%以上。
②土的粒径:有效粒径d_{10}为0.001mm以下,d_{60}为0.03mm以下。
③天然含水率w为40%~60%。
④天然含水率/液限(w/w_L)为0.1以上。
⑤内摩擦角(三轴)φ为12°以下。
⑥黏聚力(三轴)c为20kPa以下。
⑦无侧限抗压强度q_u为60kPa以下。

土粒大小是选择盾构排土方式的一个重要依据。

(3)水文地质资料

在饱和含水软土层中,特别在含水砂层或复杂困难的地层中,妥善处理开挖面的地下水问题,是盾构选型中的一个关键,因此盾构选型中要充分掌握水文地质资料。

①地层中透水层分布及层相。
②以连续性勘探查清透镜体。
③查明地下水位及各层土的水压力。
④渗透系数的变化。
⑤观测查明地下水的流动速度。

2.2 盾构选型的一般程序

(1)对工程地质、水文地质条件、周围环境、工期需求、经济性等充分研究后选定盾构的类型;对敞开式、闭胸式盾构进行比选。

(2)确定选用闭胸式盾构后,应根据地层的渗透系数、颗粒级配、地下水压、环保、辅助施工方法、施工环境、安全等因素对土压平衡式盾构和泥水式盾构进行比选。

(3)根据详细的地质勘探资料,对盾构各主要功能部件进行选择和设计(如刀盘驱动形式、刀盘结构形式、开口率、刀具种类与配置、螺旋输送机的形式与尺寸、沉浸墙的结构设计与泥浆门的形式、破碎机的布置与形式、送泥管的直径等),并根据地质条件等确定盾构的主要技术参数。在选型时应对盾构的主要技术参数,如刀盘直径、刀盘开口率、刀盘转速、刀盘扭矩、刀盘驱动功率、推力、掘进速度、螺旋输送机功率、直径、长度、送排泥管直径、送排泥泵功率、扬程等进行详细计算。

(4)根据地质条件选择与盾构掘进速度相匹配的后配套施工设备。

盾构选型首先要看该盾构是否有利于开挖面的稳定,其次考虑环境、工期、造价等限制因素,最后必须选择宜用的辅助工法与之配套。只有这样才能选择出一种较为合适的盾构。

2.3 辅助工法的使用

盾构施工的辅助工法一般有压气法、降水法、冻结法、注浆法等。前三种属于物理方法，注浆法属于化学方法。这些方法主要用于保证隧道开挖面的稳定。注浆法还能减少盾构开挖过程中引起的地表沉降。一般密闭式盾构使用最多的是注浆法。盾尾注浆用以填补建筑间隙，以减少地面沉降。在地层自立性能差的情况下，若采用手掘进、半机械式或网格式盾构施工，就需采用压气法辅助施工，以高气压保证开挖面的稳定。在这一辅助工法下，施工人员易患气压职业病。当盾构在砂质土或砂砾层中施工时，可考虑使用降水的方法改变地层的物理力学指标，增加其自立性能，确保开挖面的稳定。冻结法的施工成本较高，一般情况下不采用，但在联络通道施工、长隧道的盾构对接中使用。

2.4 盾构选型的主要方法

1）根据地层的渗透系数进行选型

地层渗透系数对于盾构的选型是一个很重要的因素。通常，当地层的渗透系数小于 1×10^{-7} m/s 时，可以选用土压平衡式盾构；当地层的渗透系数在 $1\times10^{-7}\sim1\times10^{-4}$ m/s 之间时，既可以选用土压平衡式盾构也可以选用泥水式盾构；当地层渗透系数大于 1×10^{-4} m/s 时，宜选用泥水式盾构。根据地层渗透系数与盾构类型的关系，若地层以富水的各种级配砂层、砂砾层为主时，宜选用泥水式盾构；其他地层宜选用土压平衡式盾构，如图 3-9 所示。

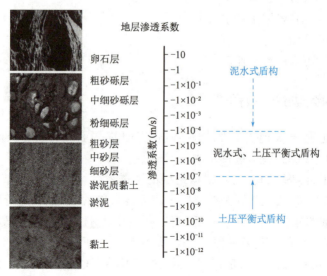

图 3-9　地层渗透性与盾构选型的关系

2）根据地层的颗粒级配进行选型

土压平衡式盾构主要适用于粉土、粉质黏土、淤泥质粉土、粉砂层等黏稠土壤的施工。在黏性土层中掘进时，由刀盘切削下来的土体进入土仓后由螺旋输送机输出，在螺旋输送机内形成压力梯降，保持土仓压力稳定，使开挖面土层处于稳定。一般来说，细颗粒含量多，渣土易形成不透水的流塑体，容易充满土仓的每个部位，在土仓中可以形成压力来平衡开挖面的土体。盾构类型与颗粒级配的关系详见图 3-10，图中黏土、淤泥质土区为土压平衡式盾构适用的颗粒级配范围;砾石粗砂区为泥水式盾构适用的颗粒级配范围;粗砂、细砂区可使用泥水式盾构,也可经土质改良后使用土压平衡式盾构。

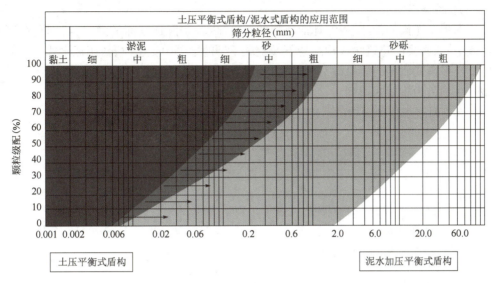

图 3-10　盾构类型与地层颗粒级配的关系

一般来说,当岩土中的粉粒和黏粒的总量达到 40% 以上时,通常宜选用土压平衡式盾构,相反的情况选择泥水式盾构比较合适。粉粒的绝对大小通常以 0.075mm 为界。

3)根据地下水压进行选型

当水压大于 0.3MPa 时,适宜采用泥水式盾构。如果采用土压平衡式盾构,螺旋输送机难以形成有效的土塞效应,在螺旋输送机排土闸门处易发生渣土喷涌现象,引起土仓中土压力下降,导致开挖面坍塌。

当水压大于 0.3MPa 时,如因地质原因需采用土压平衡式盾构,则需增大螺旋输送机的长度,或采用二级螺旋输送机,或采用保压泵。

4)盾构选型时必须考虑的特殊因素

盾构选型时,必须考虑环保、地质和安全因素,还需解决理论的合理性与实际的可能性之间的矛盾。

(1)环保因素

对泥水式盾构而言,虽然经过过筛、旋流、沉淀等程序,可以将弃土浆液中的一些粗颗粒分离出来,并通过汽车、船等工具运输弃渣,但泥浆中的悬浮或半悬浮状态的细土颗粒仍不能完全分离出来,而这些物质又不能随意地处理,就形成了使用泥水式盾构的一大困难。需要解决的是,如何防止将这些泥浆弃置于江河湖海等水体中造成范围更大、更严重的污染。

要将弃土泥浆处理为固体物料以方便运输是可以做到的,国内外都有许多成功的事例,但做到这点并不容易,因为:①处理设备昂贵,增加了工程投资;②安装处理设备需要的场地较大;③处理时间较长。

(2)工程地质因素

盾构施工段工程地质的复杂性主要反映在基础地质(主要是围岩岩性)和工程地质特性的多变方面。在一个盾构施工段或一个盾构合同标段中,某些部分的施工环境适合土压平衡式盾构,而另一些部分又很适合泥水式盾构,盾构选型时应综合考虑并对不同选择进行风险分析后择其优者。

(3) 安全因素

从保持工作面的稳定、控制地面沉降的角度来看,当隧道断面较大时,特别是在河湖等水体下、在密集的建筑物或构筑物下及上软下硬的地层中施工时,使用泥水式盾构要比使用土压平衡式盾构的效果好一些。在特殊的施工环境中,施工过程的安全性将是盾构选型时一项最为重要的指标。

表3-1列出了各种盾构的适用条件和优缺点,供盾构选型时参考。

盾构选型比较表   表3-1

项目	机种					土压平衡式盾构			备注
	手掘式盾构	挤压式盾构	半机械式盾构	机械式盾构	泥水加压式盾构	削土加压式	加水式	加泥式	
工作面稳定	正面千斤顶与气压	胸板和气压	正面千斤顶、气压	大刀盘、气压	大刀盘、泥水压	大刀盘、切削土压	大刀盘、加水作用	加泥作用	
工作面观察	目视	推力	目视	目视	大刀盘、泥水压	土压计、排土量	水压计、进土量	土压计、排土量	
工作面防塌	胸板、正面千斤顶	调整开口率	胸板、正面千斤顶	大刀盘	泥水压、开闭板	大刀盘、土压	大刀盘、水土压	泥土压	
工作面涌水	井点、化学注浆	—	井点、化学注浆	井点、化学注浆	水压	排土机构	排土机构	泥土止水性	
障碍物处理	可能	非常困难	可能	困难	非常困难	非常困难	非常困难	非常困难	先导隧道排除障碍
砾石处理	可能	—	可能	困难	砾石处理装置	困难	砾石取出装置	砾石取出装置	砾石粒径300mm以上
适用土质	黏土、砂土	软黏土	黏土、土	均质土为宜	软黏土、含水砂土	软黏土、粉砂	含水粉质黏土	软黏土、含水砂土	
机械变更	挤压	手掘式	手掘挤压式	困难	困难	困难	困难	困难	
与地质适应性	能	调整开口率	能	刀盘	排土机构	刀盘	刀盘	刀头	
问题	可能涌水	开口率不准确时地表沉降或隆起较大	可能涌水	黏土多易产生土体固结	黏土不易分离	在砂土地层排土困难,水压过高封水困难	细颗粒少,施工困难,高水压需气压	取土量不足或超量,地表隆起或沉降	

续上表

项目	机种								备注
	手掘式盾构	挤压式盾构	半机械式盾构	机械式盾构	泥水加压式盾构	土压平衡式盾构			
						削土加压式	加水式	加泥式	
工作环境	气压内施工	气压内施工	气压内施工	气压内施工	无气压	无气压	无气压	无气压	
周围的环境	有噪声、振动	有噪声、振动	有噪声、振动	有噪声、振动	泥水设备有噪声	有噪声	有噪声	有噪声	
经济性	隧道长度短时,较经济	较经济,但沉降或隆起较大	隧道长度长时,较手掘式经济	劳务管理费较低	泥水处理设备费昂贵	介于机械式和泥水式中间	比泥水式盾构经济	介于机械式和泥水式中间	
制作费比例	1	1.07	1.19	2.26	2.52	2.70	2.78	2.96	φ7.350m 手掘式盾构为1

项目3 习题

项目 4　施工准备

任务 1　施工前准备

施工总平面图是拟建项目施工的总体布置图。它按照施工方案和施工进度的要求，在业主提供的施工用地范围内，对施工现场的道路交通、材料仓库、材料堆场、临时房屋、大型施工设备、集土坑、拌浆系统、临时水电管线、消防器材等做出合理的规划布置，从而在确定的施工区域内正确处理施工期间所需各项设施之间的空间关系。

1.1　施工用地规划及部署

1）平面用地范围确定

对业主提供的施工用地，应先进行现场实测实量。根据实测数据绘制出准确的平面用地范围图，然后根据隧道施工的要求，在所确定的有限的平面空间内进行施工现场的规划和布置。

动画：施工用地
范围确定
及规划

2）施工用地规划

在业主提供的施工场地中，划分出施工用地区域和生活用地区域。考虑到隧道施工属土建工程项目，施工区域扬尘较多，环境不是很好，因此，生活区域与施工区域间最好相隔一定距离，并采取一定分离措施；同时，生活区域尽可能布置在上风口。

(1) 施工区域部署

①施工平面布置依据

a. 包括施工平面图及建筑范围内有关已有或拟建的各种设施(位置、高程)的设计资料；

b. 建设地区的自然条件；

c. 建设项目的工程概况、施工方案、施工进度计划，便于合理规划特殊施工机具及材料、构件堆放(储存量)施工场地；

d. 各种建筑材料、管片、施工机械、拌浆系统和运输工具需要量一览表，以便规划工地内部储放场地和运输线路等。

②隧道施工项目施工区域布置原则

a. 施工区域的布置应符合施工流程要求，尽量减少各工序之间的干扰；

b. 场内施工便道满足车辆行驶要求，运输方便通畅，出入口方便、安全；

c. 行车吨位满足施工要求，跨距在场地允许范围内，且管片驳运、材料、土箱的垂直运输便捷，基础满足承载要求，施工成本经济；

d. 施工现场用房满足施工需求，且不影响其他施工场地布置；

e. 满足安全、防火、劳动保护要求,易燃易爆仓库设置安全,氧气瓶、乙炔瓶分开放置;

f. 各类施工材料堆放整齐,取用方便,管片堆场内管片便于调运,场地容量满足施工进度要求;

g. 集土坑位置要方便出土和运土,少污染、易清洁;

h. 近井点测量标志安全,通视性好;

i. 各种生产设施应便于工人生产施工。

(2)生活区域部署

生活区域临时设施包括办公室、车棚(或小型停车场地)、休息室、浴室、厕所、水电配套设施等。生活区域原则上应设置在施工区域以外的地方,如受用地范围的局限,也可采取搭建隔墙等措施进行隔离。

1.2 现场施工用电及一般要求

隧道施工工地临时供电组织主要包括:计算用电总量、确定电压等级,以及确定导线截面面积、电柜、电箱容量,并进行供电线路设计。

1)施工用电总量

总用电量一般根据盾构设备负荷与盾构掘进辅助施工设备负荷及生活办公区负荷计算累加而得。表4-1是各用电设备视在负荷计算表,表4-2是整个施工场地用电总容量汇总表。

各用电设备视在负荷计算表　　　　表4-1

序号	用电设备名称	设备负荷(kW)	同时利用系数	功率因数	视在负荷(kV·A)
合计					

整个施工场地用电总容量汇总表　　　　表4-2

序号	项目	用电容量(kV·A)
合计		

2)确定电压等级

(1)隧道盾构掘进机设备采用高压供电,一般电压等级10kV。

(2)盾构辅助施工设备采用低压供电,一般电压等级0.4kV、50Hz,三相五线制。其中,盾构掘进机和隧道照明为一级负荷,其他用电设备归为三级负荷。

3)供电方案

(1)高压部分

①为确保隧道施工的连续性,实施盾构高压电源双电源配置,分甲、乙两路高压提供,手动切换,在两路电源中任一电源失电应首先保障盾构用电。

②高配间内的高压开关柜供盾构推进施工用电,用高压电缆从配电间引至盾构掘进机配有的变压器。

(2)低压部分

工地现场的盾构辅助施工设备和隧道内照明和动力由配电间的变压器系统提供。整个施工区域的低压供电系统采用TN-S系统,用电缆从箱式变配电间引至施工场地上使用。

4) 供电线路安排

(1) 导线截面的选择。

①选用分相屏蔽高压电缆应根据盾构掘进机变压器容量及线路载流量和电压损失情况来确定;

②选用低压电缆应根据用电设备功率、线路载流量和电压损失来确定。

(2) 根据现场施工用电设备的分布情况及其功率,进行电柜、电箱的容量、分布及数量的选择及布置。

1.3 给排水、消防设计

1) 施工现场给水

(1) 工地供水类型。隧道施工临时供水主要包括生产用水、生活用水和消防用水。

(2) 工地供水规划。生产用水包括隧道井下施工用水、浆液拌浆用水等。生活用水包括施工现场生活用水和生活区生活用水。

一般供水源由业主提供至施工用地边缘,施工单位再根据施工场地布置图中有关用水机械或区域,将水通过管路从水源输送至用水处。管路的粗细根据用水机械或用水区域用水量来确定。

在危险品仓库附近必须设置消防供水管,以备火灾时急用。

2) 施工现场排水系统

排水类型主要有施工污水排放和生活废水排放。根据有关环境保护条例,施工企业生产废水必须进行处理后才能排入下水管道。

由于隧道施工排放水中含泥或含油较多,在排放过程中必须经过沉淀处理和漂浮处理后才能排放。因此,在隧道端头进出井旁应设置明沟,明沟内设置几道沉淀槽和收集浮油措施,确保施工现场排水符合环保要求。

同时,在施工区域和生活区域设置地面排水系统,以及时排泄持续下雨或暴雨造成的地面积水,确保施工正常进行。

1.4 盾构法施工的前期准备

(1) 始发井土建结构完成

盾构的始发井土建结构完成后方可进行盾构施工,始发井内需预留盾构出洞的洞门,洞圈一般为钢结构,以便安装盾构出洞的止水装置。盾构出洞前洞门应以钢板、钢板桩或地下连续墙围护。

(2) 盾构选型

根据隧道所经过的地层地质及地面构筑物情况、施工进度、经济性等条件进行盾构选型,确定所用的盾构类型(详见项目三)。

(3) 管片生产

根据管片设计图纸及技术要求,设计出制造管片钢模的图纸,加工钢模,然后进行管片生产。由于管片钢模加工工艺复杂,故加工周期较长。

在盾构出洞之前,必须生产一定数量的管片,以满足施工需要。

任务2　技术准备

2.1　工程概况

工程概况是对拟建工程整体的一个简要、突出重点的文字描述。其主要内容包括工程项目的地理位置、主要的工程量、工程主体结构的形式(包括连接形式)、防水防腐材料的性能、隧道的轴线状况、沿线的主要建(构)筑物(包括管线)及道路交通状况、主要的施工进度及工程节点等。为弥补文字叙述的不足,一般需辅以工程的平、剖面简图,图中注明隧道长度、经过的道路、重要建(构)筑物和盾构掘进机进出洞的时间等。

1)工程信息的来源

工程概况的描述必须简洁、明了,信息来源必须真实、可靠。一般工程信息主要从以下几方面取得:

(1)文件资料

主要有招投标文件和其他相关资料,包括招标文件、地质勘探报告、管线勘探报告、技术指标书、前期的工程商洽记录和设计变更等。

(2)现场施工详勘

通过施工现场的详细踏勘、测量,掌握施工现场的具体情况,包括施工现场的用地范围、四周的交通状况、施工用电、用水的接驳点,以及隧道所经区域的地面道路、管线、建筑物的结构和走向,与隧道的相互几何位置关系等。

现场详勘结合有关工程文件资料,使工程总体筹划,特别在施工总平面设计等方面更具真实性和实用性。

2)工程概况主要描述对象

(1)工程量。工程量是指项目施工的主要工作量。隧道施工项目的工程量一般包括隧道推进长度、出土量和注浆量等。有的工程项目还有相关附属工程,如旁通道、风井等其他相关工作任务。

在项目工程总体筹划中,必须对工程的主要工程量进行简要明确的描述。

①主体工程。

隧道掘进隧道推进长度:主要根据招投标文件的描述或隧道剖面图、隧道管片排片图、隧道设计轴线中注明的隧道进出洞里程差,推算单线隧道的推进长度。总推进长度就是所有隧道推进长度的总和。

出土量:在盾构推进工程中每环掘进所产生的土方量及整项工程所产生的土方量和。

注浆量:根据盾构掘进机掘进与管片之间的空隙及土体对浆液的吸收和流失所确定的每环和整个工程所需浆液量。主要是指同步注浆和壁后注浆,一般同步浆液量按建筑空隙的140%～250%计算;壁后注浆按实际情况确定。

②附属工程。

旁通道:旁通道的断面尺寸、长度、有无泵房及地基加固形式等。

风井:风井的平面尺寸、深度、壁厚等。

(2)工程主体结构形式。主要指隧道的断面尺寸、隧道的壁厚、单环管片的宽度、连接件的数量、橡胶密封垫的形式和管片的拼装方式等。

（3）隧道轴线。主要指隧道的平面和纵断面线路的组成和走向。平面线路由多少直线段、缓和曲线段、圆曲线段组成；纵断面线路又由多少直线段与竖曲线段相连，说明各自长度、曲线曲率半径等。

（4）沿线主要建（构）筑物。主要是指盾构推进过程中，在影响范围内所涉及的有关地面建筑物、管线、道路其他构筑物。

（5）主要施工进度。指根据业主对施工进度的有关要求和投标文件对施工进度的有关承诺，结合工程现状条件，对主要施工节点进行的描述。

（6）除上述需描述的工程量外，还需对选用的盾构掘进机类型等作描述。

2.2 工程地质及分析

地下工程，特别是隧道施工，整项工程都在地下进行，具有非常大的不可预见性和风险性；且盾构在地层中运动，必定受到各土层物理性质的制约和影响。因此，对于盾构工作区域内的地质状况的了解和分析，是确保工程项目顺利进行的有力保证。

由于每项工程所穿越的地层都不一样，各层土层的特征和物理指标也都大不一样，对盾构施工的影响也各不相同，在施工过程中所采取的技术措施也应有所不同。在工程总体筹划中必须根据隧道沿线的地质勘探报告，明确隧道覆土状况，罗列所经区域的各层土的物理特性（表4-3）和物理指标（表4-4），并加以整理、分析。对有关影响盾构施工的土层，应制订详细有针对性的技术措施，确保盾构能够穿越。

盾构穿越的各土层物理特性表 表4-3

层号	土层名称	层厚(m) 最小值~最大值	层底高程(m)	颜色	湿度(%)	状态	密实度(%)	压缩性	土层特征

盾构穿越的各土层主要物理指标 表4-4

土层名称	颗粒组成						含水率w(%)	湿密度ρ(g/cm³)	相对密度G
	0.5~0.25mm(%)	0.25~0.075mm(%)	0.075~0.05mm(%)	0.05~0.01mm(%)	0.01~0.005mm(%)	<0.005mm(%)			

土层名称	孔隙比e	液限w_L(%)	塑限w_P(%)	塑性指数I_P	液性指数I_L	直剪固快峰值		压缩系数$a_{0.1-0.2}$(MPa⁻¹)	压缩模量$Es_{0.1-0.2}$(MPa)	标贯击数$N_{63.5}$(次)	比贯入阻力P_S(MPa)
						黏聚力c(kPa)	内摩擦角φ(°)				

土层名称	无侧限抗压强度			静止侧压力系数K_0	直剪快剪		三轴不固结不排水剪		十字板试验	
	原状土q_u(kPa)	重塑土q'_u(kPa)	灵敏度S_t		黏聚力c(kPa)	内摩擦角φ(°)	黏聚力c_u(kPa)	内摩擦角φ_u(°)	峰值强度$(c_u)v$(kPa)	剩余强度$(c_u)'v$(kPa)

对于软土隧道施工，盾构遇到以下情况时应提高警惕，在施工中采取一定的技术措施，确保施工质量和施工安全。如盾构在砂性土(砂质粉土)中施工，特别是盾构在全断面砂性粉土中施工时，若使用土压平衡式盾构，必须采取加泡沫或膨润土等土体改良技术措施，以确保员工的生命安全和财物安全。

安全目标制订后，必须自上而下层层分解，明确到项目组、各个部门、各个岗位，认真贯彻"专管成线，群管成片，纵向到底，横向到边"，确保每个员工正确理解，并明确目标要求，使每个施工人员树立以"预防为主"的安全生产意识。根据工程的施工特点，认真抓好施工现场各项纪律及操作规程为重点的安全基础工作，以确保工程项目安全管理目标落到实处。

2.3 工程进度目标

制订切实可行的施工进度目标是工程控制管理的又一重点内容。在项目开展前，必须掌握和了解整项工程的工程概况、工程量及工程特点，结合隧道施工工艺和工期的总体要求，制订合理、有效、可行的施工总体计划。在施工过程中，努力实现合理筹划、组织施工劳动力，合理调配工程材料和施工材料，在工程环境允许的情况下，进行施工工序的合理搭配，采取先进、有效的施工技术，控制施工进度。

隧道施工控制的主要进度节点为项目开工日期、盾构出洞日期、隧道贯通日期、施工竣工日期等。

1)施工前期合理组织、精心准备

施工进度计划中最主要、最重要的是盾构的出洞日期和隧道贯通日期。为确保盾构如期、安全、顺利出洞，在施工前期应精心组织施工技术力量，充分做好前期施工准备工作。

(1)各类施工用电、用水配置到位；
(2)盾构基座设计合理、及时安装、准确定位；
(3)盾构掘进机全面调试，确保机械运转状态良好；
(4)选择合适的地基加固方法，满足盾构出洞要求；
(5)建立完善的、满足施工运输要求的运输系统等。

2)材料的合理调配

材料的合理调配也是确保工期的有效手段。材料进场要严格按计划执行，且应确保质量；制订严密的施工计划并进行及时调整，最大程度发挥人员、材料、设备等的作用。

3)材料的选定应符合工程的实际情况

所有进场工程材料的性能指标均应满足设计或甲方要求。为避免发生因工程材料的材质或加工的质量问题而导致工程返工的现象，应定期组织技术人员对管片、连接件、防水材料、注浆材料等生产厂家进行相关材料的质量抽检，根据有关复试要求，送当地有检测资质部门进行复试；同时，反馈相关材料在工程中使用的情况，及时处理相关材料在施工中易出现的问题。

4)制订高效、合理的施工计划，严格控制各关键点的施工周期

根据工程的特点，制订严谨切实可行的施工计划，并根据实际完成的情况及时协调调整施工节点计划和要求，为实现工程最终的总进度计划服务。

5）上、下道工序衔接和协调

上、下道工序衔接做到紧密联系，上道工序的施工应为下道工序的施工创造条件。协调并促使施工中上、下道工序能良好合作，良性循环，使各工序之间起到承上启下的相互促进作用，从而进一步使施工工期得到有效保障。

2.4 施工进度计划内容

施工现场各项施工活动是施工总进度筹划在实践上的体现。编制施工总进度计划就要根据施工方案和工程项目的开展程序，对工程项目作出时间上的安排。施工总进度筹划的作用在于确定各项工序施工项目、准备工作、工程的施工期限及其开工、盾构进出洞和竣工日期，从而衡定劳动力、材料、施工机械等的需求数量和调配情况，以及现场临时设施的数量、水电供应数量等。因此，正确编制施工总进度计划是保证各项目及其整个建设工程如期交付使用，充分发挥投资效益，降低施工成本的重要条件。编制施工总进度计划的基本要求是：保证拟建工程在规定的期限内完成，确保施工的连续性和均衡性，节约施工费用。

2.5 施工进度计划编制

隧道施工总进度计划编制的步骤如下：
(1)确定施工程序并列出工程项目一览表

施工总进度计划主要起控制总工期的作用，因此，只需先确定施工程序，再按工程进展顺序列出，并突出各重点工序。一些附属项目及临时设施可以合并或穿插列出工程项目一览表。

(2)确定工程项目施工期限

盾构法隧道工程由于其特殊的施工环境和施工要求，必须对盾构施工区域的地质水文条件、地下管线、地面建(构)筑物、现场施工条件等影响施工进度的因素加以考虑和确定，依此来确定施工机械的类型、施工设备的配置等。此外，参考类似施工经验确定盾构推进速度，结合拟建工程确定施工期限。

(3)安排施工进度

施工中进度计划以前常用横道图和网络图表达。近年来，随着计算机技术不断推广与普及，计划编制软件的不断推陈和更新，采用 Project 软件编制施工进度计划（可以是总进度计划，也可以是分项工程施工进度计划）已经较为普遍。用有施工层次与时间标注的 Project 软件编制施工进度计划，比横道图和网络图更加直观、明了和方便，也可以表达出各工序间的依属关系和逻辑关系。同时，由于可以应用计算机计算、输出和传输，更便于对施工进度计划进行调整、优化，甚至可编制详细的分项工程的施工进度计划。

2.6 施工总进度计划调整与修正

施工总进度计划编制完后，由于开竣工日期的变更，或工作量变更，或在施工过程中遇到其他施工前不可预见的施工风险，或分析偏差（实际施工进度快或慢）对后续作业和总工期产生影响时，需对编制的施工总进度计划进行调整与修改。

2.7 技术准备

1）熟悉施工图纸和有关的设计资料

学习工程建设单位提供的工程设计图纸和有关的地质资料、施工验收规范和有关的技术规定，充分了解和掌握设计意图、结构特点和技术要求，在开工前或分项工程实施前应由设计单位进行设计交底。

2）了解隧道沿线的地下管线、建（构）筑物及地质情况

开工前需要了解管线种类、结构、类型、埋深等与隧道的相互关系等情况，对于地面建（构）筑物，需要了解建（构）筑物的种类、结构、基础埋深与隧道的相互关系等情况，然后采取相应的保护措施。

3）熟悉施工机械的特点

熟悉盾构的主要施工参数及相应的盾构施工工法，掌握施工要领。

4）编制施工组织设计

编制施工组织设计是施工准备工作的重要组成部分，要根据隧道施工的特点，确定各个关键工序的施工技术，合理地布置施工场地，科学地制订施工方案。在隧道施工组织设计中，必须明确以下工序：

(1) 施工现场总平面布置；
(2) 盾构基座及后靠布置形式；
(3) 盾构出洞时洞门密封的方式；
(4) 盾构出洞地基加固方式；
(5) 材料垂直、水平运输的方式及隧道断面布置；
(6) 盾构推进的方案、工艺流程；
(7) 隧道注浆方法及控制地面沉降的技术措施；
(8) 经过特殊路段的施工技术措施；
(9) 盾构进洞地基加固方案及盾构进洞方案；
(10) 测量方法等。

编写规范的施工组织设计还应包括以下内容：

(1) 组织管理体系；
(2) 质量标准及质量保证措施；
(3) 安全生产措施；
(4) 文明施工措施；
(5) 工程用料及施工用料使用计划；
(6) 劳动力使用计划；
(7) 施工进度计划。

任务3　设备材料准备

通过对工程前期的了解，结合项目工程的特点，制订出工程总进度计划后，就可着手编制各种主要资源的需要量计划。

3.1 综合劳动力和主要工种劳动力计划

综合劳动力需要量计划是确定工程规模和组织劳动力进场的依据。编制时首先根据工程的工艺流程和相应各工序施工所需专业工种劳动力数量,及各工序施工的持续时间,得到工程施工主要工种的劳动量及各阶段施工所需专业工种的劳动力数量。

对于附带、附属工程,应将工程施工的专业工种人员在该施工段时间内与隧道施工专业工种人员数叠加。劳动力需求计划见表4-5。

劳动力需求计划(单位:人)　　　　　　　　　　　　　　　　表4-5

工种	××××年											
	1月	2月	3月	4月	5月	6月	7月	8月	9月	10月	11月	12月
总计												

3.2 施工机具需求计划

根据隧道长度、盾构直径、管片长度、单次运输量等确定施工机具的规格,结合施工速度计划编制施工设备机具需要量计划。施工机械需要量计划见表4-6。

施工机械需求计划　　　　　　　　　　　　　　　　　　　　表4-6

序号	机具设备名称	规格型号	数量	来源			使用时间	备注
				自备	租赁	新购		

注:机具设备名称可按掘进机械、垂直运输、水平运输、土方运输、金属加工、消防、测量等分类填列。

3.3 构件、材料需求计划

根据工程总量确定构件、材料的需求量,然后结合施工进度计划及单环施工用料确定每月构件、材料的需求量。工程用料及使用计划见表4-7。

工程用料及使用计划　　　　　　　　　　　　　　　　　　　　表4-7

材料名称	单位	每环用料	使用计划(××××年)											
			1月	2月	3月	4月	5月	6月	7月	8月	9月	10月	11月	12月	合计

3.4 生产物资的准备

生产物资主要包括材料、构件、施工机械。

材料的准备主要是根据图纸和施工组织设计的有关要求,并按施工进度、材料名称、规格、数量、使用时间、消耗量编制出材料需要量计划,组织货源、运输、仓储、现场堆放及运输,保证施工顺利进行。

构件的准备主要指管片的预生产,并落实运输、堆放,保证按时按量供应。

施工机械的准备,是指根据所采用的施工方案、施工进度,确定施工机械的类型、数量、进场时间、运输安装方式、放置的位置等,编制施工机械的需要量计划,保证施工顺利进行。

3.5 劳动力的准备

根据施工组织设计中所确定的劳动力使用计划,组织劳动力进场,根据需要对施工人员进行相关的技术培训,同时进行安全、消防和文明施工等方面的教育,安排好职工的生活,向施工人员进行技术交底和质量交底,保证施工质量和进度。

3.6 施工现场准备

1) 拼装式盾构工作井

作为拼装式盾构的工作井,其建筑尺寸应满足盾构拼装、拆除的施工工艺要求,一般井宽应大于盾构直径1.6~2.0m,井的长度(盾构推进方向)主要考虑到盾构设备安装余地,以及盾构出洞施工所需最小尺寸。

2) 盾构基座

盾构基座设置于工作井的底板上,用于安装及搁置盾构,更重要的是通过设在基座上的导轨,使盾构在出洞前就有正确的导向。因此导轨要根据隧道设计轴线及施工要求定出平面、高程、坡度来进行测量定位。

盾构基座可采用钢筋混凝土结构(现浇或预制)或钢结构,导轨夹角一般为60°~90°,图4-1所示为常用的钢结构基座。盾构基座除承受盾构自重外,还应考虑盾构切入土层后,进行纠偏时产生的集中荷载。

动画:始发架安装

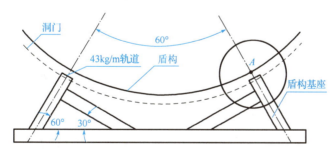

图4-1 盾构基座示意图

3) 反力架

在工作井中盾构向前推进时的反力要靠工作井后井壁来承担,因此在盾构与后井壁之间要有传力设施,此设施称为后座。后座通常由隧道衬砌、专用顶块、顶撑等组成。

后座不仅是盾构推进反力的承载构件,还是垂直水平运输的转折点,所以后座不能是整环,应有开口,以作垂直运输通道。开口尺寸需按盾构施工时进出设备、材料最大尺寸决定。第一环为闭口环,在其上部要加后盾支撑,以保证盾构推进力传至后井壁。

动画　　视频
反力架安装

由于工作井平面位置的施工误差将影响隧道轴线与后井壁的垂直度,为了调准洞口第一环管片与井壁洞口的相交尺寸,后盾管片与后井壁之间需留有一定间隙,待位置调准后再采用混凝土填充间隙,以使盾构推力均匀地传给后井壁,也为拆除后盾管片提供方便。

4) 人行楼梯和井内工作平台搭设

在盾构出洞阶段施工期内,因还没有形成长隧道,盾构设备无法按正常布置,需有一个施工转换过程,在此过程中设备放在井内,需在井内设置施工平台以放置各种设备,并应在合理位置安装上下楼梯,以供施工人员进出作业面工作。

5) 盾构施工地面辅助设施

为了确保盾构正常施工,根据盾构的类型和具体施工方法,配备必要的地面辅助设施。

(1) 做好施工场地的控制网测量,保证施工质量。

(2) 做好"三通一平",根据施工组织设计中的平面布置,设计施工围墙、场区道路、管片堆场,铺设水管、电缆、排水设施,布置场地照明等。

(3) 要有一定数量管片堆放场地,场内应设置行车或其他起吊和运输设备,以便进行管片防水处理,并能安全迅速地运到工作面;还可根据工程或施工条件,搭设大型工棚或移动式遮雨棚,还应设置防水材料仓库和烘箱。

(4) 拌浆间:用于拌制管片壁后注浆的浆体,并配有堆放原材料的仓库。

(5) 配电间:应有两个电源的变电所供盾构施工用电,且两路电源能互相迅速切换,以免电源发生故障而造成安全事故。

(6) 充电间:用于井下电机车的蓄电池充电,应配备蓄电池箱吊装的设备,充电量要满足井下运输电箱更换所需,对充电间地坪等设施应做防硫酸处理。

(7) 空压机房:若采用气压施工,应设置提供必要用气量的空气压缩机和储气筒,管路系统要安置有符合卫生要求的滤气器、油水分离器等设备;并有两路电源,以保证工作面安全。

(8) 水泵房:若采用水力机械掘进,或水力管道运土、进行井点降水措施的工程,应于水源丰富处设水泵房。

(9) 地面运输系统:主要通过水平、垂直运输设备将盾构施工所需材料、设备、器具运入工作井的井底车场。运输系统的组成形式较多,如垂直运输可采用桁车、大型起重机、电动葫芦等起重设备,地面水平运输由铲车、汽车、蓄电池车及其行驶道路等构成。

根据施工现场的实际条件,结合所配备的起吊机械、运输设备组成较理想的盾构施工地面运输系统,将工作井、管片防水制作场地、拌浆间、充电间等连成一线,并合理确定行车的数量,实现水平运输和垂直运输互为一体的系统。

(10) 盾构出土配套设备:盾构法施工掘进是主要工序之一,所以出土设施对盾构施工是至关重要的。

干出土可采用汽车运输,只配有一定空间的集土坑来堆放土体即可,以不影响井下盾构施工为度。水力机械掘进运土,需要有合适容量的沉淀池。对泥水盾构还应考虑泥浆拌制及泥水分离等设施。

(11) 其他生产设备:一般包括油库、危险品仓库、设备料具间、机械维修间等。

(12) 通信设备:隧道施工特点为线长,所以各作业点之间通信必不可少。目前通信多采用电话。井下使用的电话必须是防潮、防爆的,在气压施工闸墙内外还需有信号联系。

(13)隧道断面布置:主要考虑隧道施工时的水平运输,按车架及载行的管片、土箱等净空要求,以及轨枕的高度、轨道的轨距等主要尺寸,进行横断面布置。对于水力机械出土的盾构来说,隧道断面布置还必须考虑进出水管的布置及接力泵的安装部位,方便管路接头,便于搬运和固定。上述所有装置不得侵入轨道运输的界限。人行通道所用的走道板宽度要大于50cm,与电机车的安全距离大于30cm,净空高度大于1.8m。隧道断面还要布置隧道的照明及其供电、盾构动力电缆、通风管路及接力风机、隧道内清洗及排污的管路等。

(14)车架转换:由于工作井空间较小,车架不能一次到位,需要采取车架转换措施。即盾构出洞阶段车架与盾构分离,通过转换油管、电缆等连接车架与盾构,待盾构推进一段距离,隧道内能容纳车架长度时,再拆除转换管路,将车架吊入隧道与盾构相连,达到正常施工的状态。

(15)井底车场的布置:待盾构出洞,推进一定距离后,管片与土体的摩擦力能平衡盾构的推进反作用力时,即可拆除后盾支撑和后盾管片,利用井内的空间在井底形成一个井底车场,通过搭建平台、铺设双轨等措施来提高水平运输能力,加快施工进度。

项目4 习题

项目5　盾构隧道竖井施工

任务1　盾构竖井的分类

1.1　竖井的一般要求

采用盾构法施工时,一般需在盾构掘进的始端和终端设置工作井(又称为竖井)。竖井按用途分为盾构始发竖井、中间竖井和接收竖井。在隧道竣工后,竖井多被用作地铁车站、排水、通风等永久性结构。竖井一般都设在隧道轴线上,施工方法多种多样。

盾构始发竖井是用于组装、调试盾构,隧道施工期间作为管片、其他施工材料、设备、出渣的垂直运输及作业人员的出入通道。竖井的平面净尺寸必须满足上述各项要求。一般情况下在盾构两侧各留1.5m作为盾构安装作业的空间。盾构的前后应留出洞口封门拆除、初期推进时出渣、管片运输和其他作业时所需的空间,竖井的长度应大于盾构主机长度3.0m。接收竖井宽应大于盾构1.5m,竖井的长度应大于盾构主机长度2.0m。

根据盾构的安装、拆除作业、洞口与隧道的接头处理作业等需要,确定洞口底至竖井底板顶面的最小高度。

从理论上来说,井壁预留洞口大小比盾构的外径略大一些即可(盾构外径含外壳凸出部分),但考虑到井壁洞口的施工误差、隧道设计轴线与洞口轴线间的夹角、密封装置的需要,需留出足够的余量。

采用1台盾构施工的双线隧道的始发竖井、接收竖井可以为同一个竖井,如图5-1所示。

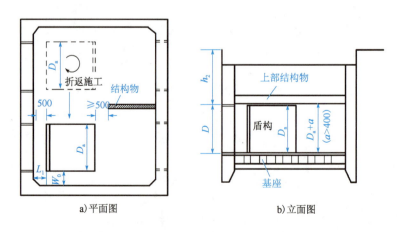

图5-1　盾构折返施工用的竖井(尺寸单位:mm)

1.2 竖井分类

1）按竖井的使用目的分类

从起点向终点用盾构工法或者新奥法掘进隧道的场合下,竖井有如图 5-2 所示的两种形式。竖井按其使用目的可分为始发竖井(也称进洞竖井)、接收竖井(出洞竖井或到达竖井)、中间竖井(包括变向竖井、换刀检修竖井等)。

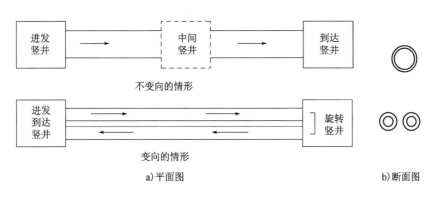

图 5-2 竖井的形式

（1）始发竖井

始发竖井即始发盾构的竖井,需从地表把盾构的分解件及附属设备搬入进发竖井,然后在井内组装盾构,设置反力装置和盾构进发导口。始发竖井的另一个功能是作为运输存放盾构在始发掘削中需要的各种器械及材料的基地。也可以说,始发竖井及其周围的场地是一个停放出土设备、起吊设备、管片编组、各种机电设备、背后注浆设备、原材料等的场地。

在用地无限制的情况下,从功能上讲,始发竖井越大越好。但是,竖井越大其成本也越高,故通常以满足所需最小功能为条件确定其内空尺寸。但是,也不能机械地按上述功能条件的计算结果确定尺寸,还必须考虑作业人员的作业空间的余度和作业安全、盾构隧道覆盖土层的厚度、进发方法等多种因素。通常确定始发竖井尺寸的方式如图 5-3 所示,按式(5-1)、式(5-2)计算。

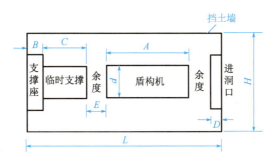

图 5-3 始发竖井(平面图)

$$L = A + B + C + D + E = A + (3.5 \sim 5)\,\text{m} \tag{5-1}$$

$$H = d + \Delta d = d + 2\,\text{m} \tag{5-2}$$

式中：L——进发竖井的长度，m；

　　A——盾构的长度，m；

　　B——反力支撑座的厚度，m；

　　C——临时支撑的宽度，m；

　　D——进发导口的厚度，m；

　　E——作业余度，m；

　　H——进发竖井的宽度，m；

　　d——盾构的宽度，m，对圆形盾构而言为外径；

　　Δd——宽度余度，m。

在用地有限制时，若用地尺寸刚刚满足最小功能条件，即满足式(5-1)和式(5-2)的条件时，可考虑把竖井内空竖向分成 n（＝2或3）层，以便满足存放设备、材料场地的需求。

（2）接收竖井

两条盾构隧道的连接方式，有接收竖井连接方式和两台盾构彼此地中对接两种。其中，地下对接方式仅在对接部位处于水中（水中筑造竖井难度大）或地表无法安排竖井用地的特殊情形下选用，通常采用接收竖井的连接方式。

通常盾构的布设间隔多定在1000m左右，该距离不仅适用于盾构的掘削能力（刀具寿命），同时，隧道和地表的沟通（例如，人孔、通风孔、阀箱、站等的设置距离），也多选用该距离。因此，盾构的接收竖井不仅起盾构洞道的连接作用，同时还可在该竖井中设置上述设施，这种一井多用的情况很多。由上述讨论不难发现，决定到达竖井的尺寸大小，不仅要考虑接收盾构的场地的大小，还应考虑安装上述各种设施的空间，选取两者中较大的数据。另外，还必须满足到达竖井的内空宽度（即与盾构轴线垂直的方向）比盾构的外径大的条件。

（3）中间竖井

对路线中途改变掘进方向的竖井称为中间竖井或旋转竖井，其功能是用来改变隧道的方向。随着近年来小曲率半径急弯施工技术的进步，需求中间竖井的情形正在减少。

由于盾构要在旋转竖井内实现到达、始发，所以到达方向的内空尺寸及进发方向的内空尺寸均应满足图5-3中的尺寸要求。当不能用起重机旋转大口径盾构时，需在竖井内用千斤顶旋转盾构，所以必须充分地考虑盾构机旋转的空间。通常，旋转竖井的长度定为盾构对角线的长度＋余度（1m）。

此外，一些设施位置例如下水道的合流点、电力线的接合点等位置均需设置中间竖井，但是这些设施竖井的大小完全取决于设施的大小。

2）按竖井断面形状分类

竖井断面形状是指水平断面形状和竖直断面形状，大致有图5-4示出的几种。竖井的形状与竖井的深度、大小、挡土墙的形式及支撑挡土墙的方式等因素有关。从内空利用率方面看，圆形最差，矩形最好；而从构造物的刚性方面看，圆形最好（表5-1）。例如，深井的情形下，首先考虑的是竖井总体构造的刚性，显然圆形最有利。如把挡土墙做成刚性好的混凝土地下连续墙，且使用圆形支撑，则井的内空的稳定性最好。有时为了节约用地可把几个进发、到达工序安排在一个竖井内，此时竖井的形状多为矩形或非圆形的其他形状。总之，竖井的形状应根据使用目的确定。

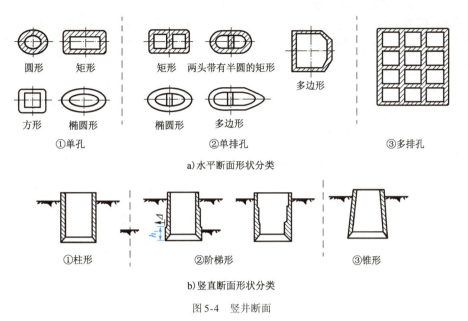

图 5-4 竖井断面

竖井水平面形状及优缺点比较 表 5-1

平面形状	优缺点比较
圆形	内空利用率低,刚性好,适用于大深度、大口径竖井
正多边形	内空利用率低,刚性好,适用于大深度、大口径竖井
矩形	内空利用率高,成本低,刚性差,适用于浅井、小口径竖井
其他多边形	可把几个井合并为一个井,节约用地,降低成本

3）按构筑工法分类

竖井构筑工法如图 5-5 所示,大致上可分为挡土墙开挖工法、沉井沉箱工法、球体盾构工法三大类。

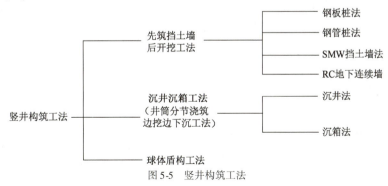

图 5-5 竖井构筑工法

（1）挡土墙

竖井构筑中通常使用的挡土墙有图 5-5 中的几种。作为竖井的挡土墙而言,因竖井属深开挖大型构造物,故多数情况下使用地下连续墙和钢管桩等刚性高的墙体。近年来 SMW 墙因成本低,应用实例也在增加。因地层状况、地下水的有无等因素的不同,通常按地下30m处可以确定其止水性的要求选用挡土墙。

另外,因竖井属深开挖工程,所以必须确保预定竖直精度问题。同时,市区施工时往往作业用地受到限制,因此施工前必须充分研讨使用的机械、施工顺序,选定满足施工条件的挡土墙。

(2) 支承

为了确保作业空间,挡土墙支撑的水平、竖直间隔都较大。支承构造的配置必须同时满足施工性和安全性的要求。

(3) 开挖

竖井的开挖与一般的开挖工程不同,它是在狭窄的筒形空间内的独立的深开挖。因此,周围的地下水向井内集中是必然的,所以开挖前必须制订好防止涌水的措施,见图5-6。

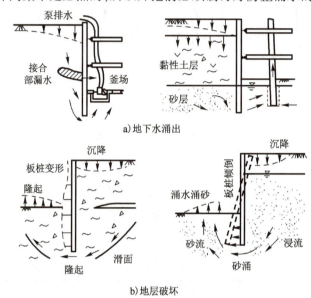

图 5-6 开挖中容易出现的现象

(4) 井筒构筑

在把竖井作为盾构水平推进的作业基地利用时,作为永久构造物所需的隔板和承柱,必须在盾构进发后构筑,构筑时也必须把作业空间控制到最小,其余构件应在盾构掘进的同时进行构筑。

任务2 盾构竖井的构筑工法

2.1 竖井构筑中的地层加固

1) 需要加固的部位

(1) 井底地层加固

由于竖井底面地层承受地下水的上拱压力作用,故当开挖深度较深、地下水位较高时,竖井底面地层可能出现隆起(对砂地层来说会出现涌水、涌砂,对黏土地层来说会出现隆起),给施工带来麻烦或者根本无法进行施工。为此必须对该部位进行加固,提高地层的抗剪强度和止水能力,以防隆起现象的发生。

(2)盾构始发口、接收口井壁外侧地层加固

当竖井对应盾构始发口、接收口部位的壁材不能被盾构刀具直接掘削时,盾构进洞、出洞前必须把该部位的壁体拆除。由于构筑竖井时井壁外侧土体已经受损松动,加上拆除作业中的振动,井壁外侧土层松动加重。且拆除后到盾构大刀盘贴到土层尚需一段时间(尽管时间不长,一般为几天),这段时间内外侧土层失去支撑,仅靠土体自身的部分黏聚力维持平衡。若井壁外侧的水平作用水压、土压大于土体自身的抗剪强度(对软土地层来说容易出现这种现象)时,即刻出现塌方和涌水,进而导致周围地层变形、地表沉降、地中构造物与埋设物受损,严重时使其抗剪强度和止水能力丧失,所以必须对其进行加固,以防塌方和涌水事故的发生。

2) 加固方法

归纳起来,竖井构筑中的地层加固方法如表5-2所示。可根据地层状况、地下水位的高低、竖井形状、尺寸、开挖深度和开挖方法技术等要求,切实地选择竖井地层加固方法(图5-7)。

竖井地层加固方法　　　　　　　　表5-2

工法			作用	适用状况	注意事项
降低地下水位法	集水排水法;井点地下水位降低法;深井地下水位降低法		降低地下水位	开挖稳定,作业空间充裕,适应深度几米到十几米。地下水位降低,地表沉降	1. 地下水位降低法适应地层范围较宽,从砂层到砂质淤泥层均可使用; 2. 深井地下水位降低法适于渗水性好的地层(砂、砾层)使用; 3. 地下水位降低,导致周围地层沉降; 4. 利用观测井观测周围地下水位下降状态
固结工法	化学注浆法	单液型双重过滤管法;双液型双重过滤管法;双层管双栓塞法	止水;提高地层的强度;防止地层变化	简便,成本低。适用中小竖井,可靠性差加固强度不高,深度不宜太深,20m左右	1. 必须根据注入地层选择适合注入目的的工法和注入材料,并制订注入计划; 2. 必须进行效果检查,特别是范围检查; 3. 为了防止发生原有构造物的隆起、移动、裂纹流入注入材料等事故,必须认真调查,加强施工管理; 4. 必须时刻注意对周围环境的影响程度
	深层混合处理法	机械搅拌法		与化学注浆法相比,可靠性好,适用深度深可达30m	1. 在采用底层止水加固和先期地中梁的场合下,应特别留心底板与挡土墙、地中梁与挡土墙的密实性,及加固体的连续性; 2. 因为伴随固化材料的输入,可能对周围的地层带来影响,故必须对施工方法和施工工序进行讨论; 3. 因为加固体的强度及起伏取决于固化材供给量和搅拌混合程度,所以必须加强施工管理; 4. 因为喷射搅拌工法是利用切削向空隙中填充固化材料的方法,所以必须设置排泥处理设备,并作建设副产品处理
			加强肋保温板施工工法(JST工法);粉体喷射搅拌法(DJM工法);水下深层水泥搅拌法(CDM工法);CDM工法;其他工法		
		喷射搅拌法	JSG工法;CJG工法;RJP工法		

续上表

工法		作用	适用状况	注意事项
防渗墙法	地下连续墙法(壁式、排柱式); 板桩法(钢板桩钢管桩); 其他工法	止水	可靠性好,深度可达70m以上;成本高	1.对挖槽工序实施视频监控; 2.选用低热水泥,防止墙出现裂纹; 3.接头部位使用膨胀水泥; 4.拔桩后进行化学注浆
			可靠性好,成本低	
冻结法		临时性止水,提高地层的高度	加固效果(防渗、强度)快、好,加固均匀性好;工序复杂成本高,解冻后沉降大	1.用测温法、热电偶法、超声波法测定冻土厚度; 2.就淤泥层和黏土层来说,地层冻结时,容易出现地表冻结膨胀及解冻沉降,应钻孔把冻土上面的土抽出,防止冻胀,解冻后进行化学注浆填充,防止沉降

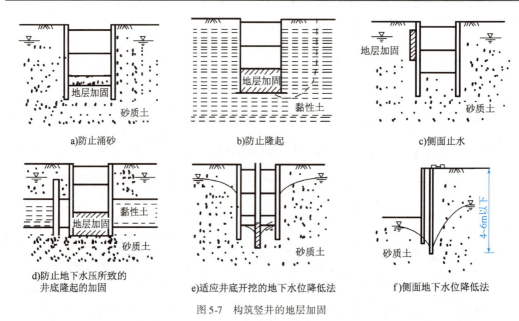

图 5-7 构筑竖井的地层加固

当要求确保开挖稳定及底面上的作业空间充裕时,多选用降低地下水位的方法。但是该方法适用的深度不深,通常约为几米到十几米;对加固深度20m左右的中小型竖井而言,从施工性和加固强度方面考虑多采用化学注浆法和深层混合处理工法。对化学注浆法来说,存在注入范围的可靠性差、均匀性差、加固强度不高等问题,若加固深度较深时加固效果更差,且存在污染环境的可能性,故近年来较少使用。深层混合处理工法虽然加固深度也不能过深(一般在30m以内),但加固范围、加固效果的可靠性较化学注浆法要高得多,且固结强度较高(一般在1MPa以上),所以目前施工应用较多。冻结法适用于大深度(可达30m)、大水压的止水、防塌加固,加固范围均匀,可靠性好,特别适于进发口、到达口部位的加固;其缺点是工序操作复杂,成本高、解冻时地层沉降大。

3)加固范围的确定

(1)井底加固范围

当井底预定挖掘线以下的地层为砂质土时,应先按太沙基法对未加固的地层进行讨论,看其是否会出现涌砂,若是,则应对井底地层进行加固。为防止管涌出水、涌砂事故,加固需全面铺开,即加固体形状为柱体,水平断面与竖井水平断面形状相同,柱体的厚度即加固厚度。这里就以下三个方面求取加固厚度,并把其中的最大值记作真正的加固厚度。

①隆起力决定的地层的加固厚度;
②剪切应力决定的地层的加固厚度;
③抗弯应力决定的地层的加固厚度。

井底下方地层为黏土时,可用对应隆起的各种公式进行计算,确定加固厚度。

(2)盾构进发、到达口外侧加固体的范围

砂质土中,要求加固体在竖井壁被掘开后能自立和止水。如图5-8所示,可把加固体看作是周围自由支承的硬质盘体。盘体的中央部位是一个与盾构直径 d 相等的圆盘,称为中央圆盘。设圆盘上拱顶点到加固盘体上拱顶点的距离为 b,圆盘下拱腹点到加固盘体下拱腹点的距离为 h,加固体竖向总高度为 h,如图5-9所示。

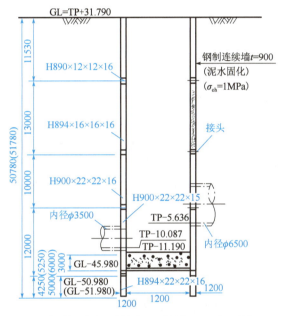

图5-8 钢制连续墙竖井构造(尺寸单位:mm;高程单位:m)

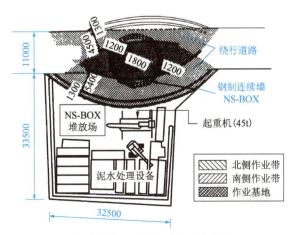

图5-9 钢制连续墙竖井平面图(尺寸单位:mm)

4) 工程实例

(1) 工程概括

某竖井是直径 6.5m 和直径 3.5m 两条下水道干线盾构隧道到达竖井。竖井参数如下：圆形断面内径 11.8m、壁厚 1.2m、深 42m。采用钢制地下连续墙法构筑，墙体的挖掘深度 52m，墙面面积 2131m²，NS-BOX 高 900mm，NS-BOX 的用量为 1067t。竖井的构造示意图如图 5-8 所示。该竖井位于居民区内，其中道路宽 11m，外加一个 33.5m×32.5m 作业场地，作业场地状况如图 5-9 所示。

(2) 结果对比

这里的结果对比系指钢制地下连续墙与 RC 连续墙的对比。

①薄壁化

挡土墙上作用的扭矩为 4200kN·m，若采用 RC 连续墙，则壁厚不得小于 2.2m；采用钢制地下连续墙，则壁厚仅为 1.2m，这样竖井外径可缩小 2m，征地费用大为降低。

②施工场地缩小化

若选用 RC 连续墙工法，则作业场地面积不得小于 2400m²；选用钢制地下连续墙时作业场地仅为 1000m²，显然场地面积缩减了 58%。由于场地面积的缩减，从而确保了绕行道路的用地，把对交通的影响控制到最小。

③省力化

当选用 RC 连续墙工法时，因为断面是圆形，所以要想使钢筋笼的曲率与沟槽的曲率完全重合极其困难，故断面多为多边形。而选用钢制地下连续墙工法时，因为芯材接头的长度内外两侧均可调节，较易做成圆形断面。另外，给原位搅拌加固井壁、接头保护板等端部处理工作也带来方便。

2.2 竖井的构筑方法

盾构竖井施工多采用沉井和挡土墙围护。沉井施工有排水下沉、不排水下沉和气压沉箱等工法。挡土墙围护有钢板桩、柱列桩和地下连续墙工法。

由于沉井的工程造价较低，当附近的地表沉降控制要求不很高、开挖深度较浅时，竖井应尽量采用沉井方案。适宜采用沉井法施工的竖井开挖深度 H_0 视地质条件而定。如为容易产生流沙的砂质粉土、粉砂、黏质粉土，或者在坑底难以稳定的淤泥质黏性土，在实施井点降水及其他辅助施工条件后的 H 在 15m 以内；采用不排水下沉的沉井宜控制在 25m 以内；气压沉井工法可施工更深的竖井。

挡土墙工法分为钢板桩、SMW、地下连续墙等工法。其中，钢板桩、SMW 工法均是辅以横梁支撑的组合工法；对地下连续墙矩形竖井而言，为横梁支撑，圆形竖井为圆形支撑或无支撑；球体盾构构筑竖井的工法是近年问世的一种新工法，其特点是用预制管片现场拼接井筒下沉，竖井隧道一体化施工，具有井壁薄、工期短、成本低等优点。

任务3　地下连续墙竖井工法

3.1　施工方法概述

地下连续墙施工方法包括导墙构筑、挖掘槽、钢筋笼的放入、混凝土的浇筑。在连续墙竖井中使用重叠的水平钢筋制作接头,把槽段做成可以刚接的形式。地下连续墙竖井中使用的刚性接头示例如图5-10所示。地下连续墙竖井施工中,其槽段接头的位置(即槽段的定位)最重要,如果不正确则不能施工。

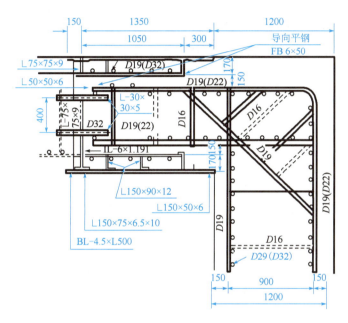

图5-10　地下连续墙竖井刚性接头示例(尺寸单位:mm)

3.2　挖槽的稳定

地下连续墙竖井施工中的挖槽工作由挖槽机完成。连续墙挖槽机有抓斗式和旋转式两种。选择挖槽机时应考虑的因素是槽段的形状、深度、土质、壁厚等。当槽段不是直线时,在设计阶段就必须慎重考虑挖槽机的机种。挖槽要点如下:

(1)确保竖直精度

在挖槽和挖槽结束后均要确认竖直精度。竖直精度达不到要求时,应进行修正。在连续墙竖井中,因槽段接头为刚接点,要求精度高,为此,应选用挖槽机上装有精度检测装置的机种。沟槽的形状精度可使用超声波沟槽测定器测量记录。

(2)防止槽壁坍塌

如果挖掘中和钢筋笼插入时槽壁坍塌,则修复沟槽需要消耗大量的劳力和时间,同时施工的连续性也遭到破坏。挖掘出来的沟槽是否稳定或是否存在坍塌取决于下列因素:

①地下水位高度及地质状况;
②挖掘槽段的形状、尺寸;

③施工机械、运输车辆等重物与槽段的接近程度;
④护壁泥浆的质量、用量等。

(3)护壁泥浆的管理

护壁泥浆的作用是防止槽壁坍塌,同时保证混凝土的良好浇筑。为了防止坍塌,泥浆浓度不能太大,黏度也不能太高。护壁泥浆有膨润土类泥浆和聚合物泥浆两种,应根据土质条件和挖槽机的种类决定泥浆的种类及配比。地下连续墙竖井使用聚合物泥浆的情形较多。如果沟槽内的泥浆发生渗流,则对槽壁的稳定影响最大,特别是渗透系数大的土层,这一点较为突出。总之,护壁泥浆的质量及用量直接关系到槽壁的稳定和浇筑混凝土的质量。

(4)沉渣处理

挖槽过程中或挖槽完毕后,悬浮于泥浆中的土颗粒会缓慢下沉形成沉渣。初期沉落的是大颗粒的沉渣,数量较大,通常由挖槽机挖除;渐次是粒径小的土颗粒下沉,这种沉渣有时也按渣土处理,但这种处理需使用专用机械。对连续墙竖井而言,要求这种处理必须确实可靠。

3.3 接头施工

因标准的地下连续墙竖井的槽段为刚性结合,所以这个刚接头的施工比一般的联锁式钢管接头和切削接头工艺要复杂,同时需使用辅助钢材。接头施工要点如下:

(1)浇筑先期槽段混凝土时,混凝土不得注入接头内。

(2)后面槽段钢筋笼的吊放要精确,在吊放钢筋笼和浇筑混凝土时,均应使用辅助钢材确保接头钢材不变形。

(3)钢筋笼应在下吊状态下缓慢地放入沟槽,并注意确保竖直精度。因为钢筋笼稍有弯曲就会碰撞槽壁,故挖槽应有余度,并且还需满足一定的精度要求。

3.4 钢筋笼的制作和吊放

地下连续墙竖井的槽段有先、后之分。先期槽段的钢筋笼端部装有接头用的钢材,一般呈直线形状。后面槽段从先期槽段的端部插入,拐角和隔墙的连接部位、交点等部位呈L形、T形和十字形形状。钢筋笼用起重机吊入,高度一般为8~15m。钢筋笼在组装台上的组装精度必须符合设计要求,否则会给插入带来麻烦,严重时甚至无法插入。特别是先期槽段上的接头钢材,必须顺直,不得有弯折,所以需在专用的组装台上组装。

3.5 混凝土浇筑

地下连续墙竖井的钢筋,因接头部位为双层,拐角部位配置斜钢筋,故配筋要比一般部位的配筋密,所以浇筑混凝土的充填性差。另外,因连续墙是竖井墙体的一部分,所以混凝土的浇筑质量是保证竖井质量的前提。再有,先期槽段上装有接头钢材,故希望浇筑混凝土时钢材不要发生变形,混凝土也不能从接头处流出。因此,浇筑时必须注意以下几点:

(1)导管应设置在拐角和接头部位,每3m设置1条;

(2)选用流动性好、水中不分离的混凝土,使用AE减水剂保证混凝土的密实性;

(3)按多条导管浇筑高度相同的形式进行浇筑管理;
(4)在保证先期槽段接头钢材不变形的前提下,把浇筑速度定在 5~6m/h 为好;
(5)在确认混凝土没有从接头内流出的条件下,浇筑先期槽段。

3.6 地下连续墙竖井工程实例

1)案例一

这里介绍某污水排放管道(盾构隧道)工程中的进发竖井工程。盾构进发部位覆盖土层的厚度为 52m,井底深度 63m。系利用连续墙作主体结构的连续墙竖井,连续墙深度 99m。竖井位于飞机场的滑行跑道的延长线上,离开跑道的距离为 1200m,故施工机械的空中高度受限不得超过 24m。

(1)土质概况

进发竖井施工区域的土质和竖井断面如图 5-11 所示。上部为 Ⅳ 值较低的砂质土和极软的淤泥土层;其下方为 Ⅳ>50 的密实的细砂层;井底下端为最大粒径 150mm 的砂砾层。再往下依次是固结黏土、砂砾、泥岩层。考虑到竖井内部开挖时的基底隆起,故把连续墙的入土深度确定在 TP-93m 以下的不渗水层上。

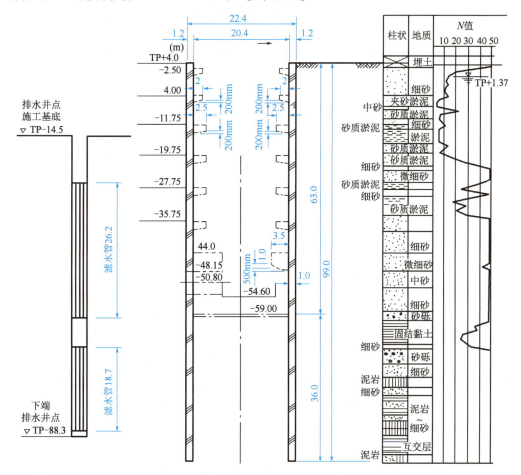

图 5-11 竖井断面和土质柱状图(尺寸单位:m;高程单位:m)

竖井为内径20m、墙厚1.2m、深度99m的正四边形，开挖时竖井内侧设置7副间隔8m的RC圆形支撑。

(2) 地下连续墙的施工

施工前先用"三维圆筒滑动计算法"进行槽壁的稳定性讨论。讨论认为，断面上部土层滑动安全系数不够，为此把作业基础层扩深1m，即实际的开挖深度为100m。

① 挖掘槽段的划分

竖井平面形状如图5-12所示，是一个一挖掘单元为一个槽段的两槽段为一边的正四边形。槽段的详细状况如图5-10所示。因后续槽段的余度小，所以要求挖槽精度一定要控制在1/1000以内。另外，为了防止墙角部位出现未挖到的残余，特在BW挖掘机钻具的两面安装水平滚刀。

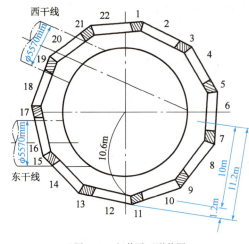

图5-12 竖井平面形状图

② 标准挖槽周期和挖槽精度

表5-3为各项挖槽工序的实际标准用时，真正的挖掘时间仅占挖槽时间的50%~60%。

平均开挖时间统计表　　　　　　　　　　表5-3

先期幅段	纯挖掘	71h	合计116h
	BW挖掘机上提下降	20h	
	超声波测量	8h	
	其他(准备、修理)	10h	
	残泥清除,新配制的护壁泥浆的置换	7h	
后期幅段	纯挖掘	56h	合计108h
	BW挖掘机上提下降	20h	
	超声波测量	8h	
	其他(准备、修理)	12h	
	接头清洗	5h	
	残泥清除,新配制的护壁泥浆的置换	7h	

通常用超声波槽壁测定器测定沟槽槽壁的形状，但大深度情况下精度下降、可靠性变差。改进措施：除了增加测量次数、测量位置和反复核对之外，还需改变测量头的下降速度，提高其可靠性。采用这种措施后的测量结果表明，所有槽段均可确保1/1000的精度。

③ 护壁泥浆

护壁泥浆的标准配比如表5-4所示。要求使用的护壁泥浆是易被混凝土置换的、凝胶少的、以CMC为主体的聚合物类泥浆。再有，在浇筑混凝土之前要把沟槽内的陈旧泥浆全部换成新配制的泥浆，以确保混凝土的置换性。

护壁泥浆的标准配比 表5-4

材料	基本配比	
	初期	标准
清水(L)	1.0	1.0
膨润土(kg)	60	20
增黏剂(kg)	1.5	3
扩散剂(kg)	1	2
保质剂(kg)	2	2

④钢筋笼的吊放

因本工程的特点是大深度,为防止浇筑混凝土时同步导管引拔困难,将先期槽段钢筋笼接头做成钢板结合式接头。槽段详细构造见图5-13。由于现场空间及起重机起吊能力的限制,故每节钢筋笼的长度不得超过12m。

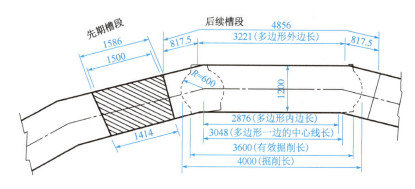

图5-13 槽段详细构造图(尺寸单位:mm)

详细的接头加固机构如图5-14所示。因先期槽段钢筋笼的吊放精度对后续槽段的挖槽影响较大,故各槽段竖直性的测定极为重要。吊放精度可用起重器调整。测量结果表明,本次施工中钢筋笼的吊放精度可做到1/2000～1/5000。

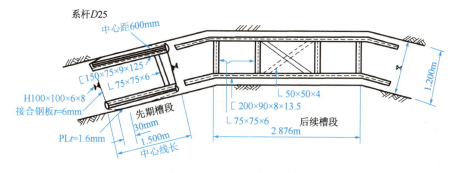

图5-14 接头加固机构平面图

⑤混凝土的浇筑

对先期槽段而言,使用一条导管浇筑混凝土,后续槽段使用两条导管浇筑。为了确保大深度施工中的混凝土浇筑质量,钢筋笼吊放前需把陈旧泥浆置换成新制泥浆,同时必须把沟槽底部的残泥清除。此外,为了提高混凝土的填充性,上部20m使用水中振捣器。

(3) 进发竖井的开挖

① 开挖

开挖用油压单斗挖掘机(0.4m³)进行。0.30m 的开挖出来的土砂用抓斗(2m³、1m³)运出，30～63m(基底)挖出来的土砂用排土容器(4m³)运出。无论什么深度，其地面机械都使用 500kN 的履带式起重机。

② 补强混凝土环

伴随开挖在连续墙内侧依次设置补强混凝土环(7 节)，补强混凝土环与连续墙通过化学锚杆及黏结剂黏结在一起。

③ 减压井

开挖第 3 节补强环下部之前先建减压井。建减压井的目的是释放连续墙包围的竖井内的承压水的压力，以便适应开挖的需要。为了调查竖井内排水对周围的影响，用两个水位观测井进行水位监测。监测结果表明，开挖过程中两口井的水位均无明显变化。

④ 地下连续墙抗渗止水性能的确认

因为是大深度竖井开挖工程，所以应避免出现连续墙竣工质量不良引起高压地下水喷出的现象。出现喷水现象的原因多数是墙体各槽段之间的接头不良造成的，与墙壁质量的关系不大。由于本工程连续墙施工阶段把墙体各槽段间的接头质量列为重点的质量管理项目，精心管理，所以接头的质量良好，开挖过程中观测到的连续墙的防渗、止水性能极佳。该结果还表明，新制护壁泥浆的置换效果及接头清洗器的清洗效果较好。

⑤ 连续墙形变的测量结果

为了监测开挖时连续墙的变形状况，在墙体上设置混凝土应力计、钢筋计、位移计等测量传感器。监测结果表明，上述传感器示出的测量值均小于设计值，这充分说明开挖施工是安全的，整个施工过程中未发生任何事故。

2) 案例二

本节仅介绍日本东京外环排水盾构隧道工程中的大口径、大深度进发竖井的设计、施工概况。该竖井深度 73.5m、直径 36.6m、壁厚 4.6m，采用地下连续墙作挡土墙，连续墙深 140m、墙厚 2.1m。

(1) 地下连续墙的设计

因竖井的外径为 36.6m、井深 73.5m，属大型大深度竖井，考虑到挡土墙的止水措施、防止隆胀和对周围地层的影响，以及大型井的施工时间和成本等因素，最后决定本工程竖井的挡土墙采用地下连续墙法施工。

地下连续墙的设计计算中的横向、竖向断面力的计算分别采用圆环模型和弹塑性模型，分别见图 5-15 和图 5-16。出于对盾构的尺寸、土压及地下水压及成本的考虑，把连续墙最终水平断面定为外径 36.6m 的圆形断面，根据构造计算得出的有效墙厚及施工误差、泥膜劣化等，把连续墙定为墙厚 2.1m、墙深 140m

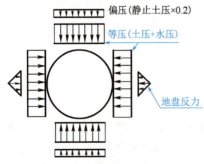

图 5-15 横断面环形计算模型

（持力层为不渗水地层）。墙壁上部110m因受土压、水压作用，故定为钢筋混凝土构造；下部30m因只起防止隆胀和止水的作用，故定为无筋混凝土构造。图5-17为连续墙的平面图，图5-18为槽段构造图。

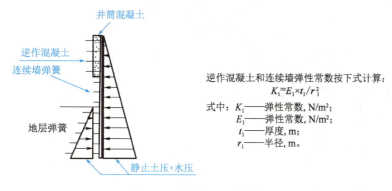

逆作混凝土和连续墙弹性常数按下式计算：

$$K_1 = E_1 \times t_1 / r_1^2$$

式中：K_1——弹性常数，N/m^2；
E_1——弹性常数，N/m^2；
t_1——厚度，m；
r_1——半径，m。

图5-16 竖向弹塑性计算模型

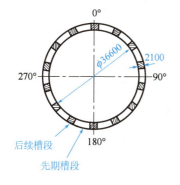

图5-17 连续墙平面图（尺寸单位：mm）

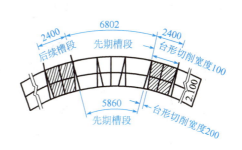

图5-18 槽段构造图（尺寸单位：mm）

（2）竖井设计

竖井设计应考虑如下因素：

①因竖井下部为连接隧道的开口，该部位的应力状态复杂，故用有限法解析该三维薄壳，并确定其结构。

②按响应变位法进行抗震设计。

③根据竖井周向土压、水压、竖向基底地层反力与作用于底板上的水压的组合压力，按三维薄壳模型由有限元法进行应力解析，确定井体构造及厚度。

④按连续墙的重力+竖井井筒的重力+竖井底板的重力的合力抵消竖井上浮力的原则，确定竖井底板的厚度。本实例的计算结果把底板的厚度定为6m。

按上述考虑确定的竖井的构造及尺寸，如图5-19所示。

（3）地下连续墙施工

因该地下连续墙深140m，属大深度，且墙厚2.1m，故选用水平多轴旋转掘削式连续挖槽机（FMX-240M）挖槽，并用挖槽管理系统实时监测器对挖槽精度进行监控。先期槽段的施工采用3个挖掘单元为1幅槽段的方式施工，后续槽段采用1个挖掘单元为1幅槽段的方式施工。井筒断面形状为多边形，施工步骤如表5-5所示。

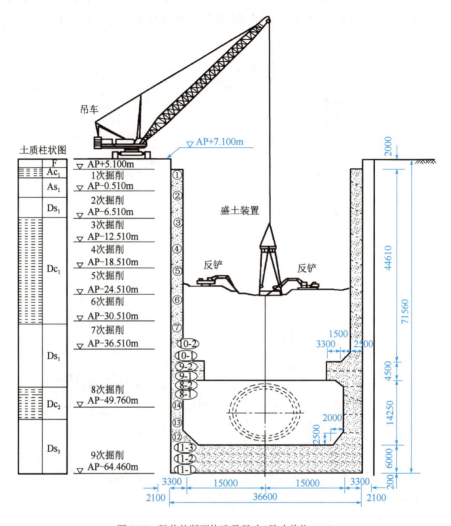

图 5-19 竖井的断面构造及尺寸(尺寸单位:mm)

施工步骤及操作说明 表 5-5

施工步骤	1. 挖槽	2. 沉渣处理	3. 超声波测定器测定槽壁的形状	4. 钢筋笼吊入	5. 水中浇筑混凝土
操作说明	先期槽段:3 挖掘单元为 1 槽段方式挖掘	1 次沉渣处理后把槽内泥浆置换成优质泥浆,进行 2 次沉渣处理	用超声波定槽壁的形状	把全长 97.55m 分成 9 节的框式地面组装的钢筋笼,用 3000kN 的履带式起重机吊入	用 3 条导管(ϕ250)浇筑混凝土
	后续槽段:台形混凝土掘削,1 单元为 1 槽段的方式挖掘				用 1 条导管(ϕ250)浇筑混凝土

(4)竖井施工

竖井内壁施工状况如图 5-19 所示。从顶部到环梁的大约 60% 深度的上段采用逆作法施工,剩下的 40% 深度的下段分两次按顺作法施工。

(5)施工中采取的一些主要措施

①利用实时监测器对挖槽工序实施视频监控。

②为防止导管发生堵塞、钢筋笼上浮及提高墙体的密实性,使用加 AE 减水剂的流动性好、水中不分离的优质混凝土。

③为防止墙体出现裂纹,导致墙体抗渗性下降,特选用低热水泥。

④采用逆作法施工。

任务4　挡土围护竖井施工法

4.1　钢板桩围护施工竖井

钢板桩围护施工竖井方法是用锤击或者振动打桩机把钢板桩插入地中,再用振动打桩机引拔,不仅效率高,而且成本低。但是由于噪声、振动等环境污染的问题,致使这些方法在都市中很少使用。作为替代方法,可使用螺旋钻、油压千斤顶等器械将钢板桩压入地中。引拔工法提出过多种方案,但均存在效率低、成本高的弊病。另外,该工法的打入深度、引拔高度均受限制。钢板桩作挡土围护具有更好的刚度,其截面形状有 U 形、H 形、Z 形等,如图 5-20 所示。

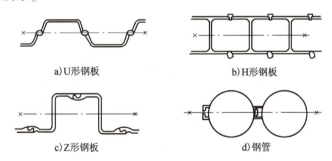

图 5-20　钢板桩截面形状

钢板桩围护竖井施工中最棘手的问题就是伴随开挖竖井出现的变形。有时钢板桩的接头选择为铰接,与其他挡土墙材料相比刚性小。钢板桩竖井工法构筑的竖井的深度适用范围在 15m 以下。

4.2　柱列桩围护施工竖井

围护用柱列桩有钻孔灌注桩、SMW 桩等。一般的钻孔灌注桩呈一字形排列时易发生桩间渗漏水,故多采用咬合形式解决,或在外排采用水泥土搅拌桩作防渗墙,如图 5-21 所示。

SMW 工法的特点是噪声低、振动小、效率高、土质适用范围宽,所以近年来施工实绩急剧增加。该方法是向地中注入水泥浆,并用搅拌机械在原位使水泥浆与土体拌和,然后在中心位置上插入 H 型钢,进而形成一定宽度的排柱形固化墙,即挡土墙,施工流程见图 5-21。

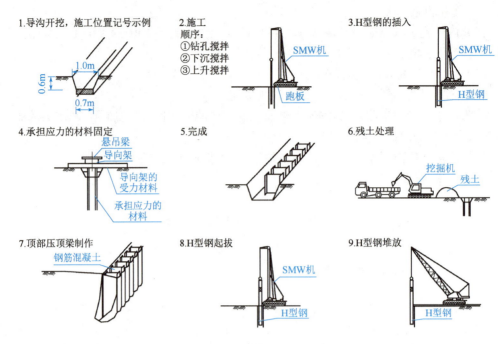

图 5-21 SMW 维护桩施工流程

SMW 围护桩一般采用三轴深层搅拌机施工，桩径有 650mm 和 850mm，施工桩深 30m，水泥掺入量大于 15%。型钢插入按计算选择全孔、隔孔等形式，见图 5-22。SMW 围护桩适用于开挖深度 20m 以内的竖井，在完成竖井内衬结构后，可拔出型钢。盾构进出洞口处的型钢应在盾构靠上 SMW 围护桩后拔除。

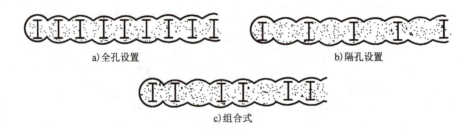

图 5-22 SMW 桩形钢插入方式

SMW 工法施工中值得注意的一些要点如下：

1) 钻孔施工要点

（1）钻孔的垂直性要好；
（2）水泥浆和土体的拌和要均匀；
（3）插入芯材的垂直精度和插入深度应满足设计规定。

2) 竖井开挖要点

（1）当现场场地狭窄时，应特别注意 SMW 墙体施工结束后，重型施工机械、导墙等集中荷载不能撞击 SMW 固化墙，以免破坏墙体或使墙体产生裂纹；
（2）在向水平横梁和芯材间隙填充砂浆或混凝土之前，固定好芯材，以防填充时芯材错位。

4.3 SMW 与钢制连续墙竖井的施工

1) 工程概况

日本青梅都市隧道进发竖井构筑用 NATM 工法,这是一种新颖的工法。这里介绍进发竖井的设计、施工概况。竖井位置的地层为混有巨砾的砾层,地下水位 GL-12.8m。

竖井的平面图如图 5-23 所示,竖井长度为 33m、宽 22m、深 -26m。

由于客观尺寸的限制,竖井的一个侧壁采用薄型钢制地下连续墙,兼作主体构造,另外 3 个侧壁采用 SMW 墙体。此外,各墙体的根基深度均为 -39m。墙体均用地锚拉撑,开挖深度 -26m(即井深)。

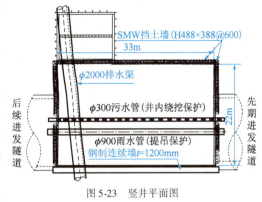

图 5-23 竖井平面图

挡土墙的施工受混有巨砾的砾层的影响较大。钢制连续墙施工时,应加强护壁泥浆的溢流措施。SMW 施工时为了防止卡钻及确保精度,必须采取预先钻孔的措施。另外,地锚施工时,由于地层单轴抗压强度超过 300MPa,故施工效率极低。

2) 钢制连续墙的施工

利用 MHL 铲斗方式进行钢制连续墙的挖掘。在挖掘到 -4m 附近时,发生如图 5-24 所示的 $Q = 50 \sim 60 \text{m}^3/\text{h}$ 的异常涌水。追加调查钻孔的结果表明,砾石层中的细粒组分较多,到 -15m 止,整个层面都有漏水的倾向。

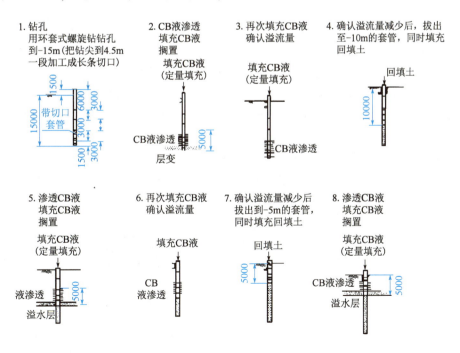

图 5-24

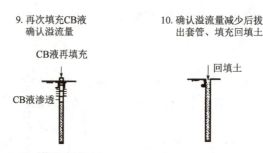

图 5-24 CB 液填充工法施工顺序图(尺寸单位:mm)

作为防止溢水措施的工法,有地层加固工法和使用防止溢流的稳定泥浆工法,对比结果表明:后者由于工期长,工程费用高,事前无法掌握溢流量,利用超声波的测定结果管理槽壁时需要再次置换泥浆等原因及预想不到的危险性较大,故采用地层加固工法。就地层加固工法而言,经比较决定选用环套式螺旋钻钻孔,灌入水泥膨润土(CB液)的方式。

CB 液填充工法施工顺序如图 5-24 所示,填充 CB 液时的水位管理状况如图 5-25 所示。由于实施水位管理,在连续墙挖掘时没有出现泥浆流溢的情况。

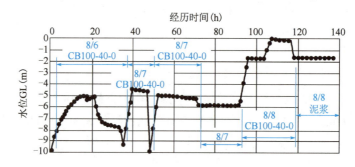

图 5-25 填充 CB 液时的水位管理状况

3) SMW 的施工

SMW 施工前先进行试验施工,并归纳出施工中易出现的问题。

试验施工的结果表明,易出现的问题有:①卡钻;②芯材插不进去;③芯材插入精度低。这些问题与钢制连续墙施工中出现的溢水现象一样,由于泥浆溢流致使孔壁上的巨砾的稳定性遭到破坏,又因巨砾的粒径大,无法排出,进而造成负荷升高,出现卡钻,或因砾石滑动造成芯材插不进去。另外,锥尖碰到巨砾,钻孔精度大为降低。因此,考虑把分布在 GL-15m 以内的巨砾清除。表 5-6 中示出了清除巨砾的方法的对比。对比的结果表明,决定选用第一方案即用 SMW 机进行先期钻孔。

清除巨砾工法对比表 表 5-6

项目	方案一:先期钻孔	方案二:环套式落螺旋钻孔机	方案三:全旋转钻孔机	方案四:铲斗挖掘机
工程概况	用现有的 SMW 机无水掘削到 GL-15mm,去除砾、巨砾,拔钻后注入 CB 液	用 φ1m 的钻孔机去除上部的砾石、巨砾石,用砂、CB 液填充	用 φ1m 钻孔机去除上部的砾石、巨砾石,填充 CB 液	用振动挖掘机去除上部的砾石、巨砾石,再进行泥水固化或回填砂

续上表

项目	方案一:先期钻孔	方案二:环套式落螺旋钻孔机	方案三:全旋转钻孔机	方案四:铲斗挖掘机
工效	10 条/d	条/d	3 条/d	3 条/d(1 槽段/d)
噪声振动	小	较小	大	大
优缺点	可用现有设备施工;工期最短;成本最低;消除砾石、巨砾石不彻底	去除钻孔部位的砾石、巨砾石较为理想;必须另行购置或租借钻孔机	去除钻孔部位的砾石、巨砾石较为理想;必须另行购置或租借钻孔机;噪声、振动大	砾石、巨砾石可以完全被清除;必须另行购置或租借挖掘机及配套设备;必须另行采取防溢措施;噪声大、振动大

先期钻孔即用 490mm 的单轴螺旋钻按 1200mm 的节距进行空掘,排除巨砾石和砾石,并用泥浆置换。泥浆强度按 $f_{28}=0.3\sim0.5\mathrm{MPa}$ 的数据进行配制。表 5-7 给出了泥浆配比。由于实施先期钻孔,故清除巨砾石、砾石的效果较好,使 SMW 施工顺利进行。

泥浆配比表 表 5-7

名称	种类	数量	备注	名称	种类	数量	备注
水泥	普通水泥	225kg		水		900kg	水灰比 4:1
膨润土	250 目	72kg	8% 溶液	添加剂	硬化剂	9L	冬季施工和要求紧急的情况下

任务 5　沉井竖井工法

5.1　沉井的构造及分类

1) 沉井的定义

把图 5-4 所示的不同断面的井筒,按边排土边下沉的方式使其沉入地中,即为沉井,见图 5-26。因井筒无底故也有人把沉井称为开口沉箱。沉井的构筑方法称为沉井工法,用沉井工法构筑的竖井称为沉井竖井。

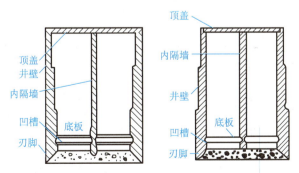

图 5-26　沉井构造图

2) 沉井的构造

沉井一般由井壁、刃脚、内隔墙、井孔凹槽、底板、顶盖等构成,如图 5-26 所示。

(1) 井壁

井壁(也称井筒)是井体的主要构成部分。井壁必须具备一定的强度以便承受作用其上的水、土压力造成的弯曲应力,通常为钢筋混凝土结构或钢结构。此外,井壁必须具备一定的自重,以便克服下沉时的摩阻力,为此井壁厚度一般为 0.3~2m。对直壁柱形沉井而言,其井壁厚度均匀,与深度无关;井壁易被土层约束,竖向沉设精度高,摩阻力大,适于不太深、松散性土质的情形使用。对阶梯形沉井而言,井壁厚度随深度的加大呈台阶形增大,这是由于沉井底部受到的土、水压力较大,需要适当提高刚度的原因。

井壁阶梯可设于井筒内侧也可设于井筒外侧。对松散性土层来说,确保井体的竖向精度及防止周围土体破坏范围过大(导致土层沉降大,对邻近构造物影响大)等因素最为关键,故宜选用内阶梯(外壁为直壁)形式。对密实的土层而言,周围土层沉降及确保竖向精度的问题不大,而减小井壁与土层间的摩阻力却是关键,为了利于下沉,多选用外阶梯形式。阶梯的宽度 Δ 与井壁的材料、平均厚度 d 及井筒高度 H 有关,Δ 一般为几十厘米。最下面一层阶梯的高度 h_1 可通过 $h_1 = \left(\frac{1}{4} \sim \frac{1}{3}\right)H$ 的关系确定。

(2) 刃脚

刃脚即井壁最下端的尖角部分,刃部构造如图 5-27 所示。刃脚是井筒下沉过程中切土受力最集中的部位,所以必须有足够的强度,以免破损。通常称刃脚的底面为踏面,踏面的宽度依土层的软硬及井壁重力、厚度而定,一般为 15~30cm。对硬地层来说,踏面应用钢板或者角钢保护。刃脚侧面的倾角通常为 45°~60°。确定刃脚高度时应从封底状况(干封还是湿封)及便于抽取刃脚下的垫木及土方开挖等方面综合考虑,湿封底时高度大些,干封底时高度小些。此外,通常刃脚应伸到井壁一定距离,为 20~30cm。

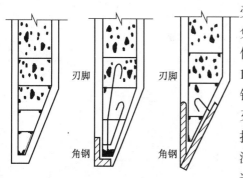

图 5-27 刃脚构造

(3) 内墙、井孔

内墙即当箱体内部空间较大或者设计要求将其内部空间分割成多个小空间时,在箱内设置的内隔墙。从客观上讲,内墙还有提高箱体刚度的作用。井壁与内墙,或者内墙和内墙间所夹的空间即井孔。内墙间距一般不超过 5~6m,其厚度一般为 0.5~1m。内隔墙底应比刃脚踏面高出 0.5m 以上,使其对井筒下沉无妨碍。隔墙下部应设约 0.8m × 1.2m 的人孔。取土是从井孔进行的,所以井孔的尺寸应能保证挖土机自由升降。取土井孔的布设应力求简单和对称。

(4) 凹槽

凹槽位于刃脚内侧上方,用于箱体封底时使井壁与底板混凝土更好地连接在一起,以便封底底面反力能更好地传递给井壁(图 5-26)。通常凹槽高度在 1m 左右,凹深 15~30mm。

(5) 底板

底板即井体下沉到设计高程后,为防止地下水涌入井内,需在下端从刃脚踏面至凹槽上缘的整个空间填充不渗水的、能承受基底地层反力的、具一定刚度的材料,以防地下水的涌入和基底的隆起。这层填充材料的整体即底板。通常底板为两层浇筑的混凝土,下层为无筋混凝土,上层为钢筋混凝土。底板的厚度取决于基底反力(水压+土压)、底板的构造材料的性能、施工方法等多种因素。

(6)底梁和框架

当设计要求不允许在大断面或大深度沉井沉箱内设置内隔墙时,为确保箱体的刚度,可采用在底部增设底梁,或者在井壁不同深度处设置若干道由纵横大梁构成的水平框架,以提高井筒整体刚度。

(7)顶盖

顶盖即沉井封底后根据条件需要,在井体顶端构筑的一层盖,通常为钢筋混凝土或钢结构。顶盖的作用是承托上部构造物,同时也可增加井体的刚度。顶盖厚度视上部构造物荷载状况而定。

3)特点

(1)沉井与沉箱的躯体刚度大、断面大、承载力大、抗渗能力强、耐久性好、内部空间可被充分利用。

(2)施工场地占地面积小、出土量少、成本低、可靠性好。

(3)适用土质范围宽(在淤泥土、砂土、黏土、砂砾等土层均可施工)。

(4)施工深度大,可达100m。

(5)施工造成周围地层中土体位移小,故对邻近建筑物的影响小,较适于近接施工。

4)分类

沉井与沉箱的分类方法较多,大致有以下几种。

(1)按构成材料分:混凝土式、钢筋混凝土式、钢板拼接式、混凝土夹心钢板拼接式等。

(2)按井筒构筑方法分:现浇式、预制拼接式、拼接浇筑混合式。

(3)按井筒下沉方法分:自沉式、压沉式。

(4)按开挖方式分:不排水式、排水式、中心岛式。

(5)按取土方式分:干挖法(人工挖掘法、无人机械自动挖掘法)、水中挖掘法(水利机械法、钻吸法)。

(6)按断面形状分:水平断面形状为圆形、椭圆形、矩形、正多边形、其他多边形,见图5-4a);竖直断面形状为柱形、内、外阶梯形和锥形,见图5-4b)。

(7)按施工自动化程度分:机械式、半自动化式、全自动化式。

(8)按深度分:大深度(30m以上)、中小深度。

(9)按断面面积大小分:小中断面、大断面及超大断面。

(10)按使用目的分:隧道各种工作沉井、桥基沉井、大厦基础沉井等。

5.2 干挖法沉井

干挖法即排水开挖法。为了确保干挖法的施工安全,发挥其工期短、成本低等优点,控制好地下水位是其关键。必须依据施工地点以往的土质资料和现行调查的结果,邻近构筑物、水井的状况及施工条件,制订出切合实际的排水措施。不过在考虑排水措施时,必须严禁抽取地下水带来的周围地层沉降、井水干枯等现象的发生。

对于控制地下水位的技术来说,存在抽取地下水的排水工法和防止地下水渗入的防渗工法两大类。具体方法多种多样,可据地层的渗水性能及其层厚、要求的水位下降量、施工场地、工程规模等条件采用其中一种方法,或者两种方法并用。

排水工法有集水井排水法和外围排水法。集水井排水法是在开口沉箱内部底面上设置集水井,使渗向底面的地下水集中在集水井中,然后用泵压送到箱外的方法。如果水位下降量大,则开挖底面时的动水坡度增大,有可能产生流沙现象。另外,由于排水致使周围土体充填压实,给箱体沉降带来困难。

外围排水法是在开口沉箱的外侧设置几条深井,在各深井中插入水泵一起向外抽取地下水的方法。地下水位下降后的水位分布形状,因地层渗透系数的不同而异。渗透系数越小,水位的下降量和范围越小。因此,渗透系数越大,层厚越厚,排水效果越好。该工法与集水井排水法相比,排水量越大,影响范围也越大;流入过滤管的地下水中夹有周围地层的土砂,致使过滤管堵塞,同时可造成外围地层的沉降。

为防止排水工法造成周围地层沉降,可设置防渗墙和抽取地下水再回灌地层的恢复水位工法。

5.3 水挖法沉井

水挖法即不排水开挖法。这种方法的特点是沉井内外的水位基本一致,所以地下水位以下的开挖是水中挖掘。该方法适用于渗水量大的砂砾层和流沙层等不稳定地层(可避免排水造成的涌砂等不良现象的发生),或者施工现场环境条件限制不允许排水(如大量排水影响周围构造物安全或排水污染水源等)等情形。水挖法因水挖设备的不同,可分为中央抓斗法、水力机械法、钻吸法等。

(1)中央抓斗法

用起重机抓斗挖掘井筒的中央部位地层,由于抓斗始终在井筒中心部位抓土,即使抓得很深,但刃脚下方的土体也始终抓不到。如果刃脚部位的土体强度较低,则由于井筒自重的作用,土体极易崩塌,这种现象称为崩脚现象。也就是说,这种方法对软土层来说有效。反之,若地层有一定的强度(如密实砂层或砂砾层),则崩脚现象就不太容易发生,进而导致井筒下沉困难。这种情况下需用摇杆螺旋钻松动地层,然后再进行抓土下沉施工。

(2)水力机械法

使用高压水枪破土,用空气吸泥机(或泥浆泵)通过排泥管排泥。高压水枪破土顺序为先中央后四周,对称分层冲挖。与中央抓斗法相比,其优点是可以冲挖到刃脚的斜面处,加上预设在井筒外侧的高压射水管的冲挖,可较好地完成刃脚斜面处的土体的开挖。该方法的缺点是冲挖范围不易控制,存在盲目性。

(3)钻吸法

钻吸法即先钻孔松动土体,然后向孔内射水冲挖,所以挖土范围易于控制,可避免盲目性,效率高,即使刃脚的斜面部位也能挖掘到位;加之预埋在刃脚外侧和刃脚斜面上的射水孔的高压射水的冲挖作用,可使刃脚斜面及踏面处的土体被挖走。

水挖法要求地表配备泥浆沉淀设备及泥水分离设备,同时水挖法还要求施工现场具备废泥、废水的排放条件。

任务6 竖井工程实例

上海上中路隧道是双管双层双向八车道穿越黄浦江的公路隧道,全长2.8km。隧道起始于浦西上中路与龙川路交叉点的东侧,与中环线南段上中路衔接;终点为浦东华夏西路(规划)与公园大道交叉口的西侧,与中环线南段华夏西路衔接。

圆形隧道段长1250m,采用盾构法施工,隧道外径14.5m,盾构外径14.9m。浦东和浦西段岸上各设置一座盾构竖井用于盾构始发和接收。浦东盾构竖井和暗埋段基坑采用明挖、顺筑方法施工,地下连续墙作为围护结构,基坑支撑有钢筋混凝土支撑和钢支撑与钢筋混凝土支撑混合布置两种形式,见表5-8。

浦东竖井和暗埋段围护结构及支撑体系　　　　表5-8

项目		浦东竖井	PD1	PD2
节段长度(m)		23	26	23.2
地下连续墙	厚(mm)	1200	1000	1000
	深(m)	45	41	36.5
开挖深度(m)		26.2	23.7	
支撑体系	支撑道数	5	6	6
	形式	5道钢筋混凝土支撑	1、2、5道为钢筋混凝土支撑,3、4、6道为φ609mm钢管撑	1、5道为钢筋混凝土支撑,2、3、4、6道为φ609mm钢管撑

基坑内还设置了钢立柱桩,通过立柱和联系梁与各道支撑连接,减小支撑跨度,形成稳定性良好的支撑体系。竖井基坑宽43.6m,开挖深度达26.2m;暗埋段的PD1、PD2基坑平均宽度为35.2m,最大开挖深度为23.7m。浦东盾构竖井和暗埋段平面图如图5-28所示。

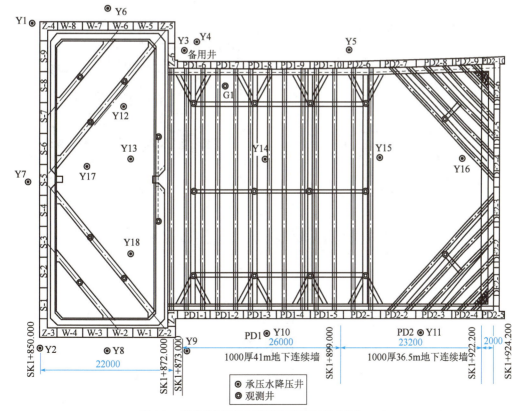

图5-28　浦东盾构竖井和暗埋段平面图(尺寸单位:mm)

对竖井和暗埋段坑底下 3m 土体进行双重管高压旋喷加固(共施工旋喷桩 1930 根),加固后土体 28d 强度指标 $f_c \geqslant 1.2$ MPa。旋喷桩桩径为 1100mm,桩心距为 900mm,水灰比为 1:1,高压水泥浆压力为 32MPa,流量为 72L/min,水泥用量为 435kg/m。

浦西盾构竖井平面尺寸 46m×22m,深 32.85m,坑底采用高压旋喷法加固,开挖施工用 7 道钢筋混凝土斜支撑。浦西竖井距离春申港仅 7m。为了确保春申港河堤的安全,在浦西竖井与春申港河堤之间打一排兼有隔水和抗剪作用的 SMW 工法隔离墙,并在隔离墙内外两侧布置跟踪注浆管,如图 5-29 所示。

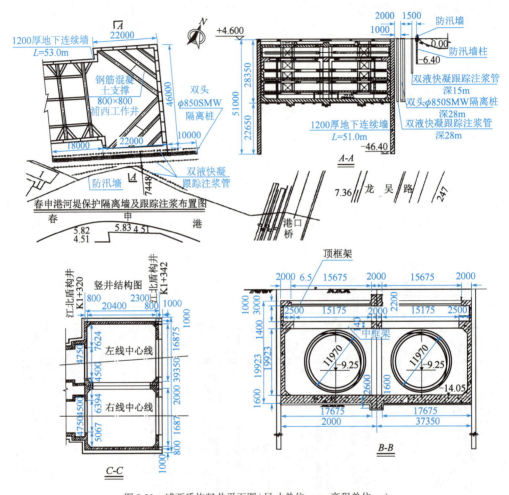

图 5-29 浦西盾构竖井平面图(尺寸单位:mm;高程单位:m)

项目 5 习题

项目6 隧道端头加固技术

隧道端头加固方法应根据地质、水文、周围环境合理选取,应因地制宜地采用深层搅拌法、高压旋喷法、井点降水法、冷冻法等,有时可多种方法并用。深层搅拌法适合于黏性土层、淤泥质土层;高压旋喷法适用于砂性土、粉土。

任务1 隧道端头加固的目的

盾构机始发、到达部位地层加固的目的如下:
(1)消除构筑竖井时造成的周围土体的松动;
(2)减少拆除临时挡土墙时振动的影响;
(3)在盾构贯入掘削面前或被拉入竖井内前能使地层自稳及防止地下水流入;
(4)降低对入口填塞物的压力;
(5)防止因掘削面压力不足引起的掘削面坍塌(特别是泥水式盾构);
(6)防止地表沉陷或对埋设物的影响。

隧道端头地层加固范围包括达到自稳的强度因素和与土质情况有关的止水因素,这些需根据强度计算及以往的施工经验来确定。

任务2 隧道端头加固的方法

2.1 深层搅拌加固

(1)搅拌桩施工程序见图6-1。
(2)机械设备。
水泥搅拌桩采用2台GZB-600深层搅拌机进行施工,配备相应的导向架、灰浆泵、拌浆机、电子监测表等。
(3)深层搅拌桩施工工艺流程见图6-2。
(4)深层搅拌施工注意事项。
搅拌桩的垂直偏差不超过1%,桩位偏差不大于50mm,桩径偏差不大于4%。
施工前确定搅拌机械的灰浆泵输浆量、灰浆经输浆管达到搅拌机喷浆口的时间和起吊设备提升速度等施工参数;并根据设计通过成桩试验,确定搅拌桩的配比等各项参数和施工工艺。用流量泵控制输浆速度,使注浆泵出口压力保持在0.4~0.6MPa,并使搅拌提升速度与输浆速度同步。

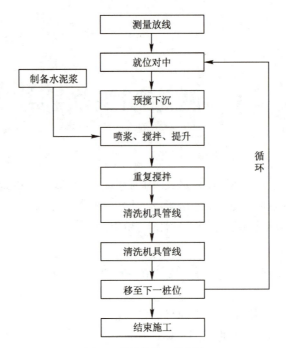

图 6-1 搅拌桩施工程序图

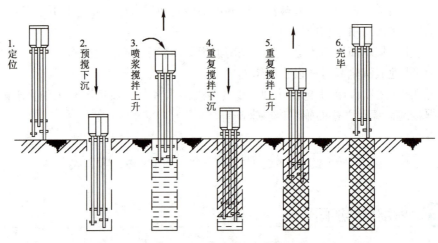

图 6-2 搅拌桩施工工艺流程图

为保证桩端施工质量,当浆液到达出浆口后,喷浆坐底 30s,使浆液完全到达桩端。

通过复喷的方法达到提高桩身强度的目的,搅拌次数以 4 次为宜。当喷浆口到达桩顶高程时,停止提升搅拌数秒,保证桩头均匀密实。

施工时因故停浆,宜将搅拌机下沉至停浆点以下 0.5m,待恢复供浆时再喷浆提升。若停机超过 3h,为防止浆液硬结堵管,先拆卸输浆管路,并进行清洗。

2.2 高压旋喷加固

1) 高压旋喷桩施工方法

喷浆采用三重管法,单喷嘴喷浆,配备 2 套旋喷设备进行施工。喷浆导孔直径

φ100mm,成孔采用 XY-100 型地质钻机(表 6-1)。

高压旋喷桩施工成套设备配备表　　　　　表 6-1

序号	设备名称	规格型号	单位	数量
1	地质钻机	XY-100	台	2
2	高压旋喷台车	PG-1500	台	2
3	高压泵	高压泵	台	2
4	灌浆泵	HB-80	台	2
5	空压机	注浆压力 P 为 0.8MPa,注浆量 Q 为 $6m^3/min$	台	1
6	泥浆泵	BW-150	台	2
7	拌浆机	WJG-80	台	2

2) 高压旋喷桩施工流程(图 6-3)

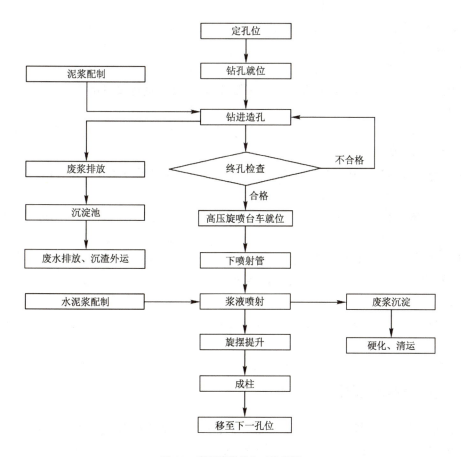

图 6-3　高压旋喷桩施工流程图

3) 高压旋喷桩施工方法说明及技术措施

(1) 开始施工时,首先进行现场试验性施工,进一步确定喷射参数及施工工艺。

(2) 根据加固端头范围内地层的特点,拟采用施工参数见表 6-2。

三重管法高压旋喷桩施工技术参数表　　　　表6-2

项目		技术参数
高压水	水压(MPa)	30~35
	水量(L/min)	80~90
压缩空气	气压(MPa)	0.5~0.7
	气量(L/min)	1500~3000
水泥浆	浆密度(kg/L)	1.5
	浆量(L/min)	60~70
提升速度(cm/min)		10~15
喷嘴直径(mm)		1.8
加浆密度(g/cm³)		1.2

(3) 钻导孔。

①在砂层中钻孔时采用膨润土配制泥浆护壁,泥浆的主要性能指标控制为:相对密度1.2~1.3,黏度25~30s,含砂率小于5%。

②为准确取得地质资料,合理优化施工技术参数,选取钻孔,按地质钻探孔要求对不同地层取样分析。

③导孔施工质量标准:孔位偏差≤50mm,垂直度≤1%。

④钻孔完成后经检查验收合格后高压旋喷台车就位,进行喷浆作业。

(4) 浆液配制。

浆液采用42.5级普通硅酸盐水泥和自来水配制,水灰比1:1,采用立式搅拌罐搅拌。

(5) 旋喷注浆。

①台车就位安装调试完成后,将旋喷管插至孔底,先启动灰浆泵送浆,待孔口返浆后,按方案设计的技术参数进行旋喷、提升。

②在旋喷过程中,随时注意各设备的工作情况,以及水、气、浆的压力与流量,做好翔实的施工记录。

③旋喷提升过程中如中途发生故障,立即停止施工,等检查排除故障后再继续施工。

④冒出浆液由泥浆泵抽至沉淀池沉淀处理。

(6) 回灌。

当喷射结束后,随即在喷射孔内进行自然水压力静压填充灌浆,直到浆面不再下沉为止。

2.3 冷冻法加固

冷冻法是将自然状态下不均匀的地层通过冻结变成具有均匀力学性质的冻土,其优点是加固效果好,且冻土墙还能用温度来控制,可以确保长期处于稳定状态。对加固范围等的讨论与高压喷射注浆法一样,按临时建筑物来计算。

(1) 计算方法

竖井前造成的冻土,是止水性好、强度高的加固层。作用于冻土的垂直荷载按总土、水压力考虑,水平荷载按静态土压和水压考虑。

冻好的冻土,因冰的冻结性质,使土体与竖井挡土墙牢固地黏结在一起,所以冻土墙可当作周边被竖井墙固定的圆板来解析。另外,到达段可作为被竖井固定、被盾构支承的梁或者水平圆筒来计算。

(2)设计强度或安全系数

冻土的强度取决于土质、温度及盐分浓度。在地下水中含盐量较多的海岸沿线和填筑地设计中,应预先调查盐分浓度,然后按相应的强度进行设计。作为设计标准,砂质冻土的抗压强度为6MPa。

该设计标准因使用屈服值或承载力,所以需要设定安全系数。

施作承重墙时取安全系数$F_0 \geqslant 2.0$,但需根据其重要程度和有效尺寸取$2 \leqslant F_0 \leqslant 3$的范围进行设计。冻土墙温度分布不一样,故强度也不一样,但可按壁厚方向的平均温度对应的强度作为均匀结构物来对待。

项目6 习题

项目 7　盾构施工

任务 1　盾构组装与调试

1.1　组装场地的布置及吊装设备

盾构的组装场地一般分成三个区：后配套拖车存放区、主机及配件存放区、起重机存放区。吊装设备一般采用履带式起重机 1 台、汽车起重机 1 台、液压千斤顶 2 台，以及相应的吊具，它们的吨位和能力取决于盾构最大部件的重量和尺寸。

1.2　组装与调试程序

盾构组装一般宜按下列程序进行：组装场地的准备、始发基座安装、行走轨道铺设、吊装设备准备并就位、将后配套各部件组装成拖车总体（包括结构、设备、管路等）、将连接桥与后配套组装连接、主机中体组装、主机前体组装、刀盘组装、主机前移，使刀盘顶至掌子面、管片安装机轨道梁下井安装、管片安装机安装、盾尾安装、反力架及反力架钢环的安装、主机与后配套对接、附属设备的安装及管路连接。在组装前安装调试好门式起重机，使组装安排更加灵活，有利于缩短组装时间。盾构组装、调试程序见图 7-1。

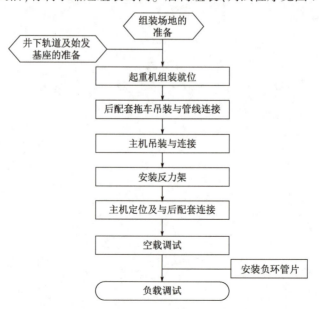

图 7-1　盾构组装、调试程序框图

1.3 盾构组装顺序

(1) 后配套拖车下井

各节拖车下井顺序为从后到前的顺序,如盾构有4节拖车时,其下井顺序为:4号拖车、3号拖车、2号拖车、1号拖车。拖车下井后,组装拖车内的设备及其相应管线,由蓄电池机车牵引至指定的区域,拖车间由连接杆连接在一起,见图7-2。

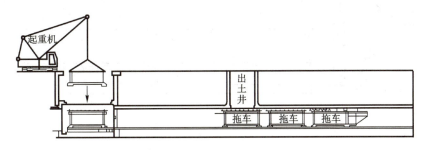

图 7-2　后配套拖车下井

(2) 设备桥下井

设备桥(也称连接桥)长度较长,下井时需由汽车起重机与履带式起重机配合着倾斜下井。下井后其一端与1号拖车由销子连接,另一端支撑在现场施焊的钢结构上,然后将上端的起重机缓缓放下后移走吊具。用电机车将1号拖车与设备桥向后拖动,将设备桥移出盾构组装竖井,1号拖车与2号拖车连接,见图7-3。

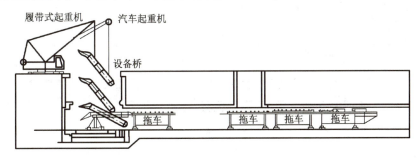

图 7-3　设备桥下井

(3) 螺旋输送机下井

螺旋输送机长度较长,下井时需由汽车起重机与履带式起重机配合着倾斜下井。2台起重机通过起、落臂杆和旋转臂杆使螺旋输送机就位。螺旋输送机下井后,摆放在矿车底盘上,用手动葫芦拖至指定区域,见图7-4。

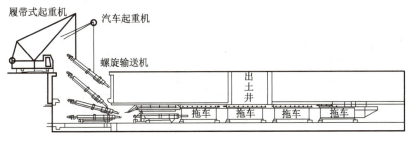

图 7-4　螺旋输送机下井

(4) 中盾下井

中盾在下井前将两根软绳系在其两侧,向下吊运时,由人工缓慢拖着,防止中盾扭动,起重机缓慢下钩,使中盾自然下垂,由平放翻转至立放状态送到始发基座上,见图7-5。

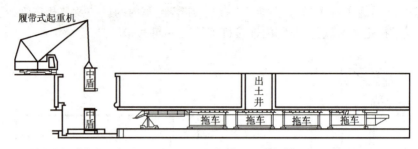

图7-5 中盾下井安装

(5) 前盾下井

前盾翻转及下井与中盾相同,送到始发基座上后与中盾对位,安装与中盾的连接螺栓。

(6) 安装刀盘

刀盘翻转及下井与中盾相同。送到始发基座上之后安装密封圈及连接螺栓,见图7-6。

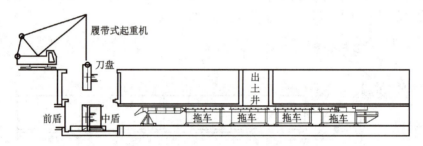

图7-6 刀盘下井安装

(7) 主机前移

主机前移,使刀盘顶到掌子面,在始发基座两侧的盾构外壳上焊接顶推支座。前移一般由两台液压千斤顶完成。

(8) 安装管片安装机

管片安装机翻转及下井与中盾相同。下井安装后再进行两个端梁的安装,见图7-7。

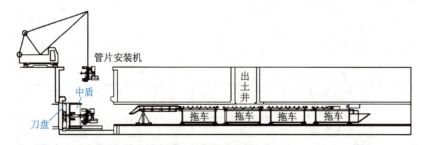

图7-7 管片安装机的下井安装

(9) 盾尾下井

盾尾焊接完成后,在汽车起重机与履带式起重机配合下,倾斜着将盾尾穿入管片安装机梁上,并与中盾对接,见图7-8。

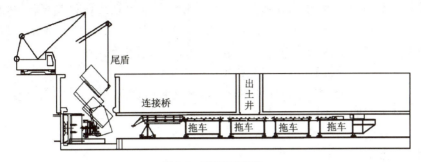

图7-8 盾尾下井安装

(10) 安装螺旋输送机

延伸铺设轨道至盾尾内部,将螺旋输送机与矿车底盘一起推进盾壳内。螺旋输送机前端用倒链拉起,使螺旋输送机前端通过管片安装机中空插到中盾内部。螺旋输送机与前盾连接处密封安装要求紧固,中体与螺旋输送机固定好,见图7-9。

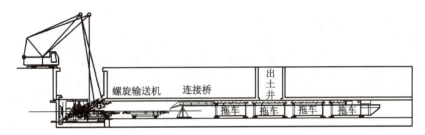

图7-9 安装螺旋输送机

(11) 反力架及负环钢管片的安装

在盾构主机与后配套连接之前,开始进行反力架的安装。反力架端面应与始发基座水平轴垂直,以便盾构轴线与隧道设计轴线保持平行。反力架与车站结构连接部位的间隙要垫实,保证反力架的安全稳定,见图7-10。

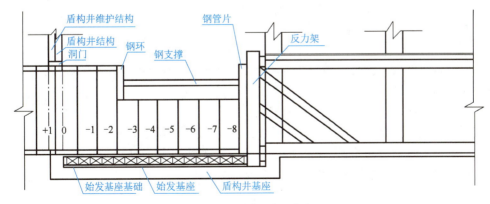

图7-10 反力架及负环管片

盾构反力架的作用是在盾构始发掘进时提供盾构向前推进所需的反作用力。盾构始发掘进前应首先确定钢反力架的形式,并根据盾构推进时所需的最大推力进行校核,然后根据设计加工盾构钢反力架,待钢反力架安装完毕后,方可进行始发掘进。

进行盾构反力架形式设计时,应以盾构的最大推力及盾构工作井轴线与隧道设计轴线的关系为设计依据。

钢反力架预制成型后,由起重机吊入竖井,由测量给出轴线位置及高程,进行加固。反力架要和端墙紧贴,形成一体,保证有足够的接触面积。如反力架和端墙出现缝隙,在反力架和端墙之间补填钢板,钢板要分别和反力架与洞口圆环焊牢。安装完毕后要对反力架的垂直度进行测量,保证钢反力架和盾构推进轴线垂直。

盾构反力架安装质量的好坏直接影响初始掘进时管道的质量,其中钢反力架的竖向垂直及与设计轴线的垂直是主要因素。

钢反力架安装必须注意以下事项。

①钢反力架中心放样

钢反力架中心的安装采用水准仪配合经纬仪进行。其中经纬仪架设于盾构始发端的圈梁一轴线点上,后视另一轴线点,将轴线点投向反力架中心标志处,指挥反力架左右平移,直至与轴线重合;然后用水准仪测量中心标志的绝对高程,指挥钢反力架上下移动,直至达到设计的高程值。由于反力架的中心不是影响始发掘进的主要因素,安装时,反力架的中心误差控制在15mm以内。

②钢反力架与轴线及自身垂直放样

钢反力架中心放样完成后,需使反力架面在竖直方向上垂直,且此面与盾构设计轴线垂直。放样时,首先使用水平尺使钢反力架在竖直方向上基本垂直,然后使用经纬仪将轴线引入始发井底部,在靠近反力架处的设计轴线上设站,后视另一轴线点,经纬仪置0°,旋转90°,在始发井侧墙一侧放样两点,然后用倒镜在始发井另一侧墙处同样放样两点。放样后,需再旋转经纬仪180°,检查是否与起初放样的点位于同上平面内。分别在侧墙上方及下方的两点间拉线,用直尺准确量出钢反力架不同部位与线之间的距离,以任一点为基准,调节钢反力架,使反力架表面与线组成的平面平行(线任意一部位到反力架表面的距离相等),即反力架处竖向垂直且反力架表面与设计轴线垂直。

(12)管线连接

连接电气管路和液压管路,从后向前连接后配套与主机各部位的液压及电气管路。

1.4 组装技术措施

(1)盾构组装前必须制订详细的组装方案与计划,同时组织有经验的经过技术培训的人员组成组装班组。

(2)组装前应对始发基座进行精确定位。

(3)履带式起重机工作区应铺设钢板,防止地层不均匀沉陷。

(4)大件组装时应对始发井端头墙进行严密的观测,掌握其变形与受力状态。

(5)大件吊装时必须有90t以上的起重机辅助翻转。

1.5 盾构调试

盾构调试按阶段分为工厂调试和施工现场调试。现场调试又分为井底空载调试、试掘进重载调试。工厂调试阶段的工作是对设计、制造质量及主要功能进行调试;井底调试阶段的工作是在盾构吊到井底后按照井底调试大纲对其总装质量及各种功能进行检查和调试;试掘进重载调试是通过试掘进期间进行重载调试,经调试并验收合格后即可交付使用。

视频:盾构机调试

(1)空载调试

盾构组装和连接完毕后,即可进行空载调试。空载调试的目的主要是检查盾构各系统和设备是否正常运转,并与工厂组装时的空载调试记录进行比较,从而检查各系统运行是否按要求运转,速度是否满足要求,对不满足要求的,要查找原因。

主要调试内容为:液压系统、润滑系统、冷却系统、配电系统、注浆系统、控制系统以及各种仪表的校正。

(2)负载调试

通过空载调试证明盾构具有工作能力后,即可进行负载调试。负载调试的主要目的是检查各种管线及密封的负载能力,使盾构的各个工作系统和辅助系统达到满足正常生产要求的工作状态。通常试掘进时间即为对设备负载调试时间。负载调试时将采取严格的技术和管理措施,保证工程安全、工程质量和线形精度。

动画:盾构试掘进

任务2 盾构始发

2.1 盾构始发流程

盾构始发是指利用反力架和负环管片,将始发基座上的盾构由始发竖井推入地层,开始沿设计线路掘进的一系列作业。

盾构始发按图7-11流程进行。

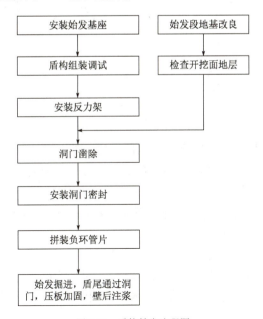

图7-11 盾构始发流程图

视频:盾构的始发

2.2 始发施工技术

1)始发阶段应注意的问题

(1)始发推进前需凿除车站的围护结构(主要是处理钢筋混凝土结构),凿除围护结构后的土体在一定的时间段内必须保持自稳,不能有水土流失。

(2)始发阶段盾构主体在始发导轨上不能进行调向。

(3)始发阶段的盾构机姿态及地面沉降控制比正常推进阶段更困难。

(4)始发期间一些设备如管片小车、管片起重机,包括出渣都不能正常使用。有时也会存在盾构因为车站结构的原因而不能整机始发。

综上所述,盾构在初始阶段的施工难度很大,因此,盾构隧道始发技术是盾构法施工技术的关键,也是盾构施工成败的一个标志,必须全力做好。

2)始发施工技术

始发施工技术包括:洞口端头处理(在软土无自稳能力的地层中)、洞门混凝土凿除(主要针对钢筋混凝土围护结构)、盾构始发基座的设计加工、定位安装;始发用反力架的设计加工、就位;支撑系统、洞门环的安设、盾构组装、盾构始发方案、其他保证盾构推进用设备、人员、技术准备等,直到始发推进。

2.3 始发洞口的地层处理

在盾构始发之前,一般要根据洞口地层的稳定情况评价地层,并采取有针对性的处理措施。一般采取如固结灌浆、冷冻法、插板法等措施进行地层加固。选择加固措施的基本条件为加固后的地层要具备至少一周时间的侧向自稳能力,且不能有地下水的损失。常用的具体处理方法有搅拌桩、旋喷桩、注浆法、SMW 工法、冷冻法等。选择哪一种方法要根据地层具体情况而定,并且严格控制整个过程。其相关内容在本书项目 6 中进行详细介绍。

2.4 始发洞口维护结构的凿除

洞门混凝土凿除前,端头加固的土体需达到设计所要求的强度、渗透性、自立性等技术指标后,方可开始洞口混凝土凿除工作。

根据经验,一般在始发前至少一个月开始洞口维护结构的凿除。整个施工一般分两次进行:先将围护结构主体凿除,只保留维护结构的钢筋保护层;在盾构始发前将保护层混凝土凿除。

视频:洞门维护结构凿除

在凿除完最后一层混凝土之后,要及时检查始发洞口的净空尺寸,确保没有钢筋、混凝土侵入设计轮廓范围之内。

为了避免洞门凿除对车站结构产生扰动,围护桩钢筋混凝土的凿除分两步进行,如图 7-12 所示:先沿洞周凿除 A 部分,采用人工手持风镐施作;再采用静态爆破的方式凿除 B 部分。凿除时围护桩内层钢筋先不予割除,待盾构推进或出洞时再迅速割除。其洞门凿除顺序见图 7-13。

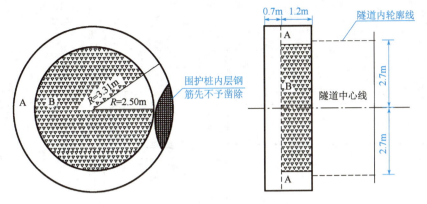

图 7-12 洞门凿除示意图

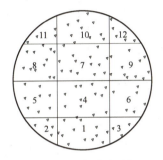

图 7-13 洞门凿除顺序

2.5 洞口密封

洞口密封是为盾构在始发时防止背衬注浆砂浆外泄所用,按种类分有压板式和折叶式两种。其中折叶式越来越被人们所认可。洞口密封的施工分两步进行,第一步是在车站结构的施工工程中做好始发洞门预埋件的埋设工作,要特别注意的是,在埋设过程中预埋件必须与车站结构钢筋连接在一起;第二步在盾构正式始发之前,应先清理完洞口的渣土,再完成洞口密封的安装。土压平衡盾构始发洞门密封形式如图 7-14 所示,泥水盾构始发洞门密封形式如图 7-15 所示。

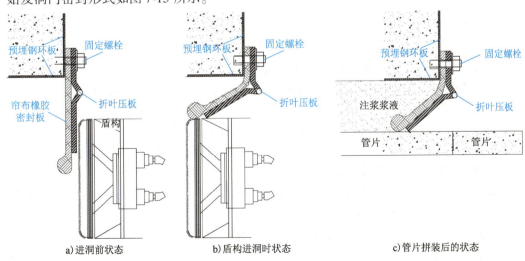

a) 进洞前状态　　　　b) 盾构进洞时状态　　　　c) 管片拼装后的状态

图 7-14 土压平衡盾构始发洞门密封示意图

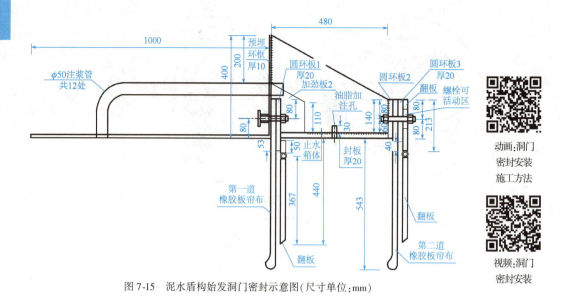

图 7-15 泥水盾构始发洞门密封示意图(尺寸单位:mm)

2.6 洞口始发导轨的安装

在围护结构破除后,盾构基座端部与洞口围岩之间必然会产生一定的空隙,为保证盾构在始发时不至于因刀盘悬空而产生盾构"叩头"现象,需要在始发洞内安设洞口始发导轨。安设始发导轨时应在导轨的末端预留足够的空间,以保证盾构在始发时不致因安设始发导轨而影响刀盘旋转。

2.7 反力架、负环钢管片位置的确定

(1)盾构基座的安装

在洞门凿除完成之后,依据隧道设计轴线定出盾构始发姿态的空间位置,然后反推出盾构基座的空间位置,并对盾构基座进行加固。盾构基座的安装高程可根据端头地质情况适当抬高 2~3cm。

(2)负环管片环数的确定

假定盾构长度 $L_{TBM}=8.3m$,安装井长度 $L_{AS}=12m$(因不同的始发井尺寸而不同),洞口维护结构在完成第一次凿除后的里程 D_F,设计第一环管片起始里程 D_{IS},管片宽 $W_S=1.2m$,反力架与负环钢管片长 $W_R=1.5m$(自行设计加工的尺寸)。D_R 为反力架端部里程,N 为负环管片环数。

(3)在安装井内始发时最少负环管片环数的确定

$$N=(D_{IS}-D_F+8.3)/W_S$$

(4)反力架、负环钢管片位置的确定

反力架、负环管片位置依据反力架的位置确定,主要依据洞口第一环管片的起始位置、盾构的长度以及盾构刀盘在始发前所能到达的最远位置确定。

在确定始发最少负环管片环数后,即可直接定出反力架及负环管片的位置。

反力架端部里程为:

$$D_R = D_{IS} - N \times W_S$$

(5)反力架、盾构基座的定位与安装

在盾构主机与后配套连接之前,开始进行反力架的安装。安装时反力架与车站结构连接部位的间隙要垫实,以保证反力架脚板有足够的抗压强度。

由于反力架和盾构基座为盾构始发时提供初始的推力以及初始的空间姿态,在安装反力架和盾构基座时,反力架左右偏差控制在 ±10mm 之内,高程偏差控制 ±5mm 之内,上下偏差控制在 ±10mm 之内。盾构基座水平轴线的垂直方向与反力架的垂直方向偏差 < ±2‰,盾构姿态与设计轴线竖直趋势偏差 <2‰,水平趋势偏差 < ±3‰。

2.8 盾构的始发

1)盾构基座两侧的加固

由于盾构基座在盾构始发时要承受纵向、横向的推力以及约束盾构旋转的扭矩,所以在盾构始发之前,必须对盾构基座两侧进行必要的加固。

2)盾构的始发

(1)盾构在空载向前推进时,主要控制盾构的推进油缸行程和限制盾构每一环的推进量。要在盾构向前推进的同时,检查盾构是否与盾构基座、始发洞发生干涉,或是否有其他异常事件或事故的发生,确保盾构安全向前推进。

(2)始发时盾构姿态主要通过盾构的推油缸行程来控制。

(3)始发时在保证盾构正常推进的情况下,可稍微降低盾构推进参数中的总推力和刀盘扭矩。

3)洞口注浆

在盾尾完全进入洞体后,调整洞口密封,进行洞口注浆。浆液不但要求顺利注入,而且要求尽早具有强度。注浆压力控制在 0.15MPa 以内。

2.9 负环管片的拼装

(1)负环管片拼装准备

在安装负环管片之前,为保证负环管片不破坏盾尾刷、保证负环管片在拼装好以后能顺利向后推进,在盾壳内安设厚度不小于盾尾间隙的方木(或型钢),以使管片在盾壳内的位置得到保证。

动画:负环管片安装

(2)负环管片后移

第一环负环管片拼装完成后,用 6 个推进油缸完成管片的后移。管片在后移的过程中,要严格控制每组推进油缸的行程,保证每组推进油缸的行程差小于 10mm。

(3)负环管片与负环钢管片的连接

负环管片的最终位置要以推进油缸的行程进行控制,在负环管片与负环钢管片之间的空隙用早强砂浆或钢板填满。

(4)负环管片的拼装

安装井内的负环管片通常采取通缝拼装(图 7-16),主要是因为盾构井一

视频:负环管片安装

一般只有一个,在施工过程中要利用此井进行出渣、进管片,采用通缝拼装可以保证能及时、快速地拆除负环管片。

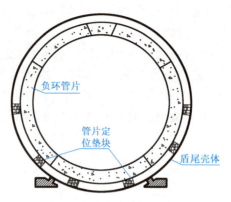

图7-16　负环管片拼装示意图

2.10　反力架、负环管片的拆除

反力架、负环管片的拆除时间根据背衬注浆的砂浆性能参数和盾构的始发掘进推力确定。一般情况下,掘进100m以上(同时前50环完成掘进7d以上),可以根据工序情况和工作需要整体安排,进行反力架、负环管片拆除。

任务3　土压平衡式盾构掘进

土压平衡(Earth Pressure Balance)式盾构,简称EPB盾构。土压平衡式盾构是在机械式盾构的前部设置隔板,土仓和排土用的螺旋输送机内充满切削下来的泥土,依靠推进油缸的推力给土仓内的开挖土渣加压,使土压作用于开挖面以使其稳定。土压平衡式盾构的支护材料是土壤本身。

土压平衡式盾构的工作原理为:刀盘旋转切削开挖面的泥土,破碎的泥土通过刀盘开口进入土仓,泥土落到土仓底部后,通过螺旋输送机运到皮带输送机上,然后输送到停在轨道上的渣车上。盾构在推进油缸的推力作用下向前推进,盾壳对挖掘出的还未衬砌的隧道起着临时支护作用,承受周围土层的土压、承受地下水的水压以及将地下水挡在盾壳外面。掘进、排土、衬砌等作业在盾壳的掩护下进行。

3.1　土压平衡式盾构的掘进模式

土压平衡式盾构一般有三种模式,即敞开模式、局部气压模式和土压平衡模式,见图7-17。每一种掘进模式具有不同的特点和使用条件。

(1)敞开模式

土压平衡式盾构面对稳定性较好的岩层时,可以采用敞开模式掘进,不用调整土仓压力。敞开模式一般用于地层自稳条件比较好的场合,即使不对开挖面进行连续压力平衡,在短时间内也可保证开挖面不失稳,土体不坍塌。在能够自稳、地下水少的地层多采用这种模式。盾构切削下来的渣土进入土仓内即刻被螺旋输送机排出,土仓内仅有极少量的渣土,土仓基本处于清空状态,掘进中刀盘和螺旋输送机所受反扭力较小。采用敞开模式掘进时,以滚刀破岩为主,采用高转速、低扭矩和适宜的螺旋输送机转速推进;同步注浆时浆液可能渗流到盾壳与周围岩体间的空隙甚至刀盘处,为避免此现象发生,可采取适当增大浆液黏度、缩短浆液凝结时间、调整注浆压力、管片背后补充注浆等措施来解决。

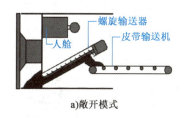 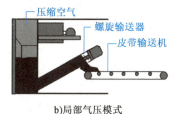 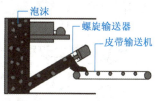

a)敞开模式　　　　　　b)局部气压模式　　　　　　c)土压平衡模式

图7-17　土压平衡盾构的三种掘进模式

（2）局部气压模式

局部气压模式也称为半敞开式。土压平衡盾构对于开挖面具有一定的自稳性,可以采用半敞开式掘进;调节螺旋输送机的转速,土仓内保持2/3左右的渣土。如果掘进中遇到围岩稳定,但富含地下水的地层;或者施工断面上大部分围岩稳定,仅有局部会出现失压崩溃的地层;或者破碎带,此时应增大推进速度以求得快速通过,并暂时停止螺旋输送机出土、关闭螺旋输送机出土闸门,使土仓的下部充满渣石,向开挖面和土仓中注入适量的添加材料(如膨润土、泥浆或添加剂)和压缩空气,使土仓内渣土的密水性增加,同时也使添加材料在压力作用下渗进开挖面地层,在开挖面上产生一层致密的"泥膜"。通过气压和泥膜阻止开挖面涌水和坍塌现象的发生,再控制螺旋输送机低速转动,以保证在螺旋输送机中形成"土塞",是完全可以安全快速地通过这类不良地层的。掘进中土仓内的渣土未充满土仓,尚有一定的空间,通过向土仓内输入压缩空气,与渣土共同支撑开挖面和防止地下水渗入。该掘进模式适用于具有一定自稳能力和地下水压力不太高的地层,其防止地下水渗入的效果主要取决于压缩空气的压力。在上软下硬地层施工时多采用这种模式。在上软下硬地层施工时以滚刀破岩为主破碎硬岩,以齿刀、刮刀为主切削土层。在河底段掘进时,需要添加泡沫剂、聚合物、膨润土等,以改善渣土的止水性,使土仓内的压力稳定平衡。

动画:局部气压式施工

（3）土压平衡模式

土压平衡式盾构对于开挖地层稳定性不好或有较多的地下水的软质岩地层时,需采用土压平衡模式(即EPB模式)。此时需根据地层的不同,保持不同的渣仓压力。

盾构在掘进开挖面土体的同时,使掘进下来的渣土充满土仓内,并且使土仓内的渣土密度尽可能与隧道开挖面上的土壤密度相接近。在推进油缸的推力作用下,土仓内充满的渣土形成一定的压力,土仓内的渣土压力与隧道开挖面上的水、土压力实现动态平衡,这样开挖面上的土壤就不会轻易坍落,达到既完成掘进又不会造成开挖面土体失稳的目的。

视频:土压平衡盾构的掘进模式

土仓内的压力可通过改变盾构的掘进速度或螺旋输送机的转速(排渣量土)来调节,按与盾构掘削土量(包括加泥材料量)对应的排渣量连续出土,保证掘削土量与排渣量相对应,使土仓中的流塑性渣土的土压力始终与开挖面上的水土压力保持平衡,保持开挖面的稳定性,压力大小根据安装在土仓壁上的压力传感器来获得,螺旋输送机转速(排土量)根据压力传感器获得的土压自动调节。

视频:掘进参数管理

采用土压平衡模式时,以齿刀、切刀为主切削土层,以低转速、大扭矩推进。土仓内土压力值应略大于静水压力和地层土压力之和。在不同地质地段掘进时,根据需要添加泡沫剂、聚合物、膨润土等以改善渣土性能,也可在螺旋输送机上安装止水保压装置,以使土仓内的压力稳定平衡。

3.2 渣土改良和管理

视频:渣土改良和管理

1)渣土改良的目的

在盾构施工中尤其在复杂地层盾构施工中,进行渣土改良是保证盾构施工安全、顺利、快速的一项不可缺少的重要技术手段。渣土改良就是通过盾构配置的专用装置向刀盘面、土仓或螺旋输送机内注入泡沫或膨润土,利用刀盘的旋转搅拌、土仓搅拌或螺旋输送机旋转搅拌,使添加剂与土渣混合,其主要目的是使盾构切削下来的渣土具有好的流塑性、合适的稠度、较低的透水性和较小的摩阻力,以满足在不同地质条件下采用不同掘进模式掘进时都可达到理想的工作状况。其具体目的有:

(1)使渣土具有良好的土压平衡效果,利于其稳定开挖面,控制地表沉降。
(2)提高渣土的不透水性,使渣土具有较好的止水性,从而控制地下水流失。
(3)提高渣土的流动性,利于螺旋输送机排土。
(4)防止开挖的渣土黏结刀盘而产生泥饼。
(5)防止螺旋输送机排土时出现喷涌现象。
(6)降低刀盘扭矩和螺旋输送机的扭矩,同时减少对刀具和螺旋输送机的磨损,从而提高盾构的掘进效率。

2)改良的方法与添加剂

由于添加材的作用,土压盾构排出的掘削土砂几乎均为含水率高和流动性大的土砂,所以必须在施工现场对掘削土砂作改良处理,进而作为建设污泥废弃或再生利用。

土体改良的方法分为物理改良和化学改良方法。物理方法有水、土分离法,日晒法及强制脱水法;化学方法有水泥改良法、石灰改良法、高分子改良法。

其中,强制脱水法与泥水盾构工法中二次溺水处理(加压、脱水等方式)相同。

土压盾构工法中多使用化学方法,无论哪种化学方法都是利用水与化学材料发生反应,降低含水率;设备的规模形式也大体相同。

但是,水泥改良法和石灰改良法两者共同的特点是改良土呈碱性,强度高,价格便宜。另一方面,高分子改良法的优点是见效快,改良土呈中性;缺点是价格贵,改良效果不太稳定,运输过程中存在再次呈现流动状态的情况。

因此,多数情况下采用优势互补的复合改良剂,即集上述两类方法的优点。

添加剂有单一添加剂和复合添加剂两种。单一添加剂包括矿物质类如黏土、膨润土等,高分子类材料[包括不溶性聚合物如丙烯类(树脂)、淀粉类和水溶性聚合物如纤维类(CMC 纸浆渣)、多糖类、负离子类乳胶(硅溶胶)和表面活性材料(气泡剂等)];复合添加剂包括三种,第一种是黏土(膨润土)+气泡,第二种是膨润土+有机酸,第三种是纤维素+负离子类乳胶。

3)渣土改良的主要技术措施

(1)在砂质黏性土和全、强、中风化泥质粉砂岩的掘进中,拟采取分别向刀盘面和土仓内注入泡沫的方法进行渣土改良,必要时可向螺旋输送机内注入泡沫。同时,采用滚刀与齿刀混合破岩削土或全齿刀削土、增大刀盘开口率等方法来防止形成泥饼。

（2）在硬岩地段拟采取向刀盘前和土仓内及螺旋输送机内注入泥浆的方法来改良渣土。

（3）在富水断层带和其他含水地层采用土压平衡模式掘进时,拟向刀盘面、土仓内和螺旋输送机内注入膨润土,并增加对螺旋输送机内注入的膨润土,以利于螺旋输送机形成土塞效应,防止喷涌。

动画:渣土改良的主要措施

（4）在砂土地层中掘进时,拟采取向刀盘面和土仓内注入泡沫来改良渣土。泡沫注入量根据具体情况确定。

添加剂的注入量根据地层砂土的粒径累加曲线,计算出矿物类或表面活性材料添加剂的使用量。另外,水溶性高分子类添加剂的用量参考矿物类添加剂的使用量。

3.3 掘进过程中盾构姿态控制

1）盾构掘进方向控制

盾构掘进施工中,盾构操作员需要连续不断地得到盾构轴线相对于隧道设计轴线位置及方向的关系,以使被开挖隧道保持正确的位置;盾构在掘进中,以一定的掘进速度向前开挖,也需要盾构的开挖轨迹与隧道设计轴线一致,为此盾构操作员必须即时得到所在位置的信息反馈。如果掘进方向与隧道设计轴线偏差超过一定界限时,就会使隧道衬砌侵限、盾尾间隙变小,使管片局部受力恶化,也会造成地层损失增大而使地表沉降加大。

盾构施工中,采用激光导向来保证掘进方向的准确性和盾构姿态的控制。导向系统用来测量盾构的坐标(X、Y、Z)和位置（水平、上下和旋转）,测量的结果可以在面板上显示,以便将实际的数据和理论数据进行对比。导向系统还可以存储每环管片安装的关键数据。

目前,国内使用的盾构主要有以下三种类型的导向系统。

（1）PPS 导向系统

PPS 导向系统采用固定、自动或电机控制的全站仪来测量系统元器件。这些元器件包括:2 个 EDM 棱镜,它们安装在盾构靠近刀盘的固定位置上;1 个参照棱镜,它安装在全站仪架上,用以检测全站仪的稳定性;1 个高精度的电子倾斜仪,用来测量盾构的倾斜和扭转。这些元器件的控制由随机自带的 PPS 导向系统电脑自动控制。

视频:掘进过程中姿态控制

（2）SLS-T APD 导向系统

SLS-T APD 导向系统为 VMT 公司生产,由 ELS 激光靶、激光全站仪、棱镜、计算机、黄盒子等组成。SLS-T APD 导向系统的主要基准是由初始安装在墙壁或隧道衬砌上的激光全站仪发出的一束可见激光。激光束穿过机器中的净空区域,击到安装在机器前部的电子激光靶上。在电子激光靶内部有一个双轴倾斜仪,用这个倾斜仪来测量 ELS 靶的仰俯角和滚动角。电子激光靶的前方安装一个反射棱镜,激光基准点和电子激光靶之间的距离通过全站仪中的内置 EDM 棱镜来测定。通过测定激光站和基准点的绝对位置,就能得到电子激光靶的绝对位置及方位,从而得到机器的位置和方位。SLS-T APD 导向系统不仅能随时（特别是在掘进的过程中）精确测量盾构的位置,而且它还通过简单明了的方式把得到的结果呈现在驾驶员面前,以便驾驶员及时采取必要的纠偏措施。

黄盒子用来给全站仪和激光供电。系统计算机和全站仪之间的通信也通过黄盒子进行。

（3）ROBOTEC 导向系统

ROBOTEC 导向系统由全站仪、棱镜（有挡板保护，测量时挡板自动打开）、数据线、各种接口设备、操作软件组成。它的工作原理与 SLS-T APD 系统等相似。ROBOTEC 导向系统的特点是：不用接收靶，直接使用棱镜，减少了一层换算关系；它还可以在盾构推进中实现无人值守及自动测量的功能。

2）推进油缸的分区控制

盾构的推进机构提供盾构向前推进的动力，通过分区操作盾构推进油缸控制盾构掘进方向。推进机构包括 N 个推进油缸和一个推进液压泵站。推进油缸按照在圆周上的区域被编为 4~5 个组。现一般为 4 组，见图 7-18，分为上、下、左、右可分别进行独立控制的 4 个液压区。在曲线段（包括水平曲线和竖向曲线）施工时，盾构推进操作控制方式是把液压推进油缸进行分区操作。每组油缸均能单独控制压力，为使盾构沿着正确的方向开挖，可以调整 4 组油缸的压力。油缸也可以单独控制。

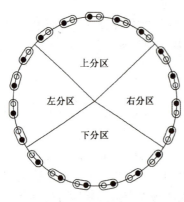

图 7-18　盾构推进油缸分组

一般情况下，当盾构处于水平线路掘进时，应使盾构保持稍向上的掘进姿态，以纠正盾构因自重而产生的低头现象。

通过调整每组油缸的不同推进速度、每组油缸压力来对盾构进行纠偏和调向。油缸的后端顶在管片上，以提供盾构前进的反力。

在上、下、左、右每个区域中各有一个油缸安装了行程传感器，通过油缸的位移传感器可以知道油缸的伸出长度和盾构的掘进状态。

3）推进过程中的蛇行和滚动

在盾构推进过程中，蛇行和滚动是难以避免的。出现蛇行和滚动主要与地质条件、推进操作控制有关。针对不同的地质条件进行周密的工况分析，并在施工过程中严格控制盾构的状态，以减少蛇行值和盾构的滚动。当出现滚动时，可采取正反转刀盘的方法来纠正盾构姿态。盾构推进时还需注意以下几个问题：

(1) 工作面的地层结构及物理力学特性的不均匀性。

(2) 推进系统性能的平衡性、稳定性。

(3) 监控系统的敏感性、可靠性和稳定性。

(4) 富水软弱地层对盾壳的环向弱约束性。

(5) 通过软硬变化地层时，刀盘负载与盾壳约束条件的不对称性（包括进出洞的类似情况）。

4）盾构姿态调整与纠偏

在实际施工中，盾构推进方向可能会偏离设计轴线并超过管理警戒值。在稳定地层中掘进，因地层提供的滚动阻力小，可能会产生盾体滚动偏差；在线路变坡段或急弯段掘进，有可能产生较大的偏差。

动画：盾构掘进姿态调整与纠偏

(1) 参照上述方法分区操作推进油缸来调整盾构姿态，纠正偏差，将盾构的方向控制调整到符合要求的范围内。

(2)在急弯和变坡段,必要时可利用盾构的超挖刀进行局部超挖来纠偏。

(3)当滚动超限时,盾构会自动报警,此时应采用盾构刀盘反转的方法纠正滚动偏差。

5)方向控制及纠偏注意事项

(1)在切换刀盘转动方向时,应保留适当的时间间隔,切换速度不宜过快。

(2)根据掌子面地层情况应及时调整掘进参数。调整掘进方向时应设置警戒值与限制值,达到警戒值时应该实行纠偏程序。

(3)蛇行修正及纠偏时应缓慢进行。在直线推进的情况下,应选取盾构当前所在位置点与设计线上远方的一点作一直线,然后再以这条线为新的基准进行线形管理。在曲线推进的情况下,应使盾构当前所在位置点与远方点的连线同设计曲线相切。

(4)推进油缸油压的调整不宜过快、过大。

(5)正确进行管片选型,确保拼装质量与精度,以使管片端面尽可能与计划的掘进方向垂直。

(6)盾构始发、到达时方向控制极其重要,应按照始发、到达掘进的有关技术要求,做好测量定位工作。

任务4 泥水盾构掘进

4.1 泥水盾构的构成

泥水盾构也称为泥水加压式平衡盾构(Slurry Pressure Balance Shield),简称 SPB 盾构。泥水盾构是在机械式盾构的前部设置隔板,装备刀盘及输送泥浆的送排泥管和推进盾构的推进油缸,在地面上还配有泥水处理设备。

泥水盾构由以下五大系统构成:

(1)一边利用刀盘挖掘整个开挖面、一边推进的盾构掘进系统。

(2)可调整泥浆物性,并将其送至开挖面,保持开挖面稳定的泥水循环系统。

(3)综合管理送排泥状态、泥水压力及泥水处理设备运转状况的综合管理系统。

(4)泥水分离处理系统。

(5)壁后同步注浆系统。

泥水盾构利用循环悬浮液的数量(体积)对泥浆压力进行调节和控制,采用膨润土悬浮液(俗称泥浆)作为支护材料。开挖面的稳定是将泥浆送入泥水室内,在开挖面上形成不透水的泥膜,通过该泥膜的张力保持水压力,以平衡作用于开挖面的土压力和水压力。开挖的土砂以泥浆形式输送到地面,通过泥水处理设备进行分离,将分离后的泥水进行配比调整,再输送到开挖面。

4.2 开挖面稳定机理

(1)泥膜形成机理

泥水盾构是通过在泥水仓中适当压力使泥浆在开挖面形成泥膜,支撑隧道开挖面的土体,并由刀盘切削土体表层的泥膜,形成高密度的泥浆,然后由排泥泵及管道把泥浆输送到地面进行分离处理。

在泥水平衡的理论中,泥膜的形成是至关重要的。当泥水压力大于地下水压力时,泥水按达西定律渗入土壤,形成与土壤间隙呈一定比例的悬浮液,浆液中的黏土颗粒被捕获并积聚于土壤与泥水的接触表面,泥膜就此形成。随着时间的推移,泥膜厚度不断增加,渗透抵抗力逐渐增强。当泥膜抵抗力远大于正面土压力时,产生泥水平衡效应。

动画:泥膜形成原理

(2)泥膜形成的基本要素

泥水盾构施工时,用泥水压力来抵抗开挖面的土压力和水压力以保持开挖面的稳定,同时控制开挖面变形和地基沉降;在开挖面形成不透水性泥膜,保持泥水压力有效作用于开挖面。从泥水平衡理论中可以看出,在泥水盾构法施工中,尽快形成不透水的泥膜是一个相当关键的环节。

在开挖面,随着加压后的泥水不断渗入土体,泥水中的砂土颗粒填入土体孔隙中,可形成不透水的泥膜。而且由于泥膜形成后减小了开挖面的压力损失,泥水压力可有效作用于开挖面,从而可防止开挖面的变形和崩塌,并确保开挖面的稳定。因此,在泥水盾构施工中,控制泥水压力和控制泥水质量是两个重要的课题。

4.3 掘进参数管理

1)切口水压的设定

盾构切口水压由地下水压力、静止土压力、变动土压力组成。切口泥水压力应介于理论计算值上下限之间,并根据地表建(构)筑物的情况和地质条件适当调整。

2)掘进速度

正常掘进条件下,掘进速度应设定在 20~40mm/min;在通过软硬不均地层时,掘进速度控制在 10~20mm/min。在设定掘进速度时,须注意以下几点:

(1)盾构启动时,需检查推进油缸是否顶实,开始推进和结束推进之前速度不宜过快。每环掘进开始时,应逐步提高掘进速度,防止启动速度过大冲击扰动地层。

(2)每环正常掘进过程中,掘进速度值应尽量保持恒定,减少波动,以保证切口水压稳定和送、排泥管的畅通。在调整掘进速度时,应逐步调整,避免速度突变对地层冲击扰动和切口水压变化过大。

(3)掘进速度的快慢必须满足每环掘进注浆量的要求,保证同步注浆系统始终处于良好工作状态。

(4)选取掘进速度时,必须注意与地质条件和地表建筑物条件匹配,避免速度选择不合适对盾构刀盘、刀具造成非正常损坏和对隧道周边土体扰动过大。

3)掘削量的控制

掘进实际掘削量 Q 可由下式计算得到:

$$Q = (Q_2 - Q_1)t$$

式中:Q_2——排泥流量,m^3/h;

Q_1——送泥流量,m^3/h;

t——掘削时间,h。

当发现掘削量过大时,应立即检查泥水密度、黏度和切口水压。此外,也可以利用探查装置,了解土体坍塌情况。在查明原因后应及时调整有关参数,确保开挖面稳定。

4)泥水指标控制

(1)泥水密度

泥水密度是泥水主要控制指标。送泥时的泥水密度控制在 $1.05 \sim 1.08 \text{g/cm}^3$ 之间,使用黏土、膨胀土(粉末黏土)来提高相对密度,添加 CMC 来增大黏度。工作泥浆的配制分两种,即天然黏土泥浆和膨胀土泥浆。排泥密度一般控制在 $1.15 \sim 1.30 \text{g/cm}^3$。

(2)漏斗黏度

黏性泥浆在砂砾层可以防止泥浆损失,保持作业面稳定。在坍塌性围岩中,使用高黏度泥水。但是泥水黏度过高,处理时容易堵塞筛眼,造成作业性下降;在黏土层中,黏度不能过低,否则会造成开挖面塌陷或堵管事故,一般漏斗黏度控制在 $25 \sim 35 \text{s}$。

(3)析水率

析水率是泥水管理中的一项综合指标,它更大程度上与泥水的黏度有关。悬浮性好的泥浆就意味着析水率小,反之就大。泥水的析水率一般控制在 5% 以下。降低土颗粒含量和提高泥浆的黏度,是保证析水率合格的主要手段。

(4)pH 值

泥水的 pH 值一般为 $8 \sim 9$。

(5)API 失水量

API 失水量 $Q < 20 \text{mL}(100\text{kPa},30\text{min})$。

4.4 泥水压力管理

泥水盾构工法是将泥膜作为媒体,由泥水压力来平衡土体压力。在泥水平衡的理论中,泥膜的形成是至关重要的。当泥水压力大于地下水压力时,泥水按照达西定律渗入土壤,形成泥膜。随着时间的推移,泥膜的厚度不断增加,渗透抵抗力逐渐增强。当泥膜抵抗力远大于正面土压时,产生泥水平衡效果。

虽然泥水渗透体积随泥水压力上升而上升,但是它的增加量远小于压力的增加量,但增加泥水压力将提高作用于开挖面的有效支承压力,提高开挖面的稳定性。

视频:泥水压力管理

作用在开挖面上的泥水压力一般设定为:泥水压力 = 土压 + 水压 + 附加压。

附加压的标准值为 0.02MPa,一般要根据渗透系数、开挖面松弛状况、渗水量等进行设定。附加压过大,则因盾构推力增大和泥水对开挖面的渗透加强,会带来塌方、泥水窜入后仓等危害,需要慎重考虑。此外,泥水压力的设定也有不同的理论,常有与开挖面状况不吻合的时候。因此,要从干砂量测定结果等进行推测和考虑,并需要通过试验来对泥土压水数值等进行修正。

(1)直接控制型泥水盾构的泥水压力管理

直接控制型泥水盾构在掘进中的实际泥水压力值的管理,如图 7-19 所示。其中,用压力信号发送器 No.2 接收由 P1 泵送出的送泥压力,并送往送泥压力调节器,由自动调节来操作控制阀 CV-3,通过调节阀的开关进行压力调整。用压力信号发送器 No.1 接收开挖面泥水压力,并送往开挖面泥水压力保持开挖调节器,在这里把它和设定压力的差作为信号送给控制阀 CV-2,通过阀的开闭进行压力调节。由此,对于设定压力的管理,控制在±0.01MPa的变动范围以内。

(2)间接控制型泥水盾构的泥水压力管理

间接控制型泥水盾构的泥水压力的控制采用泥水气平衡模式。

如图7-20所示,在盾构的泥水室里装有一道半隔板,将泥水室分割成两部分,半隔板前面称为泥水仓,半隔板的后面称为气垫仓。调压时在泥水仓内充满压力泥水,在气垫仓内盾构轴线以上部分加入压缩空气,形成气压缓冲层,气压作用在气垫仓内的泥水液面上;由于在接触面上的气、液具有相同的压力,因此只要调节空气的压力,就可以确定开挖面上相应的支护压力。

动画:间接控制型泥水盾构的泥水压力管理

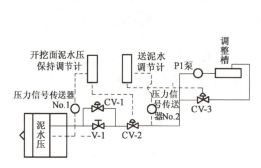

图7-19 直接控制型泥水盾构泥水压力控制

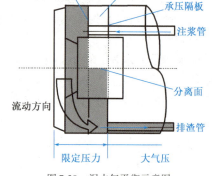

图7-20 泥水气平衡示意图

当盾构推进时,由于泥水的流失或盾构推进速度的变化,进出泥水量将会失去平衡,气垫仓内的泥水液面就会出现上下波动,为维持设定的压力值(与设定的气压值发生偏差,由Samson调节器根据在泥水仓内的气压传感器测得值与设定的气压值比较得出),通过进气或排气改变气压值。当盾构正面土压值增大时气垫仓内泥水液位升高(高于盾构轴线),由于气垫仓内气体体积减小,压力升高,排气阀打开,降低气垫仓内气体压力,当气体压力达到设定的气压值时,关闭排气阀;当盾构正面土压值减小时,气垫仓内泥水液位降低(低于盾构轴线),由于气垫仓内气体体积增加,压力降低,进气阀打开,升高气垫仓内气体压力,当气体压力达到设定的土压值时,关闭进气阀。通过液位传感器,可以根据液位的变化控制进泥泵或排泥泵的转速,在保持压力设定值不变的状态下(由Samson调节器差分控制系统控制),使气垫仓内泥水液位恢复到盾构轴线位置。

间接控制型泥水盾构通过压缩空气来间接地自动调节土仓内悬浮液的压力,使之与开挖面的水土压力相平衡,从而实现支撑作用。压缩空气垫能够调节泥浆的平面高度,在发生漏水或水从开挖面渗入的情况下,它起着一个吸振器的作用并最终可消除压力峰值。调压仓的压缩空气不断调整悬浮液面的高度,及时满足或补充掘进工作面对膨润土液的需求。这种调整可以达到比较精确的程度。如果平衡状态被打破,空气控制系统会自动迅速向调压仓内补充高压空气,或排出高压空气,保证压力的平衡状态。过压的高压空气通过安全阀或调节阀排出。

泥水盾构的发展经过三种历程,即日本历程、英国历程和德国历程。到目前则只有日本和德国两个主要的发展体系。以日本的泥水盾构为基础开发出了土压平衡盾构,而德国的泥水盾构则推动了混合型盾构的开发。德国和日本体系的主要区别是,德国体系的泥水盾构在泥水仓中设置了气压仓,日本体系的泥水盾构的泥水仓则全是泥水。

日本一般采用直接控制型泥水盾构。直接控制型泥水盾构的泥水系统采用泥水平衡模式,其流程为:送泥泵从地面泥浆调整槽将新鲜泥浆输入盾构泥水仓,与开挖泥土进行混合,形成稠泥浆,然后由排泥泵输送到地面泥水分离站,经分离后排出土渣,而稀泥浆流向调整槽,再对泥浆密度和浓度进行调整后,重新输入盾构循环使用。泥水仓中泥水压力,可通过调节送泥泵转速或调节控制阀开度来控制。由于送泥泵安装在地面,控制距离长,易产生延迟效应,不便于控制泥浆压力,因此常用调节控制阀的开度来进行泥浆压力调节。

德国采用间接控制型泥水盾构,其泥水系统的工作特征是由泥浆和空气双重回路组成,因此也称为"D"模式或气压复合模式。

间接控制型泥水盾构与直接控制型泥水盾构相比,操作控制更为简化,对开挖面土层支护更为稳定,对地表变形控制也更为有利。

4.5 泥水分离技术

泥水盾构是通过加压泥水来稳定开挖面,其刀盘后面有一个密封隔板,与开挖面之间形成泥水仓,仓里充满了泥浆,开挖土渣与泥浆混合后由排浆泵输送到洞外的泥水分离站,经分离后进入泥浆调整池进行泥水性状调整后,由送泥泵将泥浆送往盾构的泥水仓重复使用。通常将盾构排出的泥水中的水和土分离的过程称为泥水处理。

动画:泥水处理设备

泥水处理设备设于地面,由泥水分离站和泥浆制备设备设施两部分组成。泥水分离站主要由振动筛、旋流器、储浆槽、渣浆泵等组成;泥浆制备设备设施由沉淀池、调浆池、制浆系统等组成。

视频:泥水分离技术

(1)泥水分离站

选择泥水处理设备时,必须考虑两个方面:一是必须具有与推进速度相适应的分离能力,二是必须能有效地分离排泥浆中的泥土和水分。同时,在考虑分离站的能力时还应有一定的储备系数。

泥水处理一般分为三级:一级泥水处理的对象是粒径74mm以上的砂和砾石,工艺比较简单,用振动筛或旋流器等设备对其进行筛分,分离出的土颗粒用车运走;二级泥水处理的对象主要是一级处理时不能分离75μm以下的淤泥、黏土等的细小颗粒;三级处理是对需排放的剩余水进行pH值调整,使泥水排放达到国家环保要求,其处理采用的材料主要是稀硫酸或适量的二氧化碳气体。

(2)泥浆制备

从泥水分离站排出的泥浆经沉淀后进入调整槽,在调整槽内对泥浆进行调配,确保输送到盾构的泥浆性能满足使用要求。制浆设备主要包含1个剩余泥水槽、1个黏土溶解槽、1个清水槽、1个调整槽、一个CMC(粉末黏剂)储备槽、搅拌装置等。

泥浆制备时,使用黏土、膨润土(粉末黏土)提高密度,添加CMC来增大黏度。黏性大的泥浆应用在砂砾层可以防止泥浆损失、砂层剥落,使作业面保持稳定。在坍塌性围岩中,也宜使用高黏度泥水,但是泥水黏度过高,处理时容易堵塞筛眼;在黏土层中,黏度不能过低,否则会造成开挖面塌陷。

4.6 适应地质范围

泥水盾构最初是在冲积黏土和洪积砂土交错出现的特殊地层中使用,由于泥水对开挖面的作用明显,因此在软弱的淤泥质土层、松动的砂土层、砂砾层、卵石砂砾层、砂砾和坚硬土的互层等地层中均适用。

目前泥水加压盾构工法对地层的适用范围不断扩大,即使处于恶劣的施工环境和存在地下水等的不良条件下,由于有相应的处理方法,因而几乎能适应所有的地层。

(1) 黏性土层

黏土矿物经相互间电化学结合而形成的黏性土层,近似变质的凝胶块状体,由于泥水相对密度大和所加压力容易形成对开挖面的稳定,不论黏性土层的软弱状态如何,都适合于用泥水盾构施工。泥水盾构也适用于粉砂土地层施工。

(2) 砂层

不含水的砂层由于漏浆,不能保持住对开挖面的加压和稳定。通常,在含有某一数量的粉砂土、黏土的冲积层中,几乎都有一定的含水率,全部都是细砂的地层是少见的,干燥的松散砂也很少有,由于砂层内摩擦角有许多是在28°左右,所以大部分可用泥水加压来保持开挖面的稳定。松散的含水率大的砂层,在其他盾构工法中很难保持土层稳定,可采用泥水盾构并提高其泥水相对密度、黏度和压力。

(3) 砾石层

对于水分多、不含有作为黏合剂的粉砂土及黏土等的砾石层和有大直径的砾石层,可采用泥水盾构施工,并在泥水仓内安装砾石破碎装置。

(4) 贝壳层

贝壳层很难称为一种土层,但含水且贝壳很多的土体中,同上述砾石层一样更加坚固,开挖面很难稳定,但使用泥水盾构并用大刀盘挖土就可以成为能适应的地层。

泥水盾构能适用于各类地质的土层,对开挖面难以稳定的土质特别有效。泥水盾构能克服地面条件和其他地下条件所造成的种种困难,譬如上部是河或海等有水体的地方、有道路和建筑物的地方以及适合于要减少沉降的地方等。在这些场所采用泥水加压盾构,无论在工法上还是经济上都是有效的。

任务5 管片拼装

5.1 管片选型

管片选型的原则有三个:
(1) 选型要适合隧道设计线路;
(2) 管片选型要适应盾构的姿态;
(3) 现有的管模数量、类型及生产能力。

视频:管片造型

管片是在盾尾内拼装,所以不可避免地受到盾构姿态的约束。管片要尽量垂直于盾构轴线,让盾构的推进油缸能垂直地推在管片上,这样使管片受力均匀,掘进时不会产生管片破损。同时要兼顾管片与盾尾之间的间隙,避免盾构与管片发生碰撞而损坏管片。当因地质不均、推力不均等原因使盾构偏离线路设计轴线时,管片的选型要适应盾构的姿态。

在进行管片选型时,只有盾尾间隙接近警戒值(60mm)时,才根据盾尾间隙选择管片。

5.2 影响管片选型的因素

（1）盾构的盾尾间隙的影响

盾尾与管片之间的间隙叫盾尾间隙。如果盾尾间隙过小，则盾构在掘进过程中盾尾将会与管片发生摩擦，增加盾构向前的阻力和造成管片压坏引起隧道渗漏水，同时盾尾密封效果减弱造成盾尾漏浆。

（2）油缸行程和铰接油缸行程差对管片选型的影响

盾构是依靠推力油缸顶推在管片上产生的反力向前掘进的，推力油缸按上、下、左、右四个方向分成四组，每一个掘进循环这四组油缸的行程的差值反映了盾构与管片的平面位置之间的空间关系，可以看出下一个掘进循环盾尾间隙的变化趋势。当管片平面不垂直于盾构轴线时，各组推进油缸的行程就会有差异，当这个差值过大时，推进油缸的推力就会在管片环的径向产生较大的分力，从而影响已拼装好的隧道管片以及盾构掘进姿态。通常我们以各组油缸行程的差值大小来判断是否应该拼装转弯环，在两个相反的方向上的行程差值超过40mm时，就应该拼装转弯环来进行纠偏。通过转弯环的调整，使左右与上下的油缸行程差值控制在30mm以内，有利于盾构掘进及保护管片不受破坏。

动画：油缸行程和铰接油缸行程差对管片选型的影响

铰接油缸可以被动收放，有利于曲线段的掘进及盾构的纠偏。同样铰接油缸的行程差也影响管片的选型，这时应将上下或左右的推进油缸行程差值减去上下或左右的铰接油缸行程差值，最后的结果作为管片选型的依据。

5.3 管片的拼装

1）拼装顺序

管片的分块要根据管片制作、运输、拼装等方面的施工要素，同时考虑管片的受力条件及防水效果。管片分块数过少，衬砌结构整体刚度很大，不利于有效调动土层的被动抗力，单块管片过大、过长会引起施工的不便，

视频：管片的拼装

并不易保证管片的质量；管片分块数过多，则会影响管片的拼装速度，并使接缝防水工作量增加。管片一般由标准块、邻接块及封顶块组成。拼装时，由下部开始，对称安装标准块和邻接块，最后装封顶块。封顶块拼装方便，施工时可先搭接2/3环宽径向推上，再进行纵向插入（与施工设计有关，一种沿隧道半径方向呈锥角从隧道内侧插入；一种纵向带锥度，沿隧道纵轴插入，另一种将两种方法结合）。

2）拼装工艺

（1）管片在作防水处理前必须对其进行清理，然后再进行密封垫的粘贴。

（2）安装过程中彻底清除盾壳安装部位的垃圾，同时必须注意管片的定位精度，尤其第一环要做到居中安放。

（3）安装时千斤顶交替收放，即安装哪段管片收回哪段相对应的千斤顶，其余千斤顶仍顶紧。

（4）管片安装把握好管片环面的平整度、环面的超前量以及真圆度。

（5）边拼装管片边拧紧纵、环向连接螺栓，待整环管片安装完毕，撑开真圆保持器固定。

(6)在整环管片脱出盾尾后,再次按规定扭矩拧紧全部连接螺栓。

3)特殊地段的管片拼装

(1)曲线段管片安装

将标准管片和楔形管片进行排列组合,以拟合不同半径曲线。施工中必须注意标准管片和楔形管片的衔接,拼装工艺与标准管片相同。

动画:特殊地段的管片拼装

(2)区间内联络通道位置处的管片安装

区间隧道的联络通道与正线隧道相接处采用两环钢管片,以通封形式拼装。此时管片仍为封闭的,并在洞门周边设置一圈封闭钢梁,构成一坚固的封闭框架。在联络通道施工前,先将填充管片拆除,将洞口荷载完全传到框架上,再向里施工。管片安装时由于管片分块较多,因而必须注意标准管片和楔形管片的衔接,拼装工艺与标准管片相同。

5.4 管片安装中的注意事项

(1)每一环推进长度必须达到大于环宽300mm(每环推进全长1800mm)以上方可拼装管片,以防损坏K形止水条。

(2)管片吊装头必须拧紧,为避免管片旋转过程中安装头单独承受管片重力,应将四条压板均匀地接触管片,避免管片拼装过程中螺栓头被拔出。

(3)管片拼装过程中,第一块管片的位置尤为重要,它决定了本环其他管片的位置及拼缝的宽窄。管片高于相邻块,将会导致K形块的位置不够;低于相邻块,纵缝过大,防水性降低。同时,第一块应平整,防止形成喇叭口。

(4)当拼装第五块(B或C)时,应用尺子量K形块空位的宽度,并调整第五块,保证间距为48cm±1cm或95cm±1cm。

(5)管片拼装应满足规范规定的偏差:高程和平面不侵限;每环相邻管片平整度10mm,纵向相邻环环面平整度15mm;衬砌环直径椭圆度5‰。

(6)拧紧螺栓应确保螺栓紧固,紧固力矩要达到设计要求(300N·m)。

(7)同一环内各管片的相邻位置应符合设计图纸要求,不可互换。每环管片上有管片类型标记、环类型标记、纵缝对接标记,安装管片时应认真查看这些标记、保证管片安装正确;管片迎千斤顶面和背千斤顶面不同,方向不要错装。操作手在安装管片时看到的管片中心管片标志字符应是正置的,如果是倒置的,则管片上字体朝向错误。

(8)管片K形块安装方法为先纵向搭接1m,然后安装器径向推顶到预定位置再纵向插入。K形块及B、C与K形块相邻面止水条,在安装面应涂润滑剂。

(9)安装时注意小心轻放,避免损坏管片和止水条。

(10)对掘进过程中出现的管片裂缝和其他破损,要及时观察记录并提醒盾构操作手注意,并要选择合适时间对管片进行修补。

(11)注意:每次应根据需要拼装管片的位置,回缩相应位置的部分千斤顶,如果回缩过多,则千斤顶是十分危险的,前面土体的支撑压力会使得盾构后移,轻则导致盾构姿态变样,重则引起安全事故。

(12)封顶块先径向居中压入安装位置,搭接长度小于1.2m(故一般要求千斤顶行程量大于1800mm时才停止掘进),调准后再沿纵向缓慢插入。如遇阻碍应缓慢抽出后进行调整,严禁强行插入和上下大幅度调整,以免损坏或松动止水条。

任务6 壁后注浆

6.1 注浆目的与方式

管片壁后注浆按与盾构推进的时间和注浆目的不同,可分为同步注浆和堵水注浆等。

(1)同步注浆。同步注浆与盾构掘进同时进行,是通过同步注浆系统及盾尾的注浆管,在盾构向前推进盾尾空隙形成的同时进行注浆,浆液在盾尾空隙形成的瞬间及时起到充填作用,使周围岩体获得及时的支撑,可有效防止岩体的坍塌,控制地表的沉降。

动画:同步注浆过程

(2)二次补强注浆。管片背后二次补强注浆则是在同步注浆结束以后,通过管片的吊装孔对管片背后进行补强注浆,以提高同步注浆的效果,补充部分未充填的空腔,提高管片背后土体的密实度。二次注浆其浆液充填时间滞后于掘进一定的时间,对围岩起到加固和止水的作用。

(3)堵水注浆。为提高背衬注浆层的防水性及密实度,在富水地区考虑前期注浆受地下水影响以及浆液固结率的影响,必要时在二次注浆结束后进行堵水注浆。

盾构推进时,盾尾空隙在围岩塌落前及时进行压浆,充填空隙,稳定地层,不但可防止地面沉降,而且有利于隧道衬砌的防水。选择合适的浆液(初始黏度低、微膨胀、后期强度高)、注浆参数、注浆工艺,在管片外围形成稳定的固结层,将管片包围起来,形成一个保护圈,防止地下水侵入隧道中。壁后注浆的目的如下:

(1)使管片与周围岩体的环形空隙尽早建立注浆体的支撑体系,防止洞室岩壁塌陷与地下水流失造成地层损失,控制地面沉降值。

(2)尽快获得注浆体的固结强度,确保管片衬砌的早期稳定性,防止长距离的管片衬砌背后处于无支承力的浆液环境内,使管片发生移位变形。

(3)作为隧道衬砌结构加强层,具有耐久性和一定强度。充填密实的注浆体将地下水与管片相隔离,避免或大大减少地下水直接与管片的接触,从而作为管片的保护层,避免或减缓了地下水对管片的侵蚀,提高管片衬砌的耐久性。

6.2 同步注浆参数的控制

1)注浆材料

注浆材料必须选择适合于隧道的土质和盾构形式等条件。作为注浆材料,应具备以下性质:不发生材料离析、不丧失流动性、注浆后的体积、变化小、尽早达到围岩强度以上、水密性好。

注浆材料最重要的是充填性、流动性及不向盾尾以外的区域流失等特性,满足这些条件是实现壁后注浆目的的关键。但由于上述条件是相互矛盾的,譬如,为了提高充填性,应使浆液的流动性好,但是流动性太好,又易使隧道管片背后顶部部分出现无浆液充填的现象。

通常使用的注浆材料有单液型和双液型。

(1)单液型注浆材料的性质有:

①可压送的流动性。

②能填充到目标间隙范围。

③在填充的注浆材料硬化前，不发生材料离析或凝固。

单液型浆液在搅拌机中经拌和成为流动的液体，再由砂浆泵注入盾尾后部的间隙。注入时要求浆液处于流动性好的液态，以利于充填，浆液经过液体到固体的中间状态（流动态凝结及可塑状凝结）后固结（硬化）。但是，由于水泥的水化反应非常缓慢，所以从注入到固结需要几个小时，因此，管片背面的顶部位置很难充填密实，加上水泥砂浆易受地下水的稀释，致使早期强度下降。

在单液型浆液中不同的材料配比，决定了它们不同的凝结时间、抗压强度、固结率等。可加入水玻璃作为速凝剂以加快浆液的凝结时间。

(2) 双液型注浆材料的性质有：

①能在指定范围内注浆。

②材料离析少而且不受地下水的影响。

③能调节硬化时间。

④能根据需要尽早达到所需的强度等。

在围岩难以稳定的黏土层或易坍塌的砂层，需要在推进的同时，把壁后注浆材料通过安装在盾尾中的注浆管注入空隙中。为此，除了要求浆液在注浆期间具有流动性外，还要求浆液在注浆后可迅速变为可塑状固结或固结，故背后注浆中使用的是水玻璃类双液型浆液。以水泥与水玻璃浆液为主剂，根据需要添加其他附加剂，它克服了单液型水泥砂浆凝结时间长、不易控制等弊病。凝结时间与水玻璃浓度、水泥浆浓度（即水灰比）、水玻璃与水泥浆体积比、温度等有关。一般情况下水泥浆浓度增大，浆液凝结时间长；水玻璃与水泥浆体积比增大，浆液凝结时间短；水玻璃浓度增大，凝结时间缩短。

使用双液注浆时，应注意对注浆管的清洗，否则会发生堵管现象。

2) 同步注浆主要技术参数

同步注浆是从安装在盾构上的注浆管直接注入盾尾的空隙，盾构推进油缸与注浆是联动的，控制系统通过可编程逻辑控制器（PLC）与盾构的推进相互锁定，保证盾构前进时环缝中的压力。砂浆流动速度是无级调整的，这样就可以自动满足盾构前进的速度。注浆操作通过预先设定的注浆压力进行控制，从而避免过高的压力损坏盾尾密封或管片；系统中每个部位都有足够的压力来平衡预计的地面土压力和地面水压力，这样可避免地面的沉降。

所有操作功能都通过中央控制板控制。注浆操作控制板上可以选择或预先设定每个注入点上的砂浆压力、每个注入点计算行程（砂浆量）、总计算行程（砂浆量）、每环注入点的砂浆注入量、每环总的砂浆量的限定值。

(1) 注浆压力

同步注浆时要求在地层中的浆液压力大于该点的静止水压及土压力之和，做到尽量填补空隙而不会劈裂。注浆压力过大，管壁外面土层将会被浆液扰动而造成地表隆起，浅埋地段还易造成跑浆；而注浆压力过小，浆液填充速度过慢，填充不饱满，会使地表沉降增大。泥水盾构施工中，一般同步注浆压力比相应水压高 0.2~0.3MPa。

(2) 注浆量

同步注浆量理论上是充填切削土体与管壁之间的空隙，但同时要考虑盾构推进过程中的纠偏、跑浆（包括向地层中扩散）和注浆材料收缩等因素。

(3)注浆时间及速度

根据盾构推进速度,从盾构推进进行注浆开始,到注浆结束,以均匀注入达到每循环总注浆量。具体注浆速度根据现场实际掘进速度计算确定。

(4)注浆结束标准

采用注浆压力和注浆量双指标控制标准,即当注浆压力达到设定值,注浆量达到设计值的85%以上时,即可认为达到了质量要求。

3)同步注浆方法、工艺

(1)同步注浆方法与工艺

同步注浆与盾构掘进同时进行,即在盾构向前推进盾尾形成空隙的同时进行,通过同步注浆系统及盾尾的内置注浆管,采用双泵四管路(四注入点)对称同时注浆(图7-21)。注浆可根据需要采用自动控制或手动控制,自动控制方式即预先设定注浆压力,由控制程序自动调整注浆速度,当注浆压力达到设定值时,自行停止注浆。手动控制方式则由人工根据掘进情况随时调整注浆流量、速度、压力。同步注浆工艺及管理程序见图7-22。

视频:同步注浆

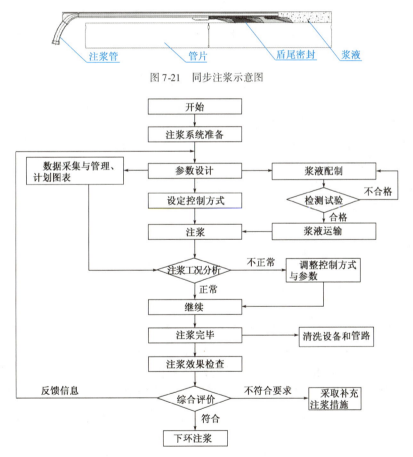

图7-21 同步注浆示意图

图7-22 同步注浆工艺及管理程序图

(2)设备配置

①搅拌站。自行设计建造砂浆搅拌站一座,搅拌能力 $20m^3/h$。

②同步注浆系统。配备 SWING KSP12 液压注浆泵 2 台(盾构上已配置),注浆能力

$2\times12m^3/h$,8个盾尾注入管口(其中4个备用)及其配套管路。

③运输系统。自制砂浆罐车($6m^3$),带有自搅拌功能和砂浆输送泵,随编组列车一起运输。

4)同步注浆的注意事项

(1)在开工前制定详细的注浆作业指导书,并进行详细的浆液配比试验,选定合适的注浆材料及浆液配比。

(2)制订详细的注浆施工设计和工艺流程及注浆质量控制程序,严格按要求实施注浆、检查、记录、分析,及时做出P(注浆压力)、Q(注浆量)、t(时间)之间关系曲线,分析注浆速度与掘进速度的关系,评价注浆效果,反馈指导下次注浆。

(3)成立专业注浆作业组,由富有经验的注浆工程师负责现场注浆技术和管理工作。

(4)根据洞内管片衬砌变形和地面及周围建筑物变形监测结果,及时进行信息反馈,修正注浆参数和施工工艺,发现异常情况及时解决。

(5)做好注浆设备的维修保养、注浆材料供应,定时对注浆管路及设备进行清洗,保证注浆作业顺利(不中断)进行。

(6)环形间隙充填不够、结构与地层变形不能得到有效控制或变形危及地面建筑物安全时,或存在地下水渗漏区段,在必要时通过吊装孔对管片背后进行补充注浆。

任务7 刀具的检查与更换

刀具在掘进过程中,刀刃因磨耗超限或脱落、缺损、偏磨时,必须进行刀具更换。刀具可分为切刀、刮刀、撕裂刀和滚刀等,并分别适用于不同的地质条件。当地质条件发生变化时,为保证盾构施工安全和加快施工进度,亦应更换适应于该地层条件的刀具。盾构运行时,刀盘上不同位置的滚刀磨损量不一样,可根据刀具磨损程度的不同,进行位置的更换,以降低施工成本。

7.1 换刀前的准备

切换准备工作主要包括以下内容:

(1)总体规划

在日常的工作中,机械工程师应与土木工程师密切沟通,加强对施工区段地质情况的了解,对地质资料中反映的施工重点和难点要特别留心。在制订刀具、刀具配件计划时,充分估计特殊区段对刀具的破坏程度,同时在制订换刀计划时,及时、有效地与土木工程师、掘进驾驶员沟通,确定最佳的开舱地点。提出刀具更换方案的同时,提前做好材料的准备、人员的培训等。

动画:更换刀具前盾构机的准备工作

(2)设备物资供应

设备与材料的准备,是实现快速换刀的根本保证。在确保常用设备(机具)、材料等到位的情况下,使用更为先进的工具,例如:风动起重机、手拉葫芦、风动扳手等。开仓换刀前对盾构各系统进行检查,做好风水电等各方面的协调工作,保证换刀过程中良好的工作环境。

(3)人员培训

必须经过专门培训的人员才能进仓进行刀具的更换。

(4)成立应急救援小组

换刀是一种非常危险的作业工序,必须成立应急救援小组,并严格执行《应急准备和响应控制程序》,防止意外发生。

(5)开仓审批

开仓技术方案经过工程部与设备物资部讨论,由机电总工程师和土木总工程师确认,报项目经理签发,经业主和监理单位同意后方可开仓。责任落实到人,按严格的开仓程序进行。

7.2 常压换刀

当盾构在硬岩或自稳能力较强的地段(整体性较好的中风化、微风化地层)掘进时,不需带压进仓,这种情况下可在无压下直接进入刀盘作业。刀具更换程序应为:刀盘清理→刀具检查和磨损量的测量→制订换刀计划→刀具拆除→安装新的刀具→做好详细的刀具更换记录→整体检查。

7.3 带压换刀

在需要带压进仓换刀时,严格按照带压进仓作业程序进行,制订详细的升压、减压作业细则。人舱升压与减压按《空气潜水减压技术要求》(GB/T 12521—2008)所规定的原则进行,不得随意调整。

带压进仓作业要点如下:

(1)建立健全安全质量责任制,进仓、检查刀盘及换刀、减压作业、运输严格按规程操作。

动画:开仓前的准备工作

(2)带压进仓的换刀人员必须经过岗前培训,培训合格方能持证作业。作业人员上岗前针对进仓、检查刀盘及换刀、减压作业的特点进行安全交底,树立安全作业的意识。

(3)带压进仓前及换刀过程中监测人员应跟踪监测地面的变化情况;进仓人员应时刻注意观察刀盘内水位变化情况。

(4)实行主要领导24h现场值班制度。

(5)保证现场材料供应,确保作业过程有效运转。

(6)值班工程师现场24h值班,并在值班过程中做好带压进仓作业的各种记录并整理成文,第二天及时上报公司。

(7)带压作业过程中,加强各种检测仪表、空压机、气路电路的观测,如发现空压机故障,应立即启动另一台空压机;如发现停电,应立即启动内燃发电机;如发现管路漏气,应立即汇报并及时处理,以防意外情况发生。

(8)每班作业时,电工应加强用电管理,确保工地施工用电安全。

(9)人舱、自动保压系统及减压舱由专人负责操作,同时做好各项记录。

(10)作业人员作业时应佩戴好个人防护用品,防止意外伤亡事故的发生。

(11)舱内严禁携带易燃易爆物品,严禁使用明火,防止爆炸造成事故。

7.4 刀具检查与更换的安全要点

刀具的检查与更换必须在确保安全的前提下进行。刀具更换是一项较复杂的工序,首先除去压力仓中的泥水、残土,清除刀具上黏附的泥砂,确认要更换的刀具,运入工具,设置脚手架,然后拆去旧刀具,换上新刀具。更换刀具停机时间比较长,容易造成盾构整体沉降,从而引起地层及地表沉降,损坏埋设及地表建(构)筑物,危及工程安全。为此,更换前应做好准备工作,尽量减少停机时间。更换作业尽量选择在中间竖井或地质条件较好、地层较稳定的地段进行。如必须在地质条件较差的地层进行时,必须带压更换刀具或对地层进行预加固,确保开挖工作面及基底的稳定。

视频:换刀前的准备工作

刀具更换时必须确保作业人员的安全。更换刀具的人员必须系安全带,刀具的吊装和定位必须使用吊装工具。尤其是在更换滚刀时要使用抓紧钳和吊装工具。所有用于吊装刀具的吊具和工具都必须经过严格的检验,以确保人员和设备的安全。需转动刀盘时,必须使进仓人员撤离至安全区域,由专人操作,任何人不得擅自启动。

换刀前要制订详细的换刀方案,并做好技术交底和人员培训。同时,还要制订详细的应急预案。刀具更换必须实行土木工程师和机电工程师值班制度;带压进仓作业要有严格的带压进仓方案;带压进仓作业要制订安全措施,并进行交底;刀具的更换机具使用按照相关机具操作规程进行;刀具运输要有安全措施,做到自防、互防和联防;刀具更换所剩余的废弃物应该统一回收,避免造成环境污染;更换刀具时必须做好更换记录,更换记录主要包括刀具编号、原刀具类型、刀具磨损量、修复刀具的运行记录、更换原因、更换刀具类型、更换时间和作业人员姓名等。

任务8 特殊地段施工

8.1 施工要点

(1)盾构施工进入特殊地段遇到特殊地质条件时,必须详细查明和分析工程的地质状况与隧道周边环境状况,对特殊地段及特殊地质条件下的盾构施工制订相应可靠的施工技术措施。

(2)根据隧道所处位置与地层条件,合理设定和慎重管理开挖面压力,把地层变形值控制在预先确定的容许范围以内。

视频:特殊地段盾构施工

(3)根据隧道所处不同位置与不同工程地质与水文地质条件,预计壁后注浆的材料和压力与流量,在施工过程中根据量测结果,进行注浆材料和压力与流量调整,防止浆液溢出,以达到严格控制地层松弛和变形的目的。

(4)施工中对地表及建(构)筑物等沉降进行预测计算,并加密监测测点和频率,根据监测结果不断调整盾构掘进参数。当测量值超过允许值时,应采取应急对策。

8.2 施工措施

1)浅覆土层施工

(1)为减少施工对环境影响,可采取地层加固、地面构筑物保护措施。

(2) 应事先制订相应的措施,以克服因覆土荷载小而导致盾构抬头。

2) 小半径曲线施工

(1) 必须根据地层条件、超挖量、壁后注浆、辅助工法等制订小半径曲线施工方案和安全施工措施,并注意防止推进反力引起隧道变形、移动等。当使用超挖装置时,应将超挖量控制在施工需要的最小范围之内。

(2) 壁后注浆应选择体积变化小、早期强度高、速凝型的注浆材料。

(3) 应增加施工中线、水平测量的频率,并定期检测洞内控制点。

(4) 在施工过程应采取措施防止后配套车架脱轨或倾覆。

(5) 为防止由于转弯部分超挖引起地层松动和增大地层抗力,可考虑选择合适的辅助工法进行地层加固。

(6) 应注意把盾尾间隙的变化控制在允许的范围内。

3) 大坡度区段施工

在大坡度区段进行盾构施工时,易造成成环隧洞浮动,盾构在上坡时容易发生"上抛"现象,盾构后配套容易发生脱落,运输机车容易发生溜车事故。可采取以下针对性措施:

(1) 每环推进结束后,必须拧紧当前环管片的连接螺栓,并在下环推进时进行复紧,避免作用于管片上的推力产生垂直分力,引起已成环隧洞浮动。

(2) 盾构上坡推进时,盾构很容易发生"上抛"现象,可调整盾构向上纠偏0.2%左右,调整好土仓(泥水)压力设定值,以切口土体不隆起或少隆起为度。

(3) 在选择运输设备和安全设施时,必须考虑大坡度区段施工的安全,对牵引机车进行必要的牵引力计算,并考虑一定的余量。施工中可采用大吨位电机车作为水平运输的牵引动力,并要求具有安全可靠的制动装置;同时,编组列车的管片车及砂浆车也安装制动装置;隧洞运输轨道在盾构后配套及盾构内设置安全可靠的制动装置。

(4) 上坡时应加大盾构下半部推进千斤顶的推力,这样可以有效控制盾构的方向。对后配套拖车,要采取防止滑脱措施。

(5) 同步及即时注浆时宜采用收缩率小、早期强度高的浆液。

(6) 在急下坡始发与到达时,基座应有防滑移安全措施。

(7) 在急上坡到达时,为防止地层坍塌、漏水,事先必须制订相应对策。

(8) 在大坡度区段,地层的土水压力随着推进而时刻变化,因此开挖面压力也必须根据土水压力进行适当调整。特别是下坡时,由于压力仓内的开挖土砂有可能出现滞留而不能充分取土,必须严格管理开挖土量。

4) 地下管线区段施工

根据管线制造材料、接口构造、管节长度等不同情况,地下管线大致可分为刚性管线和柔性管线两种。它们对于隧道施工中不可避免的地层沉降的反应是不同的。对于刚性管线来说,当地层移动时,主要考虑的是是否会引起管道的断裂破坏,而对于柔性管线来说,地层移动造成的影响则主要是管线接头的断裂或泄漏引起的破坏。

(1) 在施工前,必须详细查清沿线受施工影响范围内的各种地下管线的分布、管线类型、允许变形值等情况,分析预测地层隆陷对管线的影响,并在施工中加强监测。针对不同的管线及其与隧道的不同位置关系,采取合理的保护措施。

(2) 对重要管线和施工中难以控制的管线,施工前应根据不同情况采取迁移、加固措施。当施工前预测和施工中监测分析确认某些重要管线可能受到损害时,将根据地面条件、管线埋深条件等采用临时加固、悬吊或管下地基注浆等保护方案。加强与有关管线单位的协同合作,顺利完成对管线的调查与保护工作。

(3)盾构掘进时应及时调整掘进速度和出土量,从而减少地表的沉降和隆起,及时对环形空隙进行充填,并且做好二次补压浆工作。

(4)加强地面沉降监测,尤其要对重要的对沉降敏感的管线(如混凝土管、煤气管等)要布点监测并及时分析评估施工对管线的影响。根据施工和变位情况调节观测的频率,及时反馈指导施工。

(5)在盾构进入管线区以前,以已通过段所得到的地层变形实际监测成果为基础,再次对管线区内的地面沉降作出进一步预测,以期准确反映实际情况并据此作出正确的管线保护方案。

5) 地下障碍物处理

(1)地下障碍物处理前,必须查明障碍物具体位置和实体外廓,制订处理方案,以确保施工安全。

(2)地下障碍物的处理一般遵循提前和从地面采取措施处理的原则。如确需在盾构掘进过程中进行处理时,必须充分研究可行性与对策。

(3)从地面拆除地下障碍物时,可选择合适的辅助工法,拆除后要妥当地进行回填。

(4)在盾构掘进过程中拆除障碍物时,可选择带压作业或地层加固方法。

(5)在开挖面的狭窄空间内安全地进行障碍物的切断、破碎、拆除、运出作业,应尽量控制地层的开挖量以保障开挖面的稳定。

6) 穿越建(构)筑物施工

在隧道施工过程中,由于开挖破坏了地层的原始应力状态,这将引起地层的移动,而地层移动的结果又必将导致不同程度的地面沉降,当沉降差异过大时,建筑物就会遭到损坏。对天然浅基础建筑物,沉陷引起的建筑物的差异沉降(倾斜)较大时,建筑物破坏的可能性也大。对桩基础建筑的保护主要是对处于松动圈和塑性区的桩基加以适当保护。因此,在施工前详细查清施工影响范围内的建筑物及其基础状况,在施工中加强监测,对其安全性作出判断,有针对性地采取主动措施加以必要的保护。

盾构施工前必须对可能穿越的建(构)筑物进行调查,并根据以往的工程经验,预计施工对建筑物的影响。必须有针对性地制订保护方案,采取保护措施,周密地进行管理,控制地表变形。对在施工影响范围内(左、右线中线两侧各30m)的所有地面建筑物包括高架桥、人行天桥、地下通道、地下商场等进行调查,调查的重点是四层(含四层)以上的建筑物,尤其是位于隧道上方距左右线隧道断面15m范围内的业主未提供详细资料的建筑物要详细调查清楚,对已有资料的要进一步核实,未有资料的要全面调查。施工对建筑物的影响主要取决于地层变形特征,根据不同地质和埋深条件,以及对施工引起的地层变形及其对建筑物的影响的不同,采取必要的加固与保护措施。

(1)对天然浅基础建筑物加强建筑物变形监测分析,加强地表隆陷监测反馈指导施工;严格规范控制盾构掘进机的工况选择、转换和操作控制,及时注浆充填环形间隙,减少地层损失,控制地表隆陷。

(2)对深桩基础建筑物,结合以往成功实例和国内外的经验,隧道盾构法施工引起的松动圈厚度一般不超过 2.5m。桩底距隧道 2.5m 范围内的桩基采取洞内径向注浆加固桩基底部地层,以保护和提高桩基承载力。对距隧道 2.5~4.0m 范围内的桩基,以洞内径向注浆加固桩底地层作为备用方案,将根据施工监测分析结果报业主和监理工程师批准后实施。

以建筑物调查结果和量测结果为基础,对施工前和施工初期引起的地层沉降及其对建筑物的影响进行精确预测。在施工期间严格控制盾构掘进机的工况和操作参数,减少地层损失;环形间隙及时填充注浆,减少地层变形;使管片衬砌尽早支承地层以控制围岩松弛和塑性区的扩大。

任务9 盾构到达

盾构到达是指盾构沿设计线路,在区间隧道贯通前100m至车站的整个施工过程。

盾构到达一般按下列程序进行:洞门凿除、接收基座安装与固定、洞门密封安装、到达段掘进、盾构推上接收基座,如图 7-23 所示。

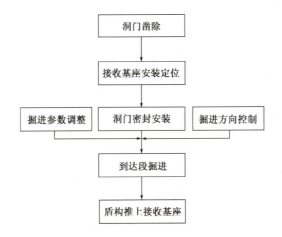

图 7-23 盾构到达施工程序

到达设施包括盾构接收基座(也称接收架)、洞门密封装置。接收架一般采用盾构始发架。

9.1 盾构到达的准备工作

盾构到达前,应做好以下工作:

(1)制订盾构接收方案,包括到达掘进、管片拼装、壁后注浆、洞门外土体加固、洞门围护拆除、洞门钢圈密封等工作的安排。

(2)对盾构接收井进行验收并做好接收盾构的准备工作。

(3)盾构到达前 100m 和 50m 时,必须对盾构轴线进行测量、调整。

(4)盾构切口离到达接收井距离约 10m 时,必须控制盾构推进速度、开挖面压力、排土量,以减少洞门地表变形。

(5)盾构接收时应按预定的拆除方法与步骤,拆除洞门。

(6)当盾构全部进入接收井内基座上后,应及时做好管片与洞门间隙的密封,做好洞门堵水工作。

9.2 接收基座的安装与定位

接收基座的构造同始发基座,接收基座在准确测量定位后安装。其中心轴线应与盾构进接收井的轴线一致,同时还要兼顾隧道设计轴线。

接收基座的轨面高程应适应盾构姿态,为保证盾构刀盘贯通后拼装管片时有足够的反力,可考虑将接收基座的轨面坡度适当加大。接收基座定位放置后,采用Ⅰ25的工字钢对接收基座前方和两侧进行加固,防止盾构推上接收基座的过程中,接收基座移位。

在接收基座安装固定后,盾构可慢速推上接收基座。在通过洞门临时密封装置时,为防止盾构刀盘和刀具损坏橡胶板帘布,在刀盘外圈和刀具上涂抹黄油。

盾构在接收基座上推进时,每向前推进2环拉紧一次洞门临时密封装置,通过同步注浆系统注入速凝浆液填充管片外环形间隙,保证管片姿态正确。

9.3 到达段掘进

根据到达段的地质情况确定掘进参数:低速度、小推力、合理的土压力(或泥水压力)和及时饱满的回填注浆。

在最后10~15环管片拼装中要及时用纵向拉杆将管片连接成整体,以免在推力很小或者没有推力时引起管片之间的松动。

9.4 洞门圈封堵

在最后一环管片拼装完成后,拉紧洞门临时密封装置,使橡胶板帘布与管片外弧面密贴,通过管片注浆孔对洞门圈进行注浆填充。注浆的过程中要密切关注洞门的情况,一旦发现有漏浆的现象应立即停止注浆并进行封堵处理,确保洞门注浆密实,洞门圈封堵严密。

任务10 盾构掉头

10.1 盾构掉头准备工作

(1)盾构掉头前,应该做好施工现场调查及现场准备工作。

(2)盾构设备重量大、体积大,因此起吊、移动掉头工作时间长,必须预先编制掉头作业方案,做到可靠、安全。掉头设备必须满足盾构安全掉头要求。

(3)盾构掉头时必须有专人指挥,专人观察设备转向状态,避免方向偏离和设备碰撞。

(4)掉头前应做好设备各种管线的标志工作,掉头后按照标志做好盾构管线的连接工作,连接后严格按照规则试运行。

10.2 采用延长管线进行盾构掉头

(1)接收准备工作包括:掉头场地钢板的铺设;设备桥支撑门架的下井、安装;在掉头场地内铺设临时轨道(采用自制钢凳架设临时轨线)将设备桥支撑门架下井并移至站台后部备用;反力架的下井、接收架(始发架)的拆除、钢板焊接、运输、下井定位;掉头材料机具的运输、下井。

(2)掉头及定位。

(3)设备桥掉头及延长管线连接。

(4)检修及保养。

(5)调试并始发。盾构整机调试按盾构调试报告进行,总的原则是先单机调试,再整机联动。

(6)掘进。

(7)后配套掉头及恢复正常掘进。

10.3 不采用延长管线进行盾构掉头

(1)接收准备工作包括掉头场地钢板的铺设;设备桥支撑门架的下井、安装;在掉头场地内铺设临时轨道(采用自制钢凳架设临时轨线)将设备桥支撑门架下井并移至站台后部备用;反力架的下井、安装;接收架(始发架)的拆除、钢板焊接、运输、下井定位;掉头材料机具的运输、下井。

(2)主机平移。

(3)后配套掉头。

(4)主机掉头。设备桥后配套一般采用起重机等设备进行逐一掉头。

10.4 盾构到达施工要点

(1)盾构到达前应检查端头土体加固效果,确保加固质量满足要求。

(2)做好贯通测量,并在盾构贯通之前 100m、50m 两次对盾构姿态进行人工复核测量,确保盾构顺利贯通。

(3)及时对到达洞门位置及轮廓进行复核测量,不满足要求时及时对洞门轮廓进行必要的修整。

(4)根据各项复测结果确定盾构姿态控制方案并提前进行盾构姿态调整。

(5)合理安排到达洞门凿除施工计划,确保洞门凿除后不暴露过久;并针对洞门凿除施工制订专项施工方案。

(6)盾构接收基座定位要精确,定位后应固定牢靠。

(7)增加地表沉降监测的频次,并及时反馈监测结果指导施工。盾构到站前要加强对车站结构的观察,并加强与施工现场的联系。

(8)为保证近洞管片稳定,盾构贯通时需对近洞口 10~15 环管片作纵向拉紧。

(9)橡胶板帘布内侧涂抹油脂,避免刀盘挂破影响密封效果。

(10)在盾构贯通后安装的几环管片,一定要保证注浆及时、饱满。盾构贯通后必要时对洞门进行注浆堵水处理。

(11) 盾构到达时各工序衔接要紧密,以避免土体长时间暴露。

10.5 盾构掉头实例

1) 工程概况

南京地铁一期工程南起小行,北至迈皋桥,线路全长 16.9km。其中 TA15 标由两个区间组成,采用 2 台土压平衡盾构进行施工。第 1 台盾构(开拓Ⅰ号)从许府巷站南端头左线始发,向玄武门站方向推进,至玄武门站后进行盾构掉头,盾构从许府巷—玄武门区间左线进入右线。向许府巷站推进到达许府巷南端头后,拆卸、检修并转场至许府巷站北端头,向南京站方向推进。

另一台盾构从许府巷站南端头左线始发,到达玄武门站后,进行掉头,掉头后进入许府巷—玄武门区间右线,在玄武门站二次始发。由于玄武门站结构及掉头场地十分狭小(图 7-24),仅仅提供端头 12m 的掉头场地及 50m 长的站台,而盾构总长为 65m,且出渣列车最小长度为 12m,所以不能满足整机始发的条件;同时,盾构主机及后配套拖车都是体积大、重量大的实体,后配套拖车不能进入净空仅为 4.2m 的站台内,因此给盾构的掉头工作增加了难度和复杂性。根据现场条件,同时考虑出渣速度和便于管片运输,掉头时使用延长管线连接主机和后配套,分主机和设备桥掉头、始发掘进、后配套掉头,成功地完成了盾构在玄武门站的掉头始发。

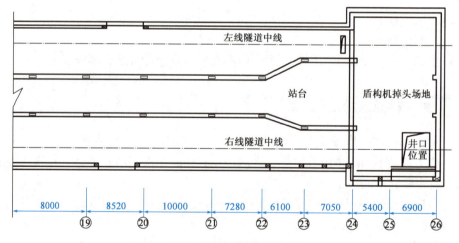

图 7-24 玄武门站底板俯视图(尺寸单位:mm)

2) 盾构到站接收

盾构的到达也称为盾构到站或盾构接收。盾构的到达,是指在稳定地层的同时,将盾构沿设计线路推进到竖井边,然后从预留洞门处将盾构推进至竖井内接收架上。

(1) 准备工作

为保证盾构掉头时掉头场地有足够的支撑面,在盾构掉头井内铺设 5mm 厚的细砂及 20mm 厚的钢板,钢板间的接缝进行满焊,并保证接缝平整,有错台时进行打磨处理。

在掉头场地内铺设临时轨道,将设备桥支撑架下井并移至玄武门站的站台后部备用。

利用80t汽车起重机在掉头井进行反力架、钢负环的下井、拼装,并利用15t起重机平移反力架及钢环至掉头场地后部定位,组装平移时应在反力架的前、后部加焊支撑,防止倾翻。

盾构主机的接收采用盾构始发时所使用的始发架,并且在始发架底部采用20mm厚的钢板进行焊接封闭,以保证盾构掉头时底部有足够的支撑面。焊接时应保证焊缝平整,错台部位进行打磨。采用25t汽车起重机将接收架下井,并用自制盘式轴承平移至隧道左线,检查并紧固接收架连接螺栓,确保连接螺栓完好。采用钢板或型钢垫平接收架,确保垫层牢靠,对接收架进行精确定位,并进行复测。精确定位后,采用14号工字钢对接收架进行固定,固定支撑在站台一侧,将洞门侧和预埋件焊接,同时将接收架轨道延伸至洞门内并加固。

(2)盾构接收

控制盾构姿态,避免损坏洞门环,脱离洞门密封前注浆要饱满,防止漏水。盾构进站时应低速推进。进站时及时在盾体前部耐磨层处垫4mm钢板进行支撑,防止耐磨层与轨道接触。检查接收架是否位移、变形,若有变形及时加固或调整。盾构进站后,拆除4号拖车皮带输送机驱动装置。在前体、中体两侧各焊接顶升支座,焊接时确保对称、牢固。支座采用20mm厚的钢板制作,共4个,支座焊接加工误差为±3mm,支座底板保持水平,见图7-25。当主机完全进站后,用型钢将主机与接收架焊接为一体,便于整体起升。

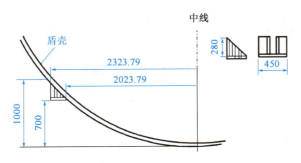

图7-25 顶升支座示意图(尺寸单位:mm)

注:1. 支座采用20mm钢板制作,共4个。
2. 支座焊接要确保坚固,焊缝打坡口,满焊。
3. 加工误差±3mm。
4. 安装保证精度,误差±3mm,支座底板保持水平。

(3)盾构主机掉头

盾构主机掉头程序如下:

①设备桥中部焊接支撑架。

②用油缸分别将设备桥前部、后部顶升,并在支撑架底部安装φ50mm的钢管。

③主机与后配套脱离(拆除管线和拖拉油缸),并后移后配套拖车至主机与后配套完全脱离。

④采用4个150t油缸将盾构顶升,接收架底部均匀安装自制盘式轴承(图7-26),取出底部的垫块后将主机落至轴承上(主机顶升时注意油缸应保持同步,且应有专人指挥)。

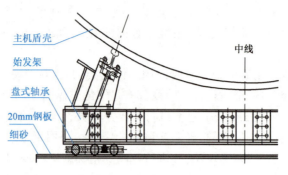

图 7-26 盘式轴承安装

⑤在底板的钢板上焊接顶推支座,并用 100t 油缸及 150t 油缸将主机连同接收架平移至掉头场地中部并进行掉头,掉头时注意防止螺旋输送机与车站结构及反力架发生干扰。

⑥主机掉头后平移至隧道右线前部。

⑦采用 4 个 150t 油缸将盾构顶升,接收架底部用钢板或型钢支撑,进行精确定位,并将接收架轨道延伸至隧道内。

⑧反力架和钢环精确定位并焊接反力支撑。

⑨盾尾刷均匀涂抹 WR90 油脂,备用注浆管及超前钻机管内填充 WR90 油脂。

(4)设备桥掉头(图 7-27)

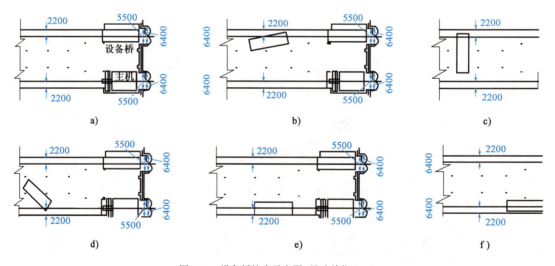

图 7-27 设备桥掉头示意图(尺寸单位:mm)

①左线掉头井铺设轨道,主机后部铺设轨道。

②将设备桥与后配套拖车脱离。

③拆解管片起重机轨道,拆除 1 号拖车后部的管片起重机控制柜及电缆卷筒并移至设备桥前部固定,以便于管片起重机接收时功能的恢复。

④采用 10t 倒链将设备桥前移至站台内,并在两立柱之间进行掉头。

⑤设备桥掉头后前移并与主机对接。

⑥将设备桥支撑架前移并与设备桥对接,并拆除中部支撑。

⑦安装皮带输送机驱动装置。

⑧安装管片安装机控制柜及电缆卷筒。

⑨安装皮带并进行皮带的硫化。

(5)主机始发掘进

①安装延长管线。延长管线的连接从后配套拖车开始进行。由于洞门与22号立柱之间距离只有25m,延长管线较长,不宜堆放,因此,应将后配套拖车后移40m。延长管线布置如图7-28所示。

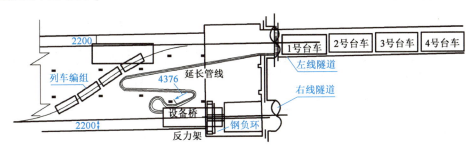

图7-28 主机、设备桥始发状态示意图(尺寸单位:mm)

②盾构调试。按调试程序进行盾构整机调试,总的原则是先单机调试,再整机联动。

③始发掘进。安装洞门密封并焊接防扭支撑,割除洞门钢筋并推进,向刀盘内装填3/4容积的土坯,以便于快速建立土压;当刀盘推至距洞门700mm时,割除洞门最后一层钢筋(割除时必须保证迅速);割除并完全取出钢筋后,将刀盘推入洞门开始掘进。盾构沿始发架掘进时推力尽可能小,刀盘油压不要超过12MPa。在始发掘进时采用3列机车进行运输,机车布置在前部,第1列的编组形式为1辆牵引机车、1辆渣车、1辆管片车;第2列的编组形式为1辆牵引机车、1辆渣车、1辆管片车;第3列的编组形式为1辆牵引机车、1辆砂浆车。

(6)当始发掘进至53环时,进行后配套掉头的工作程序

①停机。

②拆除延长管线。

③拆除皮带及设备桥支撑架。

④拆除钢负环。

⑤拆除左线轨道。

⑥平移始发架至左线并形成后配套接收轨道。利用4个15t起重机将始发架顶升并在底部安装盘式轴承,通过牵引机车拖拉绕过结构墙上的滑轮拉点的钢丝绳将始发架平移至隧道左线,并将轨道延伸至洞内与台车轨道连接。

⑦拆除反力架及钢环。利用起重机平移反力架及钢环至井口处,利用80t汽车起重机将钢环及反力架拆解吊出。

⑧后配套台车解列并拆卸拖车间的管线。在台车解列前必须将每节台车用阻车器固定,防止溜车;拆解台车间的电缆并回收至1号台车上捆扎固定;拆解台车间的连接胶管并及时封堵;拆解台车间的拉杆。

⑨台车前移并掉头。用牵引机车牵引1号台车前移至掉头场地内的始发架上;用型钢将1号台车与始发架焊接成一个整体以防止掉头时倾翻;通过牵引机车拖拉钢丝绳将始发架平移至掉头场地中部并掉头(图7-29);平移1号台车及始发架至许—玄区间右线并固定始发架;将始发架轨道与右线轨道连接,并将型钢割除;用机车将1号台车拖入洞内并与设备桥对接。依此类推,将2号、3号、4号台车掉头后并对接。

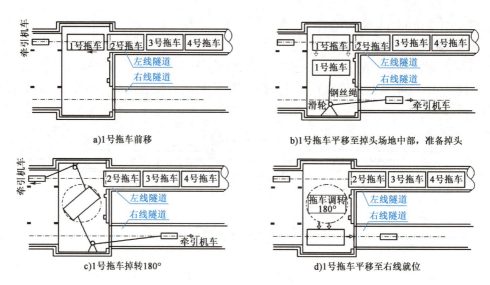

图 7-29 后配套拖车掉头示意图

⑩后配套管线连接及整机调试掘进。将 4 号皮带输送机移至井口时，安装皮带输送机驱动装置；连接台车间的电缆；连接台车间的胶管；安装皮带并进行皮带的硫化。盾构调试完毕后进行正常掘进。

任务 11　盾构拆卸

11.1　盾构拆卸前的准备

盾构大件拆解吊离拆机井后立即转移至另一工地或维修存放场地。大件的吊卸由 250t 起重机完成，后配套拖车由 40t 门式起重机完成。拆卸主要设备如下：250t 履带式起重机一台，90t 汽车起重机一台，50t 液压千斤顶两台，以及相应的吊具。

11.2　盾构拆卸

1）拆卸顺序

盾构拆卸程序框图见图 7-30，拆卸顺序见图 7-31。

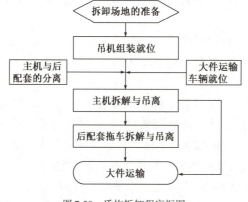

图 7-30　盾构拆卸程序框图　　　动画：盾构机拆卸

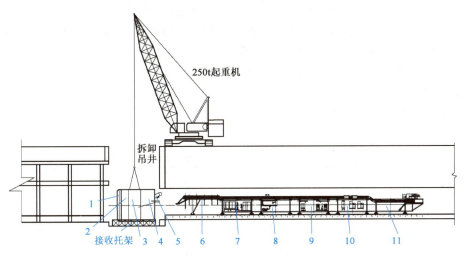

图 7-31　盾构拆卸顺序示意图

1-刀盘;2-前盾;3-中盾;4-盾尾;5-螺旋输送机;6-桥架;7-1 号拖车;8-2 号拖车;9-3 号拖车;10-4 号拖车;11-5 号拖车
注:盾构机拆卸按图中标记序号进行按序拆卸。

（1）先清除刀盘泥渣。
（2）断开盾构风、水、电供应系统。
（3）拆除管线与小型组件。
（4）盾构主机吊出工作井,运往指定地点再组装或拆卸、解体、检修、包装。
（5）分节吊出后配套系统。
（6）零部件清理、喷漆、包装、储存。

2）盾构拆卸技术措施

（1）盾构拆卸前必须制订详细的拆卸方案与计划,同时组织有经验的经过技术培训的人员组成拆卸班组。
（2）履带式起重机工作区应铺设钢板,防止地层不均匀沉陷。
（3）大件组装时应对车站端头墙进行严密的观测,掌握其变形与受力状态。
（4）大件吊装时必须有 90t 以上的起重机辅助翻转。
（5）拆卸前必须对所有的管线接口进行标识(机械、液压、电气)。
（6）所有管线接头,特别是液压系统管路、传感器接口等必须做好相应的密封和保护。
（7）盾构主机吊耳的布置必须使吊装时的受力平衡,吊耳的焊接必须由专业技术工人操作,同时必须有专业技术人员进行检查监督。

3）盾构拆卸安全保护措施

（1）盾构的运输、吊卸由具有资质的专业大件吊装运输公司负责。
（2）项目部指定生产副经理负责组织、协调盾构拆卸工作,并组建专业班组。
（3）每班作业前按起重作业安全操作规程及盾构制造商的拆卸技术要求进行班前交底,完全按有关规定执行。

4）拆卸工作注意事项

（1）在隧道贯通前,需全面仔细复查、补全盾构、电气、液压各部件的标志。
（2）准备拆卸专用拖车、牵引车连接装置。

(3) 检查各种管接头、堵头短缺数量、规格并补齐加工。

(4) 贯通前进行主机、后配套及其辅助设备的带负荷性能测试，以全面鉴定各机构、设备的性能状态，为拆卸后及时维护、修理和制订配件计划提供依据。

(5) 无论何种零部件储存前均需检查标志。

(6) 零件入库存放前检查零件性能状态，并对短缺损坏的零件列出配件清单。

盾构拆卸流程如图 7-32 所示。

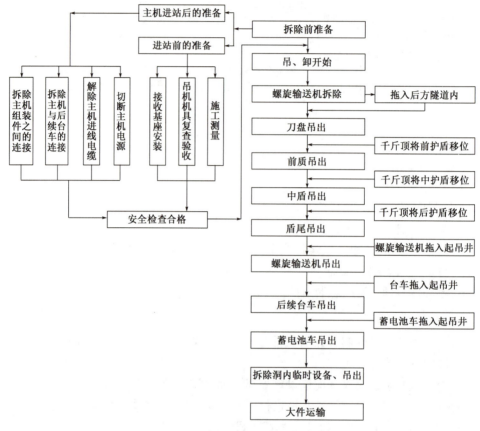

图 7-32 盾构拆卸流程图

任务 12 地中对接技术

盾构地中对接即两台盾构分别从两边相向掘进至接合地点正面对接。之所以采取地中对接施工方式主要有三种因素：一是单条隧道长度大，采用两台盾构从两端同时相向掘进，以缩短工期；二是因道路交通状况和周围环境等问题而难以设置到达（转向）竖井或因河底施工而不能设置竖井；三是因为埋设深度大，设置竖井不经济。

1998 年建成通车的日本东京湾横断公路，长 9.4km，由 2 条隧道组成，最大埋深 50m，采用 8 台直径 4.14m 的泥水平行盾构施工。8 台盾构在海底实现了对接，体现了高新技术在隧道工程中的应用。

2007 年开建的广深港铁路客运专线狮子洋隧道工程全长 10.8km，其中盾构段长 9277m，采用 4 台直径 11.18m 的泥水平行式盾构施工。隧道施工方案在国内首次采取了"相向施工、地中对接、洞内解体"的方式掘进，即"2 个工作井，4 台盾构地中对接"，标志着我国修建水下隧道取得新进展。该隧道内径 9.80m,外径 10.81m,采用"7 + 1"分块式的通用楔形环钢筋混凝土单层管片衬砌。

从国外成功实例来看,地中对接有辅助施工法和机械对接法两种方法。盾构进行正面地中对接时,必须尽量选择环境和地质条件好的接合地点。接合处一般采用化学加固法、高压喷射搅拌法、冻结施工法等进行加固。

为了减少辅助施工法的使用,缩短工期,也可以采用直接用机械对接的方法。无论采用哪种施工法,都要考虑现场的施工环境、围岩条件、工程成本及工期等来确定。

12.1 机械对接技术

机械式地下对接施工法,需要高精度地对接,不仅盾构的纵、横向位置,而且盾构正面的倾斜度也必须对准。为此,除要准确进行隧道内的基线测量和水准测量外,还要拥有在两台盾构靠近时正确掌握其相互位置关系的技术,见图 7-33。

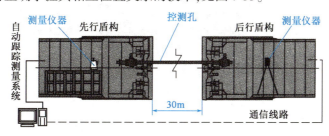

图 7-33 机械对接时盾构的靠近测量

机械对接有三种方式:刀盘缩回方式、贯入环方式、护罩推出方式。

1) 刀盘缩回方式

是在对接地点将两台盾构的刀盘后退对接切削的方法。止水及防止泥砂流入的方法是在机内预先设置放射状冷冻管和附着冷冻管造成冻土。该方法是尽量缩短两台盾构的间距,大幅度地减少冻结范围,以缩短工期和降低造价。采用 8 台泥水盾构施工的日本东京湾海底公路隧道的地中对接采用了这种方式。

刀盘缩回式地中对接的作业程序如图 7-34 所示。

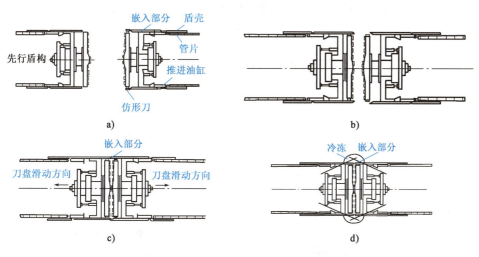

图 7-34 刀盘缩回式地中对接施工

(1) 先行盾构到达对接地点后，收缩备用切削刀，将切削刀收于面板内，准备冻结。
(2) 后行盾构距先行盾构 15～50m 时，通过勘测钻孔确认各自的位置。
(3) 边修正方向边掘进剩余段，在对接前将后行盾构的切削刀也退入面板内。
(4) 用中间弯曲千斤顶对好盾构的连接面，同时将面板对接。
(5) 用盾构内的冷冻管开始冻结，确认冻土的止水性后，拆卸盾构，进行衬砌。

2) 贯入环方式

采用贯入环式地中对接时，接收侧盾构称接收盾构，推进侧盾构称发射盾构。发射盾构一侧安装可前后移动的圆形钢套（即贯入环），而在接收盾构的一侧的插槽内设置承压橡胶密封止水环。盾构在对接地各自定位后，推入贯入环压在承压橡胶环上进行机械式对接。贯入环式地中对接施工见图 7-35。

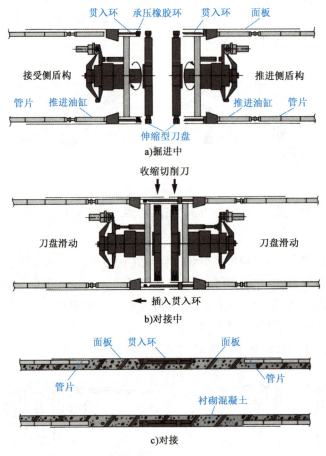

图 7-35　贯入环式地中对接施工

(1) 两台盾构分别从两侧各自推进到预定位置后，停止开挖。在维持土压或泥水压力的状态下，准确测量两台盾构的相对位置后，尽可能向前推进，直到两台盾构即将相遇，这时收缩装在切削刀外周的伸缩型切削刀，然后边推进盾构，边滑动刀盘退回腔内。

(2) 将装在推进侧盾构内的贯入环插入接收侧盾构内，进行机械式对接，使两台盾构在地下接合。

(3) 完成对接后，在贯入环内周焊接连接钢板，使两台盾构的盾壳形成一体，拆去除盾壳外的其余结构后，浇筑混凝土。

3) 护罩推出方式

护罩推出方式是在两台盾构的面板内装一个可滑动的护罩,待盾构在对接地点互相靠近后,推出护罩进行对接。为进行防水及防止泥砂流入,需配合使用冻结法等辅助施工法。

12.2 辅助施工对接技术

1) 地层稳定处理的方法

辅助施工法对接是一种常用方法,即在对接区域进行地层稳定处理,在达到止水及防止泥砂流入要求后,即可拆卸盾构外壳内的结构和部件,并在盾壳内进行衬砌作业。地层稳定处理采用化学注浆法、冻结法及高压旋喷注浆法。此外,稳定处理分两种:一种是在盾构到达前从地面进行;另一种是在海底不能从上部施工时,就从盾构内进行。

化学注浆施工法施工性能优越,造价也低,但改良效果的可靠性方面存在问题,能适应的条件受到限制,有时要配合采用压气施工法来稳定地层。

高压旋喷注浆法(JSG、CJG 等)是将水泥浆与地层混合或置换之,因而可望获得良好的效果。

冻结法造价高、工期长,但能切实改良地层。冻结法可以在盾构内施工,故适用于海底地下对接、埋设深度大和大断面的地下对接。

从盾构内进行施工的冻结法是:

(1)两侧的盾构到达后,在两台盾构内设置冷冻管,造成冻土。

(2)让某一侧的盾构先到达,设置冷冻管开始冷冻,另一侧盾构后到达,仅用附着冷冻管造成冻土。

由两侧盾构内进行冻结的方法适用于两台盾构几乎同时到达的场合。其由于土方少,改良范围基本上左右对称,因而有利冻胀和解冻沉降,但存在工期长的缺点。从一侧的盾构内冻结的方法是从先行的盾构内进行冻结,可以缩短工期,但改良的范围较大,且改良范围的形状不规则,易产生冻胀和解冻沉降等。究竟采用哪一种方法,均要考虑地层、造价及工期等条件。

2) 超前注浆法加固

为了确保盾构对接以及第一台拆卸后进行人工挖掘时的安全,地层加固一般采用超前注浆法加固。方法如下:在两台盾构距离约 35m 时,从两台盾构内围绕盾体 360°进行超前地层加固处理。为了达到封闭整个地层的目的,在整个 35m 范围的加固分 3 排圆周注浆孔逐步实施。整个盾构周圈预留有 25 个超前注浆孔,通过这些孔注入双液浆来加固地层。加固地层的方法及顺序,如图 7-36 所示。

(1)当 2 盾构距离约 35m 时,从 2 台盾构内围绕盾体 360°进行超前钻孔。

(2)进行注浆加固作业。

(3)两台盾构分别向前掘进一段距离,相距约 20m 时,再次进行 360°超前钻孔和注浆。

(4)两台盾构分别再向前掘进一段距离,相距约 5m 时,再次进行 360°超前钻孔和注浆。

(5)完成地层加固后,即可进行盾构的拆卸。

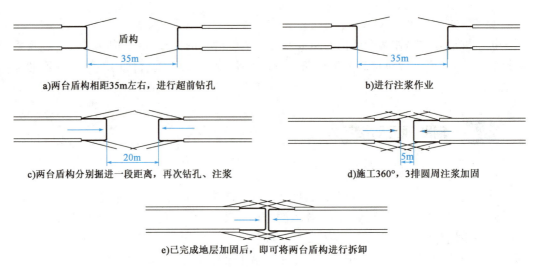

图 7-36 超前注浆法辅助加固

3) 盾构解体与隧道结构对接

当在对接段完成盾构解体、拆除、运出后,即可将盾壳内的杂物清理干净后,进行对接段隧道结构的施工和连接。

由于盾构在地中实现对接,为了便于盾构在隧道内拆卸,护盾的设计一般采用双层独立的内外盾壳。除尾壳外,前盾和中盾均为双盾壳设计。拆卸时,盾尾壳直接留在地层中,仅拆除中体和前体的内盾壳。前盾和中盾的外层壳留在地层中作为盾构洞内拆机的支护。在外壳的保护下,所有内部钢结构和部件都可拆卸。在后续工程中,仅需再制作前盾与中盾的外护盾和盾尾,即可利用所有拆卸下来的钢结构和部件重新组装成一台完整的盾构。

项目7 习题

项目 8　盾构隧道的防水

任务 1　衬砌结构的自防水

虽然国内外已建成大量地下工程和地铁隧道,也形成了较成熟的结构设计计算理论与工程实践体系,但是对隧道及地下工程的防水的认识则相对落后。地铁不可避免地要经过含水率较高的地层(如上海地铁所处地层大多为饱和含水软黏土层),所以必将受到地下水的有害作用。如果没有可靠的防水、堵漏措施,地下水就会侵入隧道,影响其内部结构与附属管线,甚至危害地铁的运营和降低隧道使用寿命。

盾构隧道渗漏水的位置是管片的接缝、管片自身小裂缝、注浆孔和手孔等,其中以管片接缝处为防水重点。通常接缝防水的对策是使用密封材料。以德国为代表的欧洲,多采用非膨胀合成橡胶,靠弹性压密以接触面压应力来止水,以耐久性与止水性见长。德国PHOENIX公司提供的隧道衬砌合成橡胶垫就是其中较典型的形式。以日本为代表的做法,则采用水膨胀橡胶,靠其遇水膨胀后的膨胀压来止水。它的特点是可使密封材料变薄,施工方便,但耐久性尚待验证。国内主要采用水膨胀橡胶,并已开始研究开发水膨胀类材料与密封垫两者的复合型材料。

1.1　隧道漏水的原因

引起隧道渗漏水的原因主要是由防水材质不良或违反操作规程造成的,具体为:制作管片时选定的混凝土配合比、水泥用量、入模温度、浇捣顺序、养护时间和条件等环节上出现失误,致使衬砌表面出现收缩开裂;在吊装、运输、拼装过程中的操作不当,造成管片丢角、损边,甚至出现贯穿性裂缝;拼装成隧道后,管片自防水达不到设计要求的抗渗等级。

实践证明,密封垫材料性能极大影响接缝防水的效果,因此对它要有严格的控制要求。尤其是对防水功能和耐久性更应严格控制,要使密封垫能长时间保持接触面应力不松弛。密封垫材料的主要物理力学性能指标有耐水性、耐动力疲劳性、耐干湿疲劳性、耐化学腐蚀性等,对水膨胀橡胶还要求能长期保持其膨胀压力。这些性能指标要与隧道施工和运营的情况、沉降变形、接缝开张度等相适应。有些厂家的产品性能不稳定,在施工过程中过早地受到水的浸泡,致使遇水膨胀性能受影响,从而影响止水效果。止水带制作安装误差和粘贴密合程度也影响材料的防水性能。

在施工中操作不当引起管片间的缝隙产生渗漏的原因有多种,其结果都导致了止水带之间以及止水带与管片之间的黏结性和压应力不够,从而引起漏水。归纳为以下几点:

(1)在推进过程中,盾构与管片姿态不好会造成管片拼装困难,影响到管片的拼装质量,致使管片间错位、有台阶差,相邻管片不在同一圆弧面上,因此减少了止水橡胶的有效止水面积。

(2)盾构与管片相对位置不好常常会使管片发生碎裂,发生止水带掉落现象。由于盾构推进的特殊性,一些工程缺陷不能很好地进行及时处理,使得相邻止水带不能正常吻合压紧,从而引起漏水。

(3)盾尾与管片之间间隙过大,盾尾密封失效引起漏浆,在处理过程中未能将管片上的泥浆清理干净,致使管片、止水带间夹有泥砂。

(4)管片间的对拉螺栓在拼装后,出于进度考虑,不等拧紧就向前推进,在一定程度上引起环缝的扩张(尤其在纠偏时),使得管片间呈松弛接触。

(5)在竖曲线推进或纠偏时加贴石棉楔,相应增大了环缝间隙。

(6)管片的制作精度误差,导致拼装环、纵缝间隙超过设计标准。

(7)压浆量不足引起隧道后期产生较大的沉降变形而漏水。

(8)手孔、螺栓孔、注浆孔等薄弱部位未加防水垫片,封孔施工质量差。

1.2 衬砌的止水措施

盾构法隧道渗漏水容易出现在环片自身小裂缝、环片的接缝、注浆孔和手孔等处,其中以环片自身小裂缝和环片的接缝处渗漏水较多。因此,盾构法隧道防水主要是解决环片本身的防水和环片接缝的防水问题。

1)管片结构的自防水

盾构工法区间隧道在含水层内的地下水土压力下工作,要防止地下水的渗入,首先要做到结构自防水。其主要方法是管片材料采用防水混凝土。防水混凝土是一种通过调整配合比,或者是掺入少量防水剂、减水剂、加气剂、密实剂、早强剂、膨胀剂等外加剂来改善混凝土本身的不密实性,补偿混凝土的收缩,增加抗裂性和抗渗性的混凝土。通常,人们只注意到混凝土的强度和抗渗等级,往往认为混凝土的强度越高,其抗拉强度随之越高,从而抗裂性能越好;混凝土的抗渗等级越高,其抗渗能力越强。于是出现了片面提高混凝土强度等级和抗渗等级的现象。实际上混凝土强度等级越高,抗渗等级越高,单位水泥用量越多,其结果是水化热增高,收缩量加大,从而导致裂缝的产生。因此必须合理地选择混凝土的强度等级、抗渗标号和外加剂。根据防水混凝土的组成不同,可分为普通防水混凝土、外加剂防水混凝土和膨胀水泥防水混凝土三大类。一般情况下,地铁结构物以采用普通防水混凝土为主,通过材料和施工两方面来抑制和减少混凝土内部孔隙的生成,改变孔隙的形态和大小,堵塞渗水通路,以达到密实和防水的目的。普通防水混凝土最高抗渗压力可达2MPa,但它对材料级配、制备和施工工艺要求较高。而盾构工法区间隧道的衬砌为预制钢筋混凝土管片拼装而成,多采用外加剂防水混凝土,但所采用的外加剂不能在混凝土内引起碱性反应。膨胀水泥防水混凝土一般应用在结构物的特殊部位,如管片嵌缝的封堵等。

2)提高管片的制作精度

对于装配式钢筋混凝土管片防水,根据国内外隧道施工实践,采用高精度钢模来提高管片精度是很重要的环节。因为如果衬砌管片制作精度差,加上衬砌拼装的累计误差,将会导致衬砌接缝不密贴而出现较大的初始缝隙,此时如果接缝防水材料的弹性变形量不能适应缝隙要求就会出现漏水。另外衬砌制作精度不够时,衬砌容易在盾构推进时被顶碎或崩落,从而导致漏水。

要生产出高精度的钢筋混凝土管片,就必须有一个高精度的钢模。一般钢模的精度应比管片高,其精度比应为1:2。采用这种高精度的钢模时,最初生产的管片比较容易保证精度,但在使用一个时期之后,钢模就会产生翘曲、变形、松脱等现象,所以必须随时注意钢模精度的检验。一般生产400~500块管片后,钢模必须进行检修与保养。钢模的使用必须有一个严格的操作规程。

3) 管片外防水涂层

影响钢筋混凝土结构寿命的主要因素是钢筋的锈蚀。钢筋在混凝土的碱性环境中一般是不会生锈的,除非混凝土表面的碳化程度已达到保护层的厚度。埋设于地下的钢筋混凝土结构物,由于地下水中富含硫酸根或氯离子,会使混凝土本身受到损坏。所以在地下水中这些有害物质含量很高时,设计人员会在设计阶段就考虑防护措施,采用耐腐蚀水泥、外涂防护材料等。如果地下水中这些有害物质的含量很低,则不必采取什么防护措施。

一般说来,对于埋深较大或有显著侵蚀性水的地段,所用管片必须采用增强防水、防腐蚀性的外防水涂层。涂层要求如下:

(1)涂层应能在盾尾密封钢丝刷与钢板的挤压摩擦下不损伤;
(2)当管片弧面的裂缝宽度达0.3mm时,仍能抵抗0.6MPa的水压,保持长期不渗漏;
(3)涂层应具有良好的抗化学腐蚀功能、抗微生物侵蚀功能和耐久性;
(4)涂层应具有防迷流的功能,其体积电阻率、表面电阻率要高;
(5)涂层有良好的施工季节适应性,施工简便,成本低廉。

若管片制作质量高,且采用的抗侵蚀水泥,不做外防水涂层也是可以的。

4) 管片接缝防水堵漏

管片接缝防水包括管片间的弹性密封垫防水、隧道内侧相邻管片间的嵌缝防水以及必要时向接缝内注浆等。其中弹性密封垫防水最重要也最可靠,是接缝防水的重点。此时要考虑管片制作精度对接缝防水的影响,一般要求缝宽度不大于1.5cm。

(1) 弹性密封垫防水

①弹性密封垫的功能要求。要求弹性密封垫能承受实际最大水压的3倍。衬砌环缝的密封垫还应在衬砌产生纵向变形时,保持在规定水压力作用下不渗漏水,即密封垫在设计水压力下的允许张开值应大于衬砌在产生纵向挠曲时环缝的张开值。

同时,还要求密封垫传给密封槽接触面的应力大于设计水压力。接触面应力是由扭紧连接螺栓、盾构千斤顶推力、密封垫膨胀等因素产生的,另外当密封垫一侧受压力作用时也会产生一定的接触面应力,即所谓的"自封作用"。

②密封垫材料要求。实践证明,密封垫的材料性能极大地影响接缝防水的短期和长期效果,尤其是对防水功能的耐久性。即要求密封垫能长时间保持接触面应力不松弛。有人建议:接触面应力由0.6MPa降至0.2~0.3MPa的时间即为密封垫的寿命。其他耐久性要求则包括耐水性、耐疲劳性、耐干湿疲劳性、耐化学腐蚀性等。对水膨胀橡胶还要求能长期保持其膨胀压力。密封垫材料之间以及密封材料与管片之间应有足够的黏结性,而且不能影响管片的拼装精度,施工还要方便。

(2) 嵌缝防水堵漏

嵌缝防水即在管片内侧嵌缝槽内设置嵌缝材料，构成接缝防水的第二道防线。

嵌缝槽的形状要考虑拱顶嵌缝时，不致使填料坠落、流淌，因而通常设计为"口窄肚宽"。嵌缝材料应具有良好的水密性、耐侵蚀性、伸缩复原性、硬化时间短、收缩小、便于施工等特性。

满足上述要求的材料有以环氧类、聚硫橡胶类、尿素树脂类为主的材料。

几种主要的嵌缝密封防水设计构造，见图 8-1。

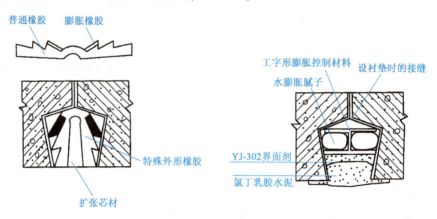

图 8-1 嵌缝密封防水设计构造图

变形缝的嵌缝槽形状和填料必须满足在一定变形情况下，仍能止水的要求。上海曾对不定型自黏丁基橡胶腻子、水膨胀橡胶腻子（用氯丁胶乳水泥加封）、制品性海绵橡胶为芯材外包水膨胀橡胶的圆形嵌条以及内插塑料扩张芯材的特殊齿形嵌条进行试验，认为特殊齿形嵌条和水膨胀橡胶腻子较好。

嵌缝作业应在衬砌变形稳定后，在无千斤顶推力影响的范围内进行。嵌缝前要将嵌缝槽内的油、锈、水清除干净，必要时用喷灯烘干，不得在渗水情况下施工。应在涂刷底层涂料后再进行填塞填料和捣实。嵌缝要特别注意拱顶 90°范围内的嵌填质量，因为此处在运营后无法补救。

(3) 接缝处注浆堵漏

接缝处的防水堵漏应遵循先易后难、先上下后两边的原则，尽量用嵌缝法堵漏。对于渗漏严重的地方，仅用嵌缝不够时，就要进行注浆。即在渗漏严重的接缝处先用电钻打一直径为 5mm 的小孔，插入塑料细导管引排渗漏水，同时插入另一根注浆管，通过注浆管向外注浆。当确认不渗漏水时剪除注浆管。注浆深度一般为 15cm，渗漏严重时可达 35cm，也就是把管片打穿。注浆材料可采用聚氨酯浆材、丙烯酰胺（或丙烯酸盐）超细水泥浆材或者两者的复合材料以及水泥、水玻璃为其化学注浆材料。

(4) 螺栓孔和压浆孔堵漏

螺栓与螺栓孔或压浆孔之间的装配间隙也是渗漏多发处，所采用的堵漏措施就是用塑性（合成树脂类、石棉沥青或铅）和弹性（橡胶或聚氨酯水膨胀橡胶等）密封圈垫，在拧紧螺栓时，密封圈受挤压变形充填在螺栓和孔壁之间，达到止水效果。另一种方法是采用一种塑料螺栓孔套管，浇筑混凝土时预埋在管片内，与密封垫圈结合起来使用，防水效果更佳。密封圈应具有良好的伸缩性、水密性、耐螺栓拧紧力、耐老化等。为提高止水效果，螺栓孔口可做成喇叭状。由于螺栓垫圈会产生蠕变而松弛，为提高止水效果，可对螺栓进行二次拧紧。施工时若有必要也可对螺栓孔进行注浆。

密封圈的设计要点是:密封圈与沟槽外形应相匹配,要充分考虑密封圈在螺栓偏心位置下的抗水压密封性,密封圈断面尺寸应与螺栓尺寸相适应。

(5)管片表面裂纹的堵漏

当管片表面有裂纹渗漏时,常常先用环氧树脂粘牢裂纹,再外涂防水砂浆。

任务2 管片接缝的防水

采用装配式预制钢筋混凝土管片时,管片本身具有良好的不透水性,而管片之间的接缝成为隧道防水薄弱环节,这是隧道防水的主要研究课题。

2.1 管片接缝的防水

解决隧道防水的关键是要把好管片拼装质量关,以使管片接缝达到密封防水作用。为了保证管片接缝防水性能的良好,管片制作精度也极为重要,一般管片几何尺寸的误差不应大于±1mm。

无论采用什么管片形式,其接缝防水技术包括密封垫防水、嵌缝防水、螺栓孔防水等三项内容。防水部位示意图见图8-2。

1)单层衬砌防水

单层衬砌防水特点是:接缝防水构造是隧道衬砌构造永久组成部分。选用的防水材料要求有较高的耐老化性能,在承受接头紧固压力和千斤顶推力产生的接缝往复变形后仍有良好的弹性复原力和防水能力,且便于施工。单层衬砌防水的主要措施是:

(1)管片采用多道防线防水的结构形式,一般设1~2条防水槽,管片环面内弧设置嵌缝槽(图8-3),并有接缝的堵漏技术措施,确保修补堵漏的可能性。密封垫视为主要防线,如果其防水效果优良,也可省掉嵌缝工序或进行部分嵌缝。

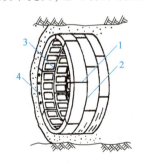

图8-2 防水部位示意图
1-纵缝防水密封垫;2-环缝防水密封垫;3-嵌缝槽;4-螺栓孔

图8-3 单层衬砌防水示意图
1-环缝密封垫;2-纵缝密封垫

(2)防水槽内设防水密封垫,主要采用橡胶,依靠相邻管片的接触压力挤压密之后而产生防水效果。这种橡胶由氯丁橡胶、三氨乙丙橡胶、丁苯橡胶等制造。

(3)管片的精确尺寸是确保密封垫有效的前提。

2)双层衬砌防水(内衬)

双层衬砌的目的是解决管片的防水、防腐蚀和结构补强等问题。双层衬砌防水的特

点及措施:

(1)由于隧道内衬起主要防水作用,对管片接缝的防水材料要求较低,只起临时止水作用。

(2)制作内衬防水层有下列几种做法:

①粘贴卷材防水层。将热沥青胶结料,用喷涂或辊涂的方法,涂敷在隧道内壁上,并立即粘贴沥青玻璃布油毡或聚异丁烯卷材或再生橡胶沥青油毡。

②喷涂或刷涂防水层。常用的材料有环氧沥青涂料、环氧呋喃涂料、焦油聚氨酯涂料等。

③无论粘贴卷材还是喷刷防水涂料,都要求隧道内表面处于干燥状态时方可施工,但这一施工条件在隧道内较难实现,从而发展了在潮湿的内壁上喷涂聚合物水泥砂浆,如水泥环氧砂浆等,可以于潮湿面黏结防水涂料。

④喷射混凝土防水层。内层衬砌当采用喷射混凝土时,可在混凝土拌和料中添加化学掺剂,以提高混凝土防水性能。

⑤钢筋混凝土内衬,全面现浇钢筋混凝土,以起到隧道防水与补强的功能。

3)衬砌螺孔防水

螺孔一般设于管片防水槽内侧,这是依赖于管片密封防水垫的作用,使水不漏入螺孔,从目前施工的多条隧道看是有一定实效。但当工程有特殊防水要求,侧向螺孔也应采用沥青、橡胶、塑料为材料的专门环形垫圈来防水。螺栓防水垫圈如图8-4所示。

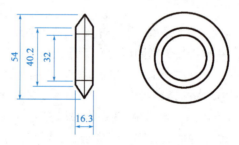

图8-4 螺栓防水垫圈示意图(尺寸单位:mm)

2.2 接缝防水密封垫

1)密封垫的种类和特征

混凝土管片使用的防水密封垫大体可分为两大类,即未定型制品和定型制品。

(1)未定型制品的主体材料

①石油沥青生橡胶粉油膏;

②聚氧乙烯胶泥;

③焦油聚氨酯弹性体(两液型);

④焦油聚流弹性体(两液型);

⑤环氧聚硫弹性体(两液型);

⑥环氧煤焦油砂浆。

(2)定型制品的主体材料

①焦油合成树脂体系;

②天然橡胶或合成橡胶;
③泡沫橡胶复合密封垫;
④异型橡胶复合密封垫。

密封垫的密封性能表现为对管片拼装面的黏结力、弹性复原力、充填抗渗能力。

2) 管片防水密封圈

全断面浇涂环氧煤焦油砂浆。该方法要求砂浆于施工现场配制,并在60～65℃温度下拌制,制作后应在12h内结束拼装。该砂浆3d的抗压强度为10～20MPa,最终可达30MPa,抗剪黏结强度为5MPa。

3) 焦油聚氨酯弹性体

这种密封垫与已成环管片接触面之间无黏结力,主要是依靠压密防水。

4) 复合密封垫

单一材料的密封垫,压缩量受到限制,往往只是单面具有黏结力,主要是依靠压密防水。所以在管片精度差、接缝变形大、水压较高的情况下易引起渗漏。

5) 齿槽形定型制品密封垫

采用齿槽形氯丁橡胶的密封垫,在地面上粘贴到管片的防水槽内,当管片拼装时在千斤顶顶力作用下,使其产生弹性变形,填充了管片的防水槽,这样密封垫内有极高的弹性复原力,这种复原力将发挥有效的防水作用(图8-5)。这种密封垫能承受2个大气压的水压力,并允许接缝有一定的变形,在构造上也解决了管片的角部防水问题,如图8-6所示。

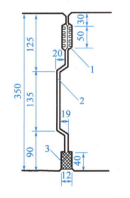
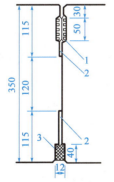
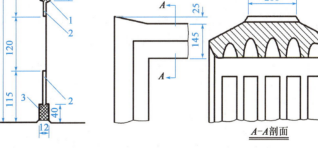

图8-5 管片接缝防水示意图(尺寸单位:mm)
1-可压缩高弹性氯丁橡胶密封垫;2-可塑性涂料;3-嵌缝材料

图8-6 管片角部密封垫示意图(尺寸单位:mm)

2.3 嵌缝材料及施工

嵌缝材料是管片拼装完成之后,填嵌到管片内所设的嵌缝槽内的防水材料。它与密封垫两者配合使用以增强接缝防水的效能。嵌缝槽的尺寸一般如图8-6所示,嵌缝材料在槽内依靠填塞力和黏结力达到密封防水的作用。

1) 嵌缝材料应具备的性能

(1) 材料与管片基面的黏结力要求大于衬砌外壁的静水压力;
(2) 材质性能要保持长时间稳定,而不至于随着时间增长而发生材质变化;

(3)要求长期耐 0.3MPa 以上的水压力,且不产生蠕变;
(4)能适应施工,对基面干、湿同样具有良好的黏结能力;
(5)材料要富有弹性,能够适应隧道的变形,并不受隧道内空气的影响。

2)施工方法

(1)嵌缝材料的使用必须严格遵照制造厂说明;
(2)如为气压盾构施工的隧道,应在气压段内嵌缝,以增大填充力;
(3)嵌缝作业应在盾构千斤顶及盾构推进影响范围外的区域进行;
(4)在嵌缝施工前,必须清理嵌缝槽;
(5)在漏水地位施工时应先引流、封堵。

2.4 堵漏技术

1)隧道防水堵漏的基本措施

管片拼装后接缝的渗漏水,主要表现为明显的滴漏。每个漏点的每小时渗漏水量常介于 5～30mL 之间,当大于 30mL 时,就呈现连续细流。针对这个特点,管片接缝防水堵漏主要是处埋缝的漏水。基本措施有以下几个方面:

(1)单层衬砌在管片设计阶段就应考虑到接缝堵漏技术措施。接缝发现漏水之后,可松动其部位的连接螺栓,将漏水从孔内引出,然后进行堵漏,最后堵螺孔。
(2)双层衬砌管片接缝的一般性滴漏,主要采用水泥胶浆修堵。情况严重时考虑用灌浆堵水。

2)管片的防水堵漏方法

(1)单层衬砌可在两道密封缝之间,设计注浆堵漏的专用沟槽。若接缝出现渗漏,就可以从预留孔或螺栓孔注浆入此槽,见图 8-7。

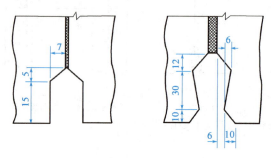

图 8-7　管片嵌缝槽示意图(尺寸单位:mm)

(2)灌浆堵漏施工方法。
①清理混凝土表面。将裂缝两侧混凝土凿成槽并处理干净。
②布置灌浆孔。灌浆孔要布置在水源和纵横裂缝交叉处,埋设方法如图 8-8 所示。
③封闭。用油毡做成凸形毡条沿缝通长设置,在外面封水泥砂浆形成封闭层。
④做保护层。在封闭层外做环氧涂料或环氧玻璃布附加层,并在其上抹水泥砂浆保护层。
⑤压水试验。待水泥砂浆保护层有一定强度后,即可利用灌浆设备以颜色水进行压水试验。一般从下部的灌浆孔或接近水源的灌浆孔压入水,记录灌入时间和耗水量,以供配制浆液参考,并注意观察封闭层是否有漏水,如有漏水在此部位作第二次封闭。

⑥灌浆。灌浆方法与压水相同。灌浆后关闭所有阀门，浆液固结后，拆除灌浆孔并用水泥砂浆封固，见图8-9。

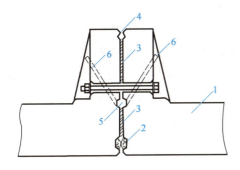 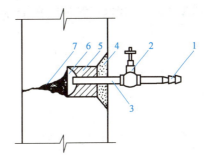

图8-8 管片注浆沟槽示意图
1-钢筋混凝土管片；2-橡胶密封垫；3-承压垫板；
4-嵌缝槽；5-预留注浆沟槽；6-预留注浆管

图8-9 灌浆堵漏施工方法示意图
1-压浆嘴；2-阀门；3-注浆管；4-素灰及砂浆找平层；5-快硬水泥浆；6-半圆铁片；
7-混凝土裂缝

任务3 其他措施

3.1 接缝螺栓孔防水措施

管片螺栓孔位于接缝面，密封防水也是重要环节。采用水膨胀垫圈加强防水。施工中应避免螺栓位置偏于一边的现象。由于螺栓垫圈会发生蠕变而松弛，在施工中需要对螺栓进行二次拧紧。纵环向螺栓孔防水结构见图8-10。

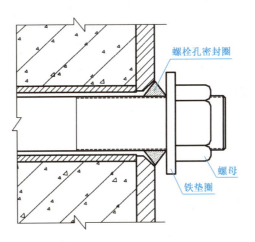

图8-10 纵环向螺栓孔防水结构图

3.2 吊装孔的防水措施

原则上不通过管片吊装孔注浆，所以避免了吊装孔漏水这一问题。

由于管片接缝漏水或土体加固要通过吊装孔进行二次注浆，要做好二次注浆的收尾工作。等双液浆凝固后将活动端头部分拆除，清理吊装孔内残余物，填入腻子型膨胀止水密封材料,然后用防水砂浆封固孔口,盖上螺旋盖,预防从吊装孔漏水。

3.3 管片与地层空隙防水措施

盾构推进后,盾尾空隙应在围岩坍落前及时进行注浆,不但可防止地面沉降,而且有利于隧道衬砌的防水。选择合适的浆液、注浆参数、注浆工艺,浆液可在管片外围形成防水层,将管片包围起来。如有必要,也可进行二次注浆,以加强保护圈,有利于隧道防水。

3.4 其他部位的防水措施

(1)加强楔形环的弹性密封垫的止水性(如加厚密封垫高度)。
(2)封顶块纵向插入时采用减摩润滑剂。
(3)管片角部应粘贴未硫化的丁基橡胶腻子薄片,以加强角部防水,以及防止同步注浆浆液的漏入。

3.5 联络通道、泵房防水施工

联络通道(泵房)采用矿山法施工,支护形式为复合式衬砌,防水方式根据结构及施工特点,具体如下:

(1)联络通道(泵房)段采用全封闭塑料防水板防水层,并结合混凝土结构自防水。防水层采用无纺布+PVC防水板,结构自防水要求初期支护喷射混凝土抗渗等级为S6、二次衬砌混凝土的抗渗等级为S8。
(2)结构设计中考虑水压的影响,以免混凝土产生后期裂缝,并控制结构在短期荷载组合或长期荷载组合下,其迎土(水)面裂缝宽度允许值为0.2mm。
(3)联络通道与盾构区间接头处是防水的薄弱环节。防水板由PVC先过渡到ECB,再过渡到SBS后粘贴到盾构管片上,并在联络通道二次衬砌与区间管片接头处设置两道框形遇水膨胀橡胶止水条,而且为避免二次衬砌混凝土的收缩变形,接头部位采用微膨胀混凝土。
(4)联络通道顶部的穿墙管,采用钢板止水环并结合SBS、ECB卷材防水等措施,以保证其防水效果。

3.6 洞门防水施工

洞门的后浇洞门圈与管片和结构内衬墙之间的接头通过两道缓膨型水膨胀止水条防水。盾构进出洞时,为了防止地层中水土进入隧道,确保管片与地层之间的注浆效果,采用特制橡胶板帘布结合洞门处的特殊构造进行防水处理。

盾构进出洞时,用特殊橡胶帘布及可靠的固定装置减少漏泥、漏水,用特殊形式止水带与遇水膨胀橡胶止水条、密封胶加强抗裂与防水。盾尾空隙回填灌浆材料,构成隧道外围圈防水。

(1)拆除管片前,利用相邻管片的中间孔,注浆加固以减少渗水。

（2）拆除管片后，对渗水部位仍要进行注浆封堵或预留引水导管，以确保施工面的干燥。

（3）对施工接缝要进行凿毛处理，对止水条的基面要清理干净并保持平整和干燥。

（4）遇水膨胀橡胶止水条要与基面密贴牢靠，搭接足够，并涂上缓膨剂。

（5）布置钢筋时不要触碰止水条，封闭模板前仔细检查止水条的可靠性。

（6）浇筑混凝土时要避免振捣棒碰到止水条，振捣要均匀到位。

（7）浇完混凝土后，至少养护14d，在未达到规定的强度前，不得拆模，以免出现渗水裂缝。

（8）对拆模后的渗水部位进行压浆处理，并施以环氧水砂浆封堵抹平。

3.7　接口防水施工

（1）盾构进、出洞门处，为防止泥砂及水的涌入，设置橡胶帘布。橡胶帘布由模具分块压制，然后连成一整框。

（2）改善井圈灌浆材料，使之适应变形，并用聚合物混凝土合成纤维混凝土浇捣井圈，用特殊形式止水带与遇水膨胀橡胶止水条、密封胶加强抗裂与防水。

（3）洞门与车站端墙及洞门与盾构管片间的施工缝采用设置注浆嘴、水膨性止水胶、收口密封胶等组合措施。

（4）在联络通道与盾构区间接头处，采用设置注浆嘴、水膨性止水胶、收口密封胶等组合措施。

项目8　习题

项目9　洞内出渣、运输及弃土外运

1)洞内水平运输

隧道内左右线轨线布置可以采用43kg/m钢轨铺设单线,轨距为900mm,钢轨枕采用Ⅰ20型钢,间距为0.9m,用压板螺栓固定钢轨,轨枕间用钢筋拉牢。在始发井铺设双线,便于列车编组会车、出渣、下料等(隧道内铺单线)。具体布设根据实际情况考虑,见图9-1。

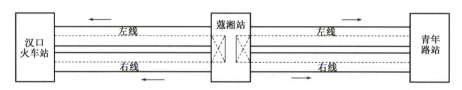

图9-1　轨道布置示意图

(1)洞内运输列车编组

施工中每环开挖量为48m³,按1.5的虚方系数计算,虚方量约为72m³。列车编组为45t变频电机车牵引5节17m³渣车、1节8m³砂浆车和2节管片车。列车编组见图9-2。盾构掘进每循环的出渣进料运输任务可由一列编组列车完成。具体编组可以根据实际情况考虑。

图9-2　重载列车编组示意图
1-45t电机车;2-17m³渣车;3-8m³砂浆车;4-管片车

(2)出渣、进料方法

当盾构掘进时,螺旋输送机把渣土卸到渣车内,同时蓄电池车牵引渣车缓慢前移,将渣车装满。在渣车装渣的前期,前面的材料车与渣车脱钩卸管片和材料,当渣车装满后再与材料车相接,蓄电池车拉至工作井内,由45t门式起重机吊出卸渣,完毕后再将空车放回井内,再由进料口吊装洞内所需材料。一环管片开挖土方一次运走。为加快掘进进度,每条隧道配备2列编组列车,当一列车装满渣土准备运出时,另一列车已装好材料停放在盾构始发井或车站会让线上,在管片安装完成前此列车可到达工作面,继续掘进下一环。这样在盾构掘进过程中始终保持有列车运渣,从而确保施工进度。

(3)工效计算

蓄电池车牵引速度为8km/h,往返最大距离为2.5km,考虑其他因素,往返时间计划为40min。装渣、卸管片及浆液与掘进时间同步,约30min。门式起重机出渣、装管片及浆液需60min。

(4)劳动力组织

单线运输劳动力组织安排见图9-3。

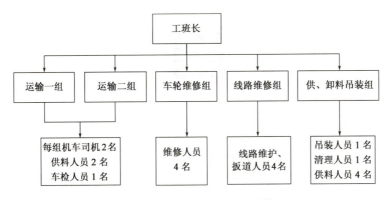

图9-3 出渣运输、劳动力组织安排

2)垂直运输

垂直运输分为两个部分,第一部分为施工材料的垂直运输;第二部分为渣土垂直运输。

施工材料垂直运输由1台安装在始发井上方的15t单梁门式起重机完成,其移动方向为沿隧道纵向,轨料、钢管、管片及油脂、油料等材料由此门式起重机进行装卸和垂直起吊。左右线渣土垂直运输由2台40t悬臂门式起重机完成,该门式起重机的移动方向垂直于隧道方向。垂直运输方案示意见图9-4。

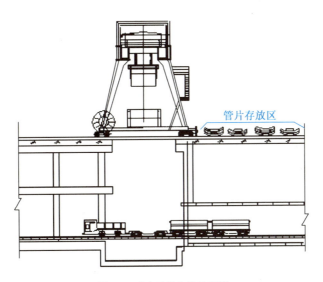

图9-4 垂直运输方案示意图

3) 渣土外运

渣土外运集中在夜间进行,利用挖掘机将开挖坑中的渣土装入封闭式运输汽车,然后按照业主拟定路线运输至业主指定的弃渣点。在场地出渣门口设置洗车槽,运输车辆出施工场地前进行清洗。计划安排10t的带盖的密封性良好自卸汽车外运渣土,避免渣土在运输中撒漏而影响城市环境。

项目9　习题

项目 10　施工测量与监测

盾构隧道施工测量的目的是保证隧道掘进和管片拼装按隧道设计轴线施工;建立隧道贯通段两端地面控制网之间的直接联系;将地面上的坐标、方位和高程适时地导入地下联系测量,作为后续工程(铺轨、设备安装等)的测量依据。

任务 1　施工前期测量工作

盾构施工测量应根据施工环境、工程地质条件、水文地质条件、掘进指标等确定施工测量与控制方案。盾构施工测量主要内容应包括地面控制测量、联系测量、地下控制测量、掘进施工测量、贯通测量和竣工测量等。

1.1　交桩复核测量

对业主所交的水平控制网的点位和高程控制网的水准点,在开工前应复测一次。

水平控制网的点位主要由两部分组成,一部分是 GPS 控制点;另一部分是加密的导线点。导线点与其旁边所做的附点组成闭合导线环进行复测,开工前复测一次,以后根据施工进度在复测洞内控制点时进行复测,或根据现场需要组织复测。

高程控制网的水准点,开工前复测一次,以后根据施工进度在复测洞内控制点时进行复测,或根据现场需要组织复测。

1.2　仪器安装及配备

建议使用的仪器设备见表 10-1。

建议使用的仪器设备一览表　　　　　　　　　　表 10-1

序号	设备名称	规格型号	单位	数量	备注
1	全站仪	TCR1201	台	1	$1''$,$1mm + 2 \times 10^{-6}$
2	全站仪	TC1800	台	1	$2''$,$2mm + 2 \times 10^{-6}$
3	全站仪	TCR702	台	1	$1.5''$,$2mm + 2 \times 10^{-6}$
4	陀螺仪	GAK1	台	1	竖井联系测量,$20''$
5	双频接收机	Trimble4700	4 台/套	1	$5mm + 1 \times 10^{-6}$
6	双频接收机	Trimble5700	4 台/套	1	$5mm + 1 \times 10^{-6}$
7	水准仪	NA2 + GPM3	台	2	$0.4mm/km$
8	水准仪	NA3003	台	1	$0.4mm/km$
9	控制测量平差软件	Cosawin	套	2	精密导线、GPS 控制网、二等水准网测量检测,武汉测绘大学
10	成图软件	Cass5.1	套	1	南方测绘公司
11	精密对准器	GDF22	套	5	控制测量/瑞士徕卡

任务2 建立地面控制网

2.1 地面控制测量

1) 控制网布置

应了解工程已有控制网的现状、坐标和高程系统、布网方法、布网层次和精度等状况,并对本施工段测量控制点分布的合理性、可靠性等通过踏勘和检测做出评价(交接桩前,然后对设计院或业主提供的控制点进行复测),选择适宜的坐标、高程起算控制点,制订合理的盾构施工控制测量方案。因施工现场条件限制,可布设独立施工平面控制网和高程控制网。有条件时该网应与当地控制网联测,建立明确的数据转换关系。同时应注意采用的坐标系统(国家或地方)。

盾构施工平面控制网一般分两级布设,首级为 GPS 控制网、二级为精密导线网。在满足精度要求的情况下可采用其他方法布网。施工路线长度较短时,可一次布网。盾构施工平面首级 GPS 控制网应在已有的国家二等三角网或 B 级 GPS 控制网下布设。精密导线网应在 C 级 GPS 控制网或国家三等三角网下扩展。

2) 盾构施工控制网测量技术要求

(1) GPS 测量技术要求见表 10-2。

GPS 测量技术要求   表 10-2

平均边长 (km)	最弱点的点位中误差 (mm)	相邻点的相对点中误差 (mm)	最弱边的相对中误差	与原有控制点的坐标较差(mm)
2	±12	±10	1/90000	<50

(2) 精密导线测量的技术要求见表 10-3。

精密导线测量技术要求   表 10-3

平均边长 (m)	导线长 (km)	每边测距中误差 (mm)	测距相对中误差	测角中误差 (″)	测回数 DJ1	测回数 DJ2	方位角闭合差 (″)	全长相对闭合差	相邻点的相对点位中误差 (mm)
350	3~5	±6	1/60000	±2.5	4	6		1/35000	±8

2.2 高程控制测量

盾构施工高程控制网应在已有的国家二等水准网下一次布设全面网。盾构施工高程控制网可采用精密水准等测量方法一次布设全面网。当水准路线跨越江、河、湖、塘视线长度小于100m时,可采用一般方法进行观测,大于100m时,应进行跨河水准测量。跨河水准测量可采用光学测微法、倾斜螺旋法、经纬仪倾角法和测距三角高程法等,其技术要求应执行国家一、二等水准测量规范。精密水准测量技术标准见表 10-4。

精密水准测量技术标准　　　　　　　　　表10-4

每千米高差中数中误差（mm）		路线长度（km）	水准仪的型号	水准尺	观测次数		往返较差、附合或环线闭合差	
偶然中误差（mm）	全中误差（mm）				与已知点联测	附和或环线	平地（mm）	山地（mm）
±2	±4	2~4	DS1	因瓦尺	往返各一次	往返各一次	±8	±2

任务3　竖井联系测量

联系测量内容应包括：地面近井导线测量和近井高程测量、工作井定向测量和导入高程测量以及地下近井导线和近井高程测量。

地面近井导线和近井高程路线应采用附和路线形式，利用最近的导线点为基点，采用边角三角形测量，在隧道两端各引测至少5个导线点，水准点不少于3个。地下应埋设永久近井点。近井导线点不应少于3个，点间边长宜大于50m。近井高程点不应少于2个。各类点间应构成检核条件。

在一个贯通区间始发井联系测量应不少于3次，在隧道初始掘进50~100m及贯通前200m应进行联系测量。

3.1　平面坐标传递

采用陀螺坐标传递法及三角测量方法。

1）陀螺坐标传递法

盾构隧道平面坐标传递采用陀螺定向法将地面坐标及方向传递到隧道内，定向边应避免高压电磁场的影响，见图10-1。

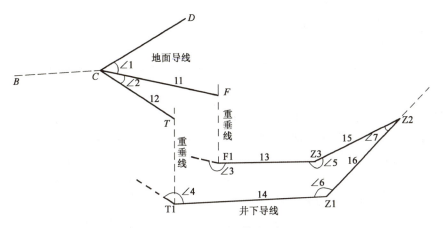

图10-1　陀螺坐标法传递示意图

定向测量若采用陀螺仪与垂准仪联合定向方法，其定向精度取决于陀螺仪本身的定向精度。该方法的特点是：陀螺仪定向以前的各环节的方向测量误差不累计，垂准仪投点误差比较大，但其作为一个误差常量影响贯通误差。

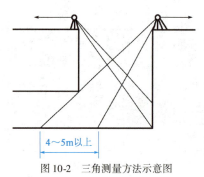

图 10-2 三角测量方法示意图

2）三角测量方法

（1）测量方法

竖井浅的情况下，可以采用三角测量直接传递平面坐标，如图 10-2 所示。投向误差占 85%。若欲提高定向精度，提高钢丝的投向精度是关键。为此，除满足上述联系三角形最有利的形状外，为减弱风流对悬吊钢丝的影响，沿隧道风流方向合理布设垂线位置不失为提高投向精度的主要方法。另外，除布设单一联系三角形外，也可采用布设组合联系三角形的办法，提高地下起始边的定向精度。

（2）精度要求

①联系三角形一般呈直角形。

②每次应独立定向三次，悬吊钢丝间距 c 应尽量最大。

③a/c（或 a_1/c）的值一般应不超过 1.5，a 和 a_1 分别为地面和地下连接点与其最近钢丝的距离。

④仪器至钢丝间距可采用钢尺丈量或粘贴反射片测量，地上、地下同一边测量较差应小于 2mm。

⑤角度观测采用 DJ2 级全站仪，全圆测回法观测四测回，测角中误差应在 ±2″ 之内；各测回测定的地下起始边方位角较差应小于 20″，方位角平均值误差应小于 ±12″。

3.2 高程传递

1）方法

高程传递采用悬吊钢尺（已检定）法。导入高程测量应满足下列条件：

（1）在工作井内悬吊钢尺进行高程传递测量时，地上、地下的两台水准仪应同时读数，并在钢尺上悬吊与检定钢尺时相同质量的重锤。

（2）高程传递时应独立进行三次测量，高程较差应小于 3mm。

（3）高差应进行温度、尺长改正。

整个区间施工中，高程传递至少进行三次。高程传递示意图见图 10-3。

2）精度要求

根据《城市轨道交通工程测量规范》（GB/T 50308—2017）要求，暗挖区间的横向贯通中误差应不超过 ±50mm，竖向贯通（高程贯通）中误差不超过 ±25mm。采用不等精度分配方法，将横向贯通误差配赋到影响地铁横向贯通误差的三个主要测量环节：地面平面控制测量中误差 $m_{井上} \leqslant \pm 25$mm，联系测量中误差 $m_{联系} \leqslant \pm 20$mm，地下控制导线测量中误差 $m_{井下} \leqslant \pm 30$mm。采用同样不等精度分配方法，高程贯通误差的合理范围为：地面高程测量中误差为 ±16mm，向地下传递高程

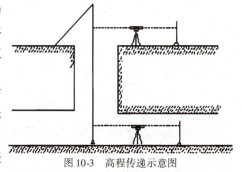

图 10-3 高程传递示意图

测量中误差为±10mm,地下高程控制测量中误差为±16mm。

任务4　地下控制测量

地下控制测量应包括地下施工导线测量、施工控制导线测量和地下施工水准测量、施工控制水准测量。

4.1　控制网布设

地下控制测量起算点必须采用直接从地面通过联系测量传递到井下的平面和高程控制点,一般地下平面起算点不应少于3个,起算方位边不应少于2条,起算高程点不应少于2个。每次延伸地下控制导线和控制水准,应对已有施工控制点进行检测,检测点如有变动应剔除,并选择其他稳定点进行延伸测量。

根据测量实践,盾构施工60m以后,隧道结构已经稳定,在此设置地下控制点。导线点的稳定情况,通过重复测量确定,一般不少于3次。导线点宜采用强制对中装置,控制点点位可在隧道两侧交叉设置,在曲线隧道,特别是在连续同向曲线的隧道,要注意旁折光的影响。直接用于盾构施工测量的控制点,可设置在隧道顶板上或隧道两侧。地下控制网一般为支导线和支水准路线,有条件时必须形成附和路线或构成网。直线隧道掘进大于200m或到达曲线段时,应布设施工导线和施工水准,同时宜选择稳固的施工导线点组成施工控制导线。

在隧道贯通前,地下控制导线和控制水准测量应不少于3次。重合点坐标较差应小于10mm,且应采用各次的加权平均值作为测量结果。

4.2　平面坐标测量要求

(1)一般直线隧道平均边长150m,曲线隧道平均边长60m。

(2)采用DJ2全站仪施测,左、右角各测两测回,左、右角平均值之和与360°较差应小于6″。

(3)导线点横向中误差应满足下列要求:

$$m_{横} \leq m_{中} \times 4l/5L \quad (\text{mm}) \tag{10-1}$$

式中:$m_{横}$——导线点横向中误差;

　　$m_{中}$——贯通中误差;

　　　l——导线长度,m;

　　　L——贯通距离,m。

(4)水准控制测量技术要求:

①水准点宜按每200m间距设置一个;

②水准点可利用导线点标石,也可埋设墙上标志;

③精密水准测量的主要技术要求与地表控制测量相同。

4.3 测量精度要求

城市轨道交通工程地下平面控制测量是指导隧道施工沿着设计给出的轴线掘进,达到贯通,并使贯通测量误差在±50mm以内所进行的平面控制测量工作。

(1)地下平面控制测量的支导线测量精度要求

在隧道施工中,由于隧道空间狭长,使得洞内控制网的设计没有选择的余地,只能采用支导线的形式进行地下平面控制测量。根据贯通测量的精度设计,地下平面控制测量是贯通测量的重要环节,由贯通误差限值及误差分配设计,分配给地下控制测量的横向中误差为35mm。众所周知,影响导线横向误差的主要来源是角度测量误差,由测角引起导线端点相对起点的横向中误差按等边直角形导线估算,其最远点横向中误差可用下式计算:

$$m_u = \frac{m_\beta}{\rho} S \sqrt{\frac{n}{3}} \tag{10-2}$$

式中:m_u——支导线终点横向中误差;

m_β——测角中误差,(″);

S——支导线长度,m;

n——支导线边数;

$\rho = \frac{180°}{\pi} \approx 57.3° = 206264.806″$。

由此可以转换成测角中误差计算公式:

$$m_\beta = \frac{\rho}{S} m_u \sqrt{\frac{3}{n}} \tag{10-3}$$

其中 $\rho = \frac{180°}{\pi} \times 60 \times 60 = 206264.806″ \approx 206265″$

依据测量实践,令支导线终点横向中误差 m_u 为35mm,支导线长度 S 为1500m,支导线边数 n 为10,则测角中误差 m_β 为:

$$m_\beta = \frac{\rho}{S} m_u \sqrt{\frac{n}{3}} = \frac{206265}{1500000} \times 35 \times \sqrt{\frac{3}{10}} = \pm 2.6″ \tag{10-4}$$

因此,《城市轨道交通工程测量规范》(GB/T 50308—2017)规定,测角中误差应在±2.5″以内。

导线测量的测距中误差一般影响地下平面控制点的纵向误差,且现代测距误差一般不超过2mm,该误差对控制点的纵向误差影响很小。《城市轨道交通工程测量规范》(GB/T 50308—2017)规定的测距中误差在±3mm以内,在测量作业中很容易达到这一要求。

(2)地下平面控制点的测量精度要求

《城市轨道交通工程测量规范》(GB/T 50308—2017)除了对地下平面控制的支导线测量有精度要求外,对控制点点位横向中误差的贯通误差要求也有标准,并按式(10-5)计算贯通前地下平面控制点的横向中误差,以保证贯通测量精度。

$$m_u \leqslant m_\phi \times (0.8 \times d/D) \tag{10-5}$$

式中：m_u——导线点横向中误差，mm；

m_ϕ——贯通中误差，mm；

d——控制导线长度，mm；

D——贯通距离，mm。

(3) 复测精度要求

地下平面控制点在隧道贯通前应至少测量 3 次，并应与竖井定向同步进行。重合点重复测量坐标值的较差应小于 $30 \times dD (\mathrm{mm})$，其中 d 为控制导线长度，D 为贯通距离，单位均为 mm。满足要求时，应取逐次平均值作为控制点的最终成果指导隧道掘进。

(4) 测量方法

作为地下平面控制测量的支导线不可能一次布设完成，而是随着隧道的不断延伸，在一定距离后一个点一个点地逐步布设。在隧道施工过程中，每布设一个新点都需要进行测量。测量时，通常从支导线的起始点或经多次复测证明稳定的中间点开始。

《城市轨道交通工程测量规范》（GB/T 50308—2017）规定，导线测量应使用不低于 $(2'', 2\mathrm{mm} + 2 \times 10^{-6})$ 级以上的全站仪施测。左右角各观测两测回，左右角平均值之和与 $360°$ 较差应小于 $4''$。采用左右角观测时，在两个不同的盘位要变动零方向。边长往返观测各两测回，往返平均值较差应小于 4mm。

由于隧道处在土层中，受其自身施工及外界环境的影响，所设置的地下导线点有可能发生位移，因此，隧道掘进至全长的 1/3 处、2/3 处和距贯通面小于 100m 时，必须对地下控制点进行同精度全面复测，以确保其正确可靠。地下平面控制点除在上述三个阶段进行全面复测外，可视情况需要时在施工过程中随时进行复测。

在隧道施工过程中，从地面近井点测量到联系测量等工作至少要进行 3 次，有条件时，地下控制点复测要与地面近井点测量和联系测量同时进行。

另外，相邻竖井间或相邻车站间隧道贯通后，地下平面控制点应构成附和导线（网），以增强控制网强度。

(5) 地下平面控制测量实例

某地铁线路两车站间正在进行盾构掘进，地下控制点为埋设在隧道结构两侧的强制对中标志，为减少旁折光影响，强制归心仪两台交叉两侧布设，如图 10-4 所示。

图 10-4　埋设在隧道结构两侧的强制对中标

4.4 地下水准测量

地下高程控制测量是以通过竖井传递至地下的水准点为高程起算依据,采用水准测量方法,沿掘进方向布设水准点,并确定隧道、设备在竖直方向的位置和关系的工作。

(1) 测量方法和布设形式

高程控制测量一般采用二等水准测量方法施测,每间隔距离 200m 在隧道的底板或边墙上埋设一个高程控制点,也可利用地下导线点标志作为高程控制点。

地下水准路线布设可与地下施工导线测量路线相同,在隧道没有贯通前,地下水准路线均为支线,因此需要加强测站检核,并进行往返观测。同样,隧道间有联络通道连接或相邻竖井、车站间隧道贯通后,应把支水准路线连接起来,使地下高程控制点构成结点水准网附合水准路线。

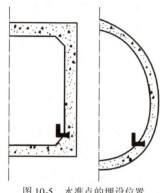

图 10-5 水准点的埋设位置和形式示意图

(2) 点的埋设形式

高程控制点的埋设形式有多种,如在盾构施工的隧道可以利用管片上安装的底部螺栓作为控制点,亦可在管片底部直接埋设水准点标志,并要做好标志;在矿山法施工的隧道,可直接在隧道边墙或底板埋设水准点。选择水准点的埋设位置时,要注意能使水准尺直立。水准点的埋设位置和形式见图 10-5。

(3) 测量精度要求

地下高程控制测量精度要求应符合《城市轨道交通工程测量规范》(GB/T 50308—2017)二等水准测量相关技术要求,见表 10-5。

二等水准测量的主要技术要求 表 10-5

水准测量等级	每千米高差中数中误差(mm)		水准仪等级	水准尺	观测次数		往返较差、附和或环线闭合差(mm)
	偶然中误差 M_Δ	全中误差 M_W			与已知点联测	附和或环线	
二等	±2	±4	DS_1	因瓦尺或条码尺	往返测各一次	往返测各一次	$±8\sqrt{L}$

注:L 以 km 计。

(4) 测量方法

与平面控制测量一样,高程控制随着隧道的延伸逐步建立起来的,在隧道贯通前应进行不少于 3 次的全面复测和检测。有条件时,地下高程控制点复测与联系测量、地面控制点检测同时进行。重复测量的高程点间的高程较差应小于 5mm,满足要求时,应取逐次平均值作为控制点的最终成果指导隧道掘进。

任务5 盾构掘进施工测量

盾构掘进施工测量的工作贯穿于三个阶段,即盾构始发前的测量工作、盾构掘进过程中盾构姿态和衬砌环安装测量及盾构接收测量。

5.1 盾构始发前的测量工作内容

盾构始发工作井建成后,通过联系测量方法将坐标和高程传递到工作井的近井点上,并作为井下测量工作的起算数据。测量前应对这些起算数据进行复测检查,确保起算数据正确。

1) 盾构基座和反力架定位测量与检测

利用井下近井点进行盾构基座和反力架的定位测量,测量放样的轴线和点位应标识清楚,放样后要进行检核测量,确保放样数据正确。

(1) 盾构基座定位测量与检测。按照盾构基座设计的位置,对盾构基座安装所需的轴线进行标定。首先使用全站仪将盾构基座中心轴线测设在井壁或固定的物体上,然后根据基座设计的里程,在其前端、中间和后端三个部位分别把垂直于基座中心轴线的法线测设在井壁或固定的物体上,然后在基座前端、中间和后端三个部位沿基座中心轴线两侧的井壁或固定物体上标定同一高程的水平线,并标明实际高程值。

按照标定数据进行盾构基座定位后,还应对基座安装质量进行检测。检测的内容有基座前端、中间和后端里程、高程及基座中心线与设计中心轴线的方位角偏差、坡度是否满足施工设计精度要求。

(2) 反力架定位测量与检测。反力架定位测量可使用全站仪进行反力架基准环中心的测设。

测设完成后应进行检查测量,检测的内容有反力架基准环中心和其法面是否分别与盾构实际中心轴线一致和垂直、基准环中心高程与盾构中心轴线高程是否一致、基准环法线面倾角是否与盾构实际坡度一致。以上检测数据应满足盾构始发掘进的技术设计精度要求。

2) 预留洞门钢圈位置测量

预留洞门钢圈位置测量同样可使用全站仪并采用极坐标法进行测设。

测设完成后应对安装好的工作井预留洞门钢圈安装位置和尺寸进行检测,其安装位置和尺寸应满足始发要求。工作井预留洞门钢圈尺寸按式(10-6)计算:

$$D_S \geq H\tan\alpha + D/\cos\alpha + \Delta_e + \Delta_s + \Delta_g \tag{10-6}$$

式中:D_S——工作井预留洞门直径,m;

H——洞门井壁厚度,m;

α——隧道轴线与洞门轴线的夹角(平面或纵坡夹角的值),(°);

D——盾构的外径,m;

Δ_e——设计规定的始发或接收工作井预留口直径大于盾构外径的差值,m,对于始发工作井取 0.10m,对于接收工作井取 0.20m;

Δ_s——测量误差,m,一般为 0.10m;

Δ_g——盾构基座安装高程误差,m,一般为 0.05m。

5.2 盾构掘进过程中盾构姿态和衬砌环安装测量及盾构接收测量

1) 盾构姿态和衬砌环安装测量内容

(1) 盾构姿态测量主要内容包括盾构的横向偏差、竖向偏差、俯仰角、方位角、滚转角及切口里程。

(2) 衬砌环安装测量在盾尾内完成管片拼装和衬砌环完成壁后注浆两个阶段进行。第一阶段,在盾尾内管片拼装成环后测量盾尾间隙;第二阶段,在衬砌环壁后注浆和管片出车架后进行测量,测量内容包括衬砌环中心坐标、底部高程、水平直径、垂直直径和前端面里程。

2) 盾构掘进测量方法的选择

盾构掘进过程中盾构姿态和管片安装测量,应根据盾构是否安装有自动导向测量系统来确定测量方法。当盾构安装了自动导向测量系统,且精度较高时,则主要利用自动导向测量系统进行盾构姿态和管片安装测量,以人工测量方法进行控制测量和检核测量;当盾构未安装自动导向测量系统,应采用人工测量方法进行盾构姿态和管片安装测量;当盾构安装了自动导向测量系统,但精度较低时,则根据自动导向测量精度以及按贯通误差要求该精度所能控制的掘进距离,及时采用人工测量方法作为辅助手段进行导向测量系统以及盾构姿态和管片安装的检核、校正测量。

3) 盾构接收测量

盾构接收测量指盾构到达接收井前,在接收井内应完成的测量工作,主要内容包括预留洞门钢圈位置测量、盾构基座位置测量等。

盾构接收测量方法和技术要求与盾构始发前的相关测量工作基本相同。

5.3 盾构自动导向系统简介

现代新型的盾构都装备有可选的成套测量与控制系统,既自动导向系统,指导盾构掘进施工。导向系统种类主要有四种:陀螺仪导向系统、德国 VMT 公司 SLS-T 导向系统、中国盾构姿态自动监测系统以及英国 ZED 导向系统,下面分别介绍。

1) 陀螺仪导向系统

(1) 陀螺仪导向系统特点

陀螺仪导向系统主要由陀螺仪和倾斜计、控制单元等组成,其中陀螺系统结构比较复杂。该系统的优点是适合长距离方向控制和快速运动物体;缺点是仅对方向控制提供参考,精度偏低,需定时归零,操作较繁复,不给定三坐标量(X、Y、H),对推进只起到有限的参考作用。

(2) 日本 TOKIMEC 生产的 TIMS-01 系列盾构姿态测量系统简介

① 系统组成和功能

日本 TOKIMEC 生产的 TIMS-01 系列盾构姿态测量系统由地面装置、地下装置和陀螺仪组成,见图 10-6。通过陀螺仪和倾斜计,自动测量盾构方位角、俯仰角和滚转角,确定盾构的姿态。根据千斤顶行程计算盾构的掘进距离,从而得到里程位置。同时计算出与设计位置的偏差值,并实现实时图形显示。

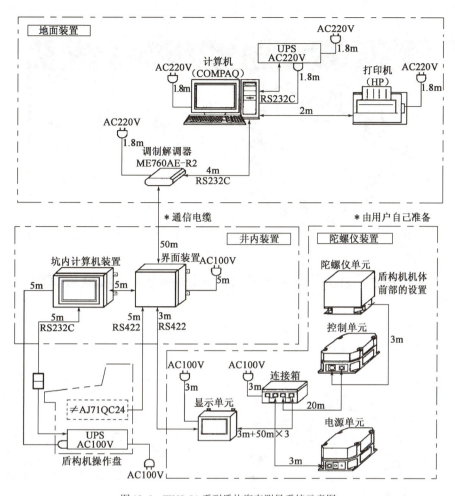

图 10-6 TIMS-01 系列盾构姿态测量系统示意图

② 姿态测量管理

姿态测量管理系统分为盾构管理模式和管片管理模式两部分。盾构管理模式显示盾构头的姿态和位置及其偏差;管片管理模式显示千斤顶收缩位置的姿态和位置及其偏差。盾构和管片管理点的位置及其姿态、偏差显示见图 10-7 ~ 图 10-9。

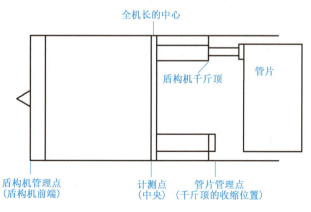

图 10-7 盾构和管片管理点位置示意图

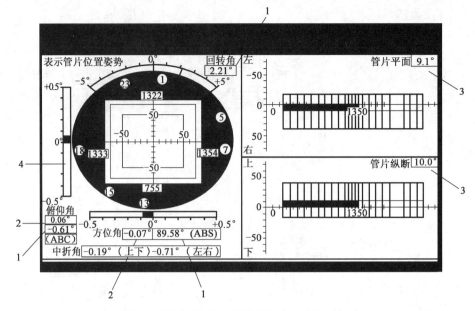

图 10-8 盾构头姿态、偏差显示示意图
1-陀螺仪的方位角、俯仰角；2-方位角偏角、俯仰角偏角；3-平面偏差、纵断偏差；4-千斤顶行程

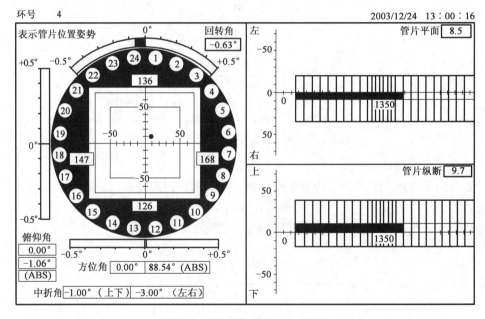

图 10-9 管片姿态、偏差显示示意图

③辅助人工测量

TIMS-01 系列盾构姿态测量系统方位角测量精度为 ±0.05°，俯仰角、滚转角测量精度为 ±0.1°；测定范围，方位角绝对方位 360°，相对方位 180°，倾斜角、滚转角为 ±10°。由此可以看出，该盾构姿态测量系统测量精度较低，盾构姿态测量误差大，例如方位角影响每掘进 30m 将产生 18mm 误差，而且盾构的位置也是通过计算管片数量间接计算出来的，也有较大误差，因此需要使用全站仪进行人工辅助测量，并把测量数据作为盾构的正确位置。因此，当差值大时要对盾构的姿态进行修正。人工辅助测量内容如下：

a. 测量盾构的姿态并提供偏差值;

b. 测量成环管片状态和里程并提供偏差值;

c. 对于有铰接装置的盾构,见图 10-10,其方位角 MA 按式(10-7)计算:

$$MA = \alpha - \frac{MRL}{MFL + MRL} \times \theta \tag{10-7}$$

式中:α——盾构前机方位角;

θ——铰接角;

MFL——盾构前体长度;

MRL——盾构后体长度。

当盾构前体长度与后体长度相等时,方位角 MA 按式(10-8)计算:

$$MA = \alpha - \frac{\theta}{2} \tag{10-8}$$

用同样方法可以计算盾构的俯仰角。

2)德国 VMT 公司 SLS-T 导向系统

SLS-T 导向系统由激光测站、后视棱镜、目标靶等组成,测定精度受激光发射接收、倾斜仪的传感精度影响。系统测量示意图见图 10-11。该系统优点是稳定、可靠、实时、连续、精度高;缺点是构成复杂、维护量大、对人员要求高、进口价格相对昂贵。

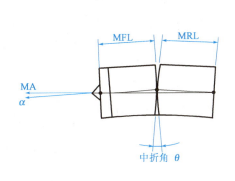

图 10-10 有铰接装置的盾构示意图

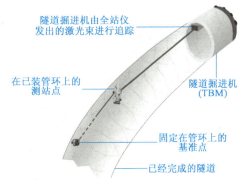

图 10-11 系统测量示意图

(1)系统组成和功能

SLS-T 导向系统主要由具有自动照准目标的全站仪(激光测站)、ELS(电子激光系统,即目标靶)、计算机、隧道掘进软件和黄色箱子四部分组成。每部分的作用如下:

①具有自动照准目标的全站仪。主要用于测量(水平和垂直)角度和距离、发射激光束。

②ELS(电子激光系统),亦称为标板或激光靶板,见图 10-12。这是一台智能型传感器,ELS 接收全站仪发出的激光束,测定水平方向和垂直方向的入射点。坡度和旋转由该系统内的倾斜仪测量,偏角由 ELS 上激光器的入射角确认。由于 ELS 固定在盾构的机身内,在安装时其与盾构轴线的关系和参数位置就确定了,因此根据上述 ELS 的测量结果即可转换成盾构姿态。

③计算机及隧道掘进软件。SIS-T 软件是自动导向系统的核心,它从全站仪和 ELS 等通信设备接收数据,计算盾构的位置,并以数字和图形的形式显示在计算机的屏幕上。操作系统采用 Windows2000,确保用户操作简便。

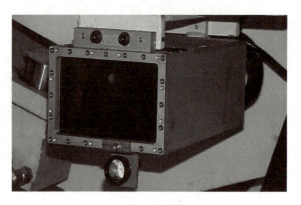

图 10-12　激光靶板

④黄色箱子。主要给全站仪供电,保证计算机和全站仪之间的通信和数据传输。

(2) 系统的工作过程

隧道内的地下控制导线是指示盾构掘进的测量基准,控制导线点随着盾构的推进延伸。控制导线点通常建立在管片的侧面仪器台上或右上侧或顶上中部的吊篮上,并采用强制归心标志。导线点设置位置见图10-13。地下控制导线点的间距宜控制在150m左右。盾构自动导向系统的姿态应依据地下控制导线点来精确确定。盾构自动导向系统的姿态确定后,便可利用其进行盾构和成环管片姿态测量。

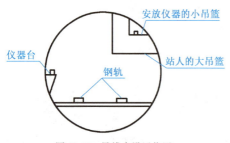

图 10-13　导线点设置位置

在掘进中,盾构的自动导向系统工作过程如下:

①确定起算点和起算方向,利用地下一个已知控制导线点的坐标(x、y、z)和一条边的方向来确定起算点和起算方向。操作时,将带有激光发射器的全站仪安置在这个已知控制导线点上,以全站仪与另一个地下控制导线点的后视方向为起算方向,并以该方向进行定向。

②测量时,全站仪自动测出测站与 ELS 之间的距离、方位角和垂直角,即可得到 ELS 的平面坐标和高程(x、y、z)。

③激光束射向 ELS 激光靶,ELS 激光靶接收激光束,可以得到激光束的水平及竖向入射点,以及激光相对于 ELS 平面的偏角、入射角和折射角。由于激光靶固定在机器上,在安装激光靶时,激光靶的确切位置已经被确定,即激光靶与盾构轴线的关系已经确定。由此就可以测定盾构姿态,即相对于隧道设计轴线的横向偏差、竖向偏差、俯仰角、方位角偏角。

④盾构的滚转角和仰俯角直接由安装在 ELS 内的倾斜仪进行测量。

⑤盾构每推进一环,隧道掘进激光导向系统从盾构 PLC 自动控制系统获得推进油缸和铰接油缸的油缸杆伸长量数值,并依此计算出上一环管片的管环平面位置和姿态。同时综合考虑被手工输入隧道掘进激光导向系统电脑的盾尾间隙等因素,计算并选择这一环适合拼装的管片类型。

这些测量数据大约每秒钟两次由通信电缆传输至计算机。通过计算并与隧道设计轴线比较,得出盾构的姿态,并将各项偏差值显示在屏幕上。操作者就可以依此来调整盾构掘进的姿态，使盾构的轴线接近隧道的设计轴线，这样盾构轴线和隧道设计轴线之间的偏差就可以始终保持在一个很小的数值范围内。在盾构掘进时只要控制好盾构姿态，盾构就能精确地沿着隧道设计轴线掘进，保证隧道能准确贯通。

3) 中国盾构姿态自动监测系统

盾构姿态自动监测系统利用高精度全自动化的测量机器人，采用同步跟进测量方式，精确测定盾构上观测点的三维坐标值，通过对盾构刚体进行独立解算，计算盾构姿态。测量过程达到完全自动化和计算机智能控制，在盾构推进过程中无须人工干预，具有运行稳定、精度高、适用性强等特点。

（1）系统硬件与软件构成

①系统硬件组成

a. 测量主机。采用瑞士徕卡公司的 TCA1800（±1″，1mm + 2 × 10^{-6}）自动测量全站仪，仪器可以在同视场范围内安装两个棱镜并实现精密测量，使观测点设置自由灵活，大大提高了系统测量的精度。

b. 棱镜和反射片等。

c. 自动整平基座。德国原装设备纠平范围大（10°48′），反应快速灵敏（±32″）。

d. 工业计算机。系统控制采用日本的 CONTEC IPCRT/L600S 计算机，它能在振动状态、5~50°C 及 80% 相对湿度环境中正常运行，工矿环境下能够防尘、防振、防潮。

e. 双向通信设备。系统长距离双向数据通信设备采用国内先进的元器件，性能优良，使得本系统通信距离长达 1000m（通常 200m 以内即满足系统使用要求），故障率较国外同类系统低，约减少 90% 以上。

②系统软件组成

系统在硬件基础框架上，基于 TCA 自动全站仪系列的接口软件 GeoCom 和空间向量理论及定位计算方法，实现即时空间定位。这在设计原理上不同于现有同类系统，系统通过启动自动测量运行程序，利用 IPC 机和通信设备遥控全站仪自动进行测量，完成全部跟踪跟进测量任务。

（2）系统运行

①跟踪测量

系统采用三台全自动全站仪（测量机器人），在计算机的遥控下完成盾构实时姿态跟踪测量，见图 10-14 测量示意图。由分别固定在吊篮（或隧道壁）上的两台全自动全站仪作为固定测站，在同步跟进的车架顶上安置第三台全自动全站仪作为动态跟进测站。测量时，固定测站上的两台全自动全站仪组成支导线的基准点与基准线，并按导线测量方式沿盾构推进方向，向车架顶上动态跟进测站的全自动全站仪进行三维坐标传递测量。同时，动态跟进测站的全自动全站仪对安置于盾构内的三个固定目标点上的棱镜进行测量，得到三点的坐标，通过计算机解算计算盾构姿态。

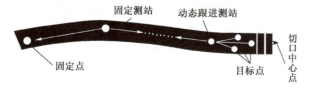

图 10-14　盾构实时姿态跟踪测量示意图

②跟踪测量信息显示

系统连续跟踪测定的当前盾构的三维姿态以及与设计轴线进行比较获得的偏差信息,在计算机屏幕上显示,见图10-15。计算机屏幕上显示的主要信息包括:盾构两端(切口中心和盾尾中心)的水平偏差和垂直偏差;盾构水平方向偏转角(方位角偏差)、旋转角、纵向坡度差(倾斜角差)三个姿态转角;测量时间和盾构切口的当前里程;盾构切口所处位置的线路设计要素。

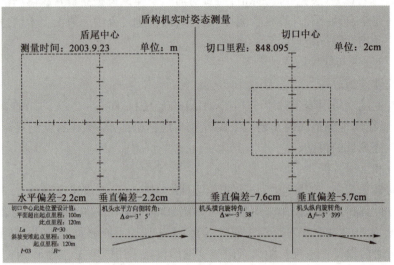

图10-15 计算机屏幕上显示的主要信息

(3)系统运行精度分析

①盾构非推进状态的实测数据精度估计分析

盾构非推进状态的实测数据统计精度分析见表10-6,从中可以看出,盾构在非推进状态下测量数据精度较高,并且稳定,说明该盾构实时姿态跟踪测量系统内符合性很好。

盾构非推进状态的实测数据统计精度分析表 表10-6

误差采样个数	切口水平偏差中误差（mm）	切口垂直偏差中误差（mm）	盾构水平偏差中误差（mm）	盾尾垂直偏差中误差（mm）
15	1.1	2.2	1.1	2.5
5	4.3	3.3	6.9	7.0
15	1.7	2.0	3.6	2.7
40	1.1	1.55	1.3	1.8
中误差	±1.6	±1.9	±2.6	±2.8

②盾构在推进状态时连续测量得到的盾构姿态数据精度分析

盾构在推进状态时连续测量得到的盾构姿态数据精度分析见表10-7。通过实验调试和施工运行表明,系统在盾构推进过程中连续跟踪测量盾构姿态运行状况良好。

盾构在推进状态时连续测量得到的盾构姿态数据精度分析表 表10-7

误差采样个数	切口水平偏差中误差（mm）	切口垂直偏差中误差（mm）	盾尾水平偏差中误差（mm）	盾尾垂直偏差中误差（mm）
19	2.1	6.1	3.3	6.0
13	4.4	4.0	5.5	5.6

续上表

误差采样个数	切口水平偏差中误差（mm）	切口垂直偏差中误差（mm）	盾尾水平偏差中误差（mm）	盾尾垂直偏差中误差（mm）
20	15.0	6.1	10.2	10.7
21	5.5	6.8	7.2	10.2
3	0.5	1.6	0.6	1.5
中误差	±8.5	±5.9	±7.1	±8.6

4）英国 ZED 导向系统简介

ZED 导向系统由全站仪、棱镜、反射片、测倾仪、计算机、控制箱、工控机和监视器等组成，该系统测量示意图见图 10-16。该导向系统具有结构简单、操作简便、性能稳定可靠、实时连续测量等优点，同时具有结构复杂、维护量大、对人员要求高、进口价格相对昂贵、通视条件要求高等缺点。

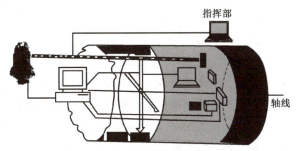

图 10-16 系统测量示意图

采用 ZED 导向系统进行盾构施工测量时，首先通过联系测量引测到隧道内的控制点安置全站仪和棱镜的标靶，然后将测设成果输入 ZED 激光导向系统。测量中该系统将后靶全站仪发射的激光束投射到安装在掌子面的前靶上，通过传输系统将测量信息传输到操作室的计算机中心，经过数据处理，盾构掘进偏差显示在显示屏上，操作人员通过操作面板上的操作键进行盾构调向。

5.4 盾构姿态和管片测定的基本要求

1）盾构姿态测量的基本要求

盾构姿态测量内容包括平面偏差、高程偏差、俯仰角、方位角、滚转角及切口里程，目前多由自动测量系统完成，但要定期进行人工测量符合，测量频率应根据其导向系统精度确定。盾构始发 10 环内，到达接收井前 50 环内应增大人工测量频率。以地下控制导线点和水准点测定盾构测量标志点，测量误差应在 ±3mm 以内。

2）衬砌测量的基本要求

衬砌测量应在盾尾内完成管片拼装和衬砌环壁后注浆两个阶段进行。

（1）在盾尾内管片拼装成环应测量盾尾间隙（包括掘进前盾尾间隙和掘进后盾尾间隙），并结合盾构姿态测量数据，为管片选型和盾构姿态调整提供依据。

（2）衬砌环完成壁后注浆后，宜在管片出车架后进行测量，内容包括衬砌环中心坐标、底部高程、水平直径、垂直直径和前端面里程，测量误差应在 ±3mm 以内。每次测量完成后，应及时提供盾构和衬砌环测量结果，供盾构掘进方向控制使用。

5.5 人工进行盾构姿态和管片安装测量基本方法

在盾构掘进的过程中,对未安装自动导向测量系统的盾构,应采用人工测量方法进行盾构姿态和管片安装测量。对安装自动导向测量系统的盾构,在一定的条件下也要采用人工测量方法进行盾构姿态和管片测量。这是因为受所配置的盾构自动导向系统精度限制,超过一定距离测量精度不能满足隧道施工对偏差控制的要求。加之隧道内测量条件差,同时为了加强检核,在每掘进一定的距离后,必须采用独立于自动导向测量系统外的方法,对盾构的姿态和位置进行检核测量。检核测量时间间隔取决于盾构自动导向系统能够指导隧道按测量精度和设计偏差要求进行掘进的距离。

采用人工测量方法进行盾构姿态和管片安装测量时,应针对不同构造盾构的特点,制订相应的测量方案。测量方案中应包括测量观测标志点的设置位置、测量方法、盾构姿态和管片偏差计算等。

1) 观测标志点的设置位置

(1) 盾构上所设置的测量标志应不少于2个,有条件时应增加多余观测点,可设置3个或3个以上的测量标志。根据盾构主机结构特点,测量标志可沿其纵向或横向截面上设置,标志点间距离应尽量大。沿盾构主机纵向设置的测量前标志点应尽量靠近切口位置。标志可安置棱镜或粘贴反射片。测量标志点设置完成后,应测量它们的三维坐标以及与盾构轴线几何坐标系统的明确几何关系,以便将测量标志点的三维坐标换算成盾构姿态。

(2) 管片上不需设置标志,直接利用其结构特征点测量。

2) 测量方法

(1) 对盾构上所设置的测量标志的测量一般采用极坐标法,测量其三维坐标。

(2) 对管片安装测量使用全站仪、水准仪和带有水平气泡的板尺,分别采用极坐标法、水准测量方法和直接丈量方法。在管片出车架,壁后注浆完成后,将板尺水平横放在衬砌环上,测量板尺中心和该处的顶、底板高程等,直接或间接得到砌环中心坐标、底部高程、水平直径、垂直直径和前端面里程,测量误差在±3mm以内。

3) 隧道成环管片测量方法

(1) 成环管片测量方法

根据成环管片的内径,采用铝合金制作一铝合金标尺,标尺长接近衬砌环内径。在铝合金标尺正中央位置做标志,并在其侧面贴上反射片。测量时,将铝合金标尺水平放置在某一环片上,首先用水平尺把铝合金标尺精确整平,使用全站仪采用极坐标法测量铝合金标尺中心坐标,即为环片中心坐标;使用水准仪测量铝合金标尺正中央位置的底板和顶板高程,从而得到环片直径及圆心。由此,就可以推算出的成环管片中心轴线的实际三维坐标,以及与设计比较后的差值。成环管片测量示意图见图10-17。每次成环管片测量时,应对已经测量过的管片进行重叠测量,以便进行检核。

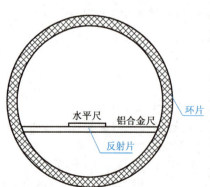

图10-17 成环管片测量示意图

(2)管环姿态计算

管环姿态计算内容包括衬砌环中心坐标、底部高程、水平直径、垂直直径和前端面里程。计算工作可采用计算器或计算机。

采用计算机计算时，由全站仪采集外业数据，存储在全站仪的内存里，在内业将数据下载复制到 Excle 表格中，编辑成 CAD 识别的三维坐标。然后将三维坐标数据复制到记事本程序里面保存，文件的后缀名必须是".SCR"，如"成环管片外业数据.SCR"。这样就把成环管片外业数据编辑成了 CAD 的画点脚本文件。通过 CAD 的脚本功能，就很方便快捷地在 CAD 里面把点画出来。

打开 AutoCAD，在模型状态下（一定要关闭"对象捕捉"命令），打开菜单栏的"工具(T)"选项，在下拉子菜单中选择"运行脚本(R..)"，或者在命令行中输入".SCR"，两种方式都是运行脚本，AutoCAD 便查找脚本文件。操作者找到要调用的脚本文件"成环管片外业数据.SCR"后，直接打开它，AutoCAD 便自动把点画出来了。点位画出来后，就可以在 CAD 里通过查询命令直接量出管环的水平和垂直姿态了。通过以上管环的测量和计算，解决了管环检测数据量大、计算难、测量时间长的问题，大大提高管环检测的效率和准确度。

任务6　盾构贯通测量

6.1　贯通测量

隧道贯通后应进行贯通测量，主要包括隧道的平面贯通测量和高程贯通测量。

1）平面贯通测量

(1)方法

当两相向开挖的隧道贯通后，应及时进行平面贯通测量。贯通测量作业时，利用贯通面两边的已知控制导线点，在贯通面两侧设 3 个左右的导线点，并在贯通面附近设一点（临时点也可），这些点与洞内已知导线点形成附和导线。按四等导线对边角测量的有关要求测量贯通附和导线。外业资料满足要求后，求算贯通误差，判断是否满足 ≤ ±50mm 的要求。

(2)误差调整

贯通误差求出来后，应进行贯通误差的调整。贯通误差的调整应符合下列要求：方位角贯通误差分配在未衬砌地段的导线角上；计算贯通点坐标闭合差在贯通地段导线上按边长比例分配，闭合差很小时也可按坐标平差处理。

(3)注意事项

进行贯通前应先检测地下已知控制导线点、边的稳定情况，选用稳定的地下导线边、点作为贯通测量的起始边、点。

2）高程贯通测量

当两相向开挖的隧道贯通后，应及时进行高程贯通测量。高程贯通测量采用的方法及对仪器的要求与地下高程控制测量相同。按《城市轨道交通工程测量规范》（GB/T 50308—2017）对精密水准测量要求进行作业。求出高程贯通误差，判断是否满足 ≤ ±25mm 的要求。

在贯通面两侧无衬砌地段进行高程贯通误差调整，求出各点调整后高程，用以指导相应地段施工。

贯通误差包括隧道的纵横向贯通误差、方位角和高程贯通误差。测定贯通误差时,应在盾构接收井的贯通面设置贯通相遇点。

隧道的纵横向贯通误差,可利用隧道贯通面两侧平面控制点测定贯通相遇点的坐标闭合差确定,也可利用隧道贯通面两侧中线在贯通相遇点的间距测定。

方位角贯通误差可利用两侧平面控制点测定临近贯通面同一导线边方位角较差确定。隧道的纵横向贯通误差应投影到线路的法线方向上。

隧道高程贯通误差,可利用隧道贯通面两侧高程控制点测定与贯通面邻近的(贯通面上同一)水准点的高程较差确定。平面与高程贯通误差限差如表10-8所示。

平面与高程贯通误差限差表　　　　表10-8

项目	地面控制测量	联系测量	地下控制测量	总贯通中误差
横向贯通中误差	≤±25mm	≤±25mm	≤±35mm	≤±50mm
纵向贯通中误差	$L/40000$	$L/40000$	$L/40000$	$L/12000$
竖向贯通中误差	≤±16mm	≤±12mm	≤±15mm	≤±25mm

6.2 地面控制网复测

GPS控制网的复测与维护,需按原测精度进行定期全面复测和不定期的局部复测。GPS网复测内外业作业及成果需满足《城市轨道交通工程测量规范》(GB/T 50308—2017)的有关要求,成果报告中,需对控制网现状进行评价并明确每个控制点的取值。GPS控制网复测工作流程图如图10-18所示。

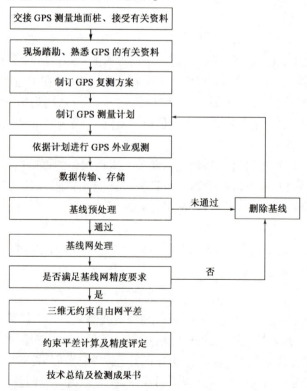

图10-18　GPS控制网复测工作流程图

6.3 接收井门洞中心位置测定

接收井门洞中心位置测定的精度将直接影响贯通精度。它对贯通精度的影响是系统误差,只要认真测定,其误差可消除。竖井洞中心的测定可分下列 3 种方法。

1) 常规求竖井门洞中心法(简称八点法)

常规求竖井门洞中心法一般可这样来进行,测量人员借助于测量工具(钢卷尺),通过 0°~180°、45°~225°、90°~270°、135°~315°对径位置的四条直线交点而定。

(1) 门洞无误差

当门洞安装误差不计时,则丈量洞圈的最大尺寸(为直径)必定是通过圆心的直径。只要丈量精确,该四条直径必交于圆心点(第四条直径丈量为多余观测),即为所求的门洞中心。

(2) 门洞存在误差

由于门洞圈在制作加工过程中存在误差及安装钢圈存在误差,必然使门洞圈存在误差,此时,丈量这四条直径就交不成一点,而是交会成一个区域。当丈量采用精确方法,其丈量误差控制在 ±1mm,如该区域越大则门洞误差也越大,此时门洞中心就越难求定。一般可作这样处理,取必要观测的三条直径位置为所交会的区域(呈三角状),该三角形通常称误差三角形,一般很小(越小越精确),再作三角形中心,即为门洞中心。常规求门洞中心法,虽然经测量人员长期使用,有操作方便、投入极少的优点,但是该方法存在以下缺点:

①测量人员较多,操作麻烦,费时间,成果误差较大;
②实地标定直径交会的区域有一定困难。

鉴于上述缺点,可以看出常规丈量求门洞中心给测量人员带来繁重的劳动,为此,介绍另一种求门洞中心的测定方法。

2) 坐标法测定门洞中心

竖井门洞中心可采用坐标法来测定。该法借助于经纬仪实地测量竖井左右洞圈切线的切点标志坐标,取中数求得中心坐标来实现,求定、测定一步到位。

不论用常规法还是用坐标法来测定竖井门洞中心,其工作量都相当烦琐。虽然采用坐标法精度可相应提高,但由于工作场地限制,量边精度往往不可能很高,最终求得门洞中心坐标误差也相应增大。若采用全站仪测定时,可直接得到门洞中心坐标,精度可靠性较高些。

3) 弦长取中法

弦长取中法原理仍以几何学为理论,将几何原理和测量理论两者有机结合起来,从图形结构上看具有一定准确度,从计算关系上看也比较严密。该方法一直深受隧道测量技术人员的欢迎。弦长取中法也称为量弦取中挂垂法。

任务 7 地表沉降监测及控制措施

7.1 沉降监测

7.1.1 监测的目的

(1) 认识各种施工因素对地表和土体变形的影响,以便有针对性地改进盾构施工工艺和施工参数,减小地表和土体变形,保证工程安全。

(2)预测施工引起地表和土体变形,根据地表变形发展趋势和周围建(构)筑物、地下管线沉降情况,决定是否需要采取保护措施,并为确定经济、合理的保护措施提供依据。

(3)检查施工引起的地表沉降和建(构)筑是否超过允许范围,并在发生环境事故时提供仲裁依据。

(4)为研究地层、地下水、施工参数和地表和土体变形的关系积累数据,为研究地表沉降与土体变形的分析预测方法等积累资料,并为改进设计提供依据。

7.1.2 主要监测项目

确定监测项目考虑的因素有：
(1)工程地质与水文地质。
(2)隧道埋深、直径、盾构施工方法。
(3)双线隧道的间距或邻近建筑物情况。
(4)设计提供的变形及其他控制值。
监测项目见表10-9。

监测项目　　　　　　　　　　　　　　　　表10-9

类别	监测项目	监测仪器	测点布置	监测频率
必测项目	邻近建(构)筑物沉降	水准仪和水准尺、全站仪等	建筑物主要部位	开挖面距监测断面前后<20m时1~2次/d,开挖面距监测断面前后<50m 1次/2d,开挖面距监测断面前后>50m时1次/周
	地表隆沉	水准仪和水准尺、全站仪等	每30m一个断面,必要时加密,每个断面7~11测点,隧道纵向每10m一个测点	
	隧道隆沉		每5~10m一个断面	
选测项目	土体内部位移(垂直和水平位移)	水准仪和水准尺	选择代表地段设监测断面	
	衬砌环内力与变形	水准仪、测斜仪、分层沉降仪	选择代表地段设监测断面	
	土层应力	压力计和应变传感器	选择代表性地段设监测断面	

7.1.3 监测控制基准的确定

1)控制基准确定原则

(1)监测控制基准值应在监测工作实施前,由建设、设计、监理、施工、市政、监测等相关部门共同确定,列入监测方案。

(2)有关结构安全的监测控制基准值应满足设计计算中对强度和刚度的要求,一般应小于或等于设计值。

(3)有关环境保护的控制基准值,应考虑被保护对象(如建筑物、地下工程、管线等)主管部门所提出的确保其安全和正常使用的要求。

(4)监测控制基准值的确定应具有工程施工可行性,在满足安全的前提下,应考虑提高施工速度和减少施工费用。

(5)监测控制基准值应满足现行的相关设计、施工法规、规范和规程的要求。

(6)对一些目前尚未明确规定控制基准值的监测项目,可参照国内外类似工程的监测资料确定。在监测实施过程中,当某一监测值超过控制基准值时,除了及时报警外,还应与有关部门共同研究分析,必要时可对控制基准值进行调整。

2)地表沉降控制基准确定

通常地表沉降控制基准值应综合考虑地表建筑物、地下管线及地层和结构稳定等因素,分别确定其允许地表沉降值,并取其中最小值作为控制基准值。

(1)从考虑地表建筑物安全角度确定最大允许地表沉降值。

(2)从考虑地下管线的安全角度确定最大允许地表沉降值。

我国目前地铁施工采用的地表沉降控制范围标准为-10~30mm。在所有情况下都采用这一标准显然是不合适的。

3)建筑物保护标准

施工前应根据前面介绍的基本原则,参考国内外的成功经验确定建筑物保护标准,见表10-10、表10-11。

建筑物变形标准值案例　　　　表10-10

用途	单位	既有建筑物 形式	容许值	管理值	施工管理标准
铁路	某市交通局	新干线高架桥	相对垂直变位:5mm	±3~5mm	1. 10mm以上(拱顶)内收敛值20mm以下正常; 2. 10~20mm(顶); 20~40mm(收敛); 增加量测次数,找原因; 3. 20~30mm(顶); 40~60mm(收敛); 加强、喷厚等; 4. 30mm以上(顶); 60mm以下(收敛); 加强量测、变更设计
		新干线高架桥	水平变位:3mm		
		高架桥	垂直:3mm 柱下沉量:3mm		
		桥台、桥脚	柱相对下沉量: 2.3下沉:10mm 倾斜:3′20″		
		轨道	铅直变位 下沉:10mm	±20mm,倾斜1°; 下沉、隆起±20mm/d; 垂直9mm/d、5mm/d; 水平7mm/d、4mm/d; 8mm/d	
		地下铁路 地下建筑物	隆起:10mm 下沉:9mm		
		地下铁路		倾斜86′	
		地中建筑物		下沉5mm 倾斜180′	
道路	某省	立交桥 立交桥基础 桥脚 不均匀下沉 桥台	水平变位:10mm 垂直变位:30mm 垂直变位:13mm 8.7mm 水平变位:±50mm		
		桥脚 (V_1基础)	垂直:±37mm 倾斜:±160″ 下沉:±17mm 变位:±50mm	±15mm、±120″ ±20mm	

续上表

用途	单位	既有建筑物 形式	容许值	管理值	施工管理标准
建筑物A	单位甲	钢筋混凝土	下沉:5mm		
		R_c板式基础	下沉:5m		
		R板式基础	拐角:1/500~1/300		
建筑物B	单位乙	R_c、3F、4F	倾斜:±160′	±120′	
		货物R_c、8F	标准值:15mm		
		房屋	最大:30mm 绝对值:20~30mm 相对下沉值:25mm		
		管道	变形:$(1~2)10^{-3}$ rad 水管垂直: -40~20mm 污水管下沉:20mm		

日本地面建筑物沉降变形控制基准　　　表10-11

建筑结构和地基基础类型		变形控制基准值			实测变形值			实测建筑物说明
		按乙类计算的建筑物基础或基础中心	沉降差或相对倾斜		沉降值(cm)	相对倾斜、局部倾斜		
			纵向	横向		纵向	横向	
砖承重结构		3	25~30		20~40	0.007~0.03 相对弯曲 0.0003~0.0008		6层及6层以下房,一般有圈梁
		5	15~20		10~20			
单层排架结构,柱距6m		天然地基	20~30	桥式起重机轨面0.003	20~50	0.004~0.008	0.003~0.006	天然地基压力(包括上覆土重)70~110kPa
		桩基			10~30	0.001~0.004	0.0005~0.003	柱长21~40m,柱台总压力(包括覆土重)100~250kPa
露天跨柱基			0.003		10~20	0.008~0.015		地表堆载50~60kPa,均调整过倾斜
多层框架结构	天然基础	现浇式结构	独立基础或和条形基础	20~30	15~30	0.004~0.005	0.001~0.002	3~6层工业建筑,无起重机,基础总压力90~130kPa
			筏形基础		10~20	0.001~0.003	0.0005~0.003	2~5层民用建筑或工业建筑,无起重机,基础总压力60~70kPa
		装配式结构	箱形基础	25~35	0.003~0.004	16~42		5~10层民用建筑或工业建筑,无起重机,基础总压力60~80kPa
			独立基础或条形基础	15~25				2~6层工业建筑,无起重机,基础总压力60~80kPa

续上表

建筑结构和地基基础类型	变形控制基准值			实测变形值			实测建筑物说明
	按乙类计算的建筑物基础或基础中心	沉降差或相对倾斜		沉降值(cm)	相对倾斜、局部倾斜		
		纵向	横向		纵向	横向	
多层和高层建筑	桩基	15~20		5~35	相对倾斜 0.001~0.002(基础底板相对弯曲 0.0001~0.0004)		6~26层民用建筑或工业建筑,框架、框剪、剪力墙结构,钢筋混凝土预制桩、钢筋混凝土管桩、钢管桩,桩长 8~50m,基础总压力 60~80kPa

7.1.4 主要监测项目实施方法

1)地表沉降监测

分析隧道施工引起的纵横沉降槽曲线及最大沉降坡度、最小曲率半径和沉降速率等,以评估盾构施工对周围环境的影响程度,为合理确定和调整施工参数提供反馈信息。

(1)沉降监测方法

是根据监测对象周围的水准点高程进行的。可以利用城市中的永久水准点或工程施工时使用的临时水准点,作为基准点或工作基点。如果附近没有这样的水准点,则应根据现场的具体条件和沉降监测的时间要求埋设专用水准点(图10-19)。水准点的形式和埋设可参照三、四等水准点的要求进行,其数目不少于3个,以便组成水准控制网。对水准点定期进行校核,防止其本身发生变化,以保证沉降监测结果的正确性。水准点应在沉降监测的初次观测之前一个月埋设好。

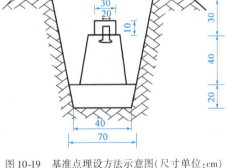

图 10-19 基准点埋设方法示意图(尺寸单位:cm)

(2)埋设水准点考虑因素

①水准点应布设在监测对象的沉降影响范围(包括埋深)以外,保证其坚固稳定。

②尽量远离道路、铁路、空压机房等,以防受到碾压和振动的影响。

③力求通视良好,与观测点接近,其距离不宜超过100m,以保证监测精度。

④避免将水准点埋设在低洼易积水处。同时为防止土层冻胀的影响,水准点的埋设深度至少要在冰冻线以下 0.5m。

⑤如地面为刚度很大的路面或硬化层,地表测点埋设时应首先破除硬化层,将测点埋在土层中。

(3)测量仪器

对于要求严格控制不均匀沉降的建筑物、地下管线,使用的精密水准仪通常带有光学测微器,放大倍率不小于40倍,如苏光 DS6、WILD N3 和 LeicaNA3000 等仪器。使用时,i 角控制在 ±15″,视线长度不大于50m,闭合差应小于 ±0.5mm,测量数据保留至 0.1mm。水准尺均需采用线条式因瓦尺。

对于要求一般控制不均匀沉降的建筑物、地下管线,所使用的水准仪的精度等级应不低于国产S_3水平,最好带有倾斜螺旋和符合水准器,放大率在30倍左右,如国产的NS3-1型、DZ2型带测微器、WILD N2和LeicaNA3000等。仪器使用时,i角控制在±20″,视线长度不大于75m,闭合差应小于±1.0mm。测量数据保留至1.0mm。水准尺必须用红、黑双面木尺(带圆水准器)。

(4) 地表沉降监测的基本要求与注意事项

① 监测点应埋设在地层中,如果地表有刚性层,应采用钻孔或其他方法破除,然后埋设观测点,如图10-20所示。

② 观测前对所用的水准仪和水准尺按有关规定进行校验,并做好记录,在使用过程中不得随意更换。

③ 首次进行观测,应适当增加测回数,一般取2~3次的数据作为初始值。

④ 固定观测人员、观测线路和观测方式。

⑤ 定期进行水准点校核、测点检查和仪器的校验,确保监测数据的准确性和连续性。

⑥ 记录每次测量时的气象情况、施工进度和现场工况,以供监测数据分析时参考。

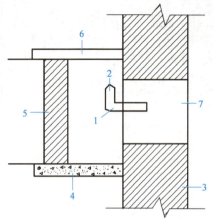

图10-20 建筑物沉降观测点埋设示意图
1-钢筋18观测点;2-观测点头部;3-建筑物墙式柱;4-C10混凝土垫层;5-砖砌井壁;6-钢筋混凝土盖板;7-预制混凝土块

2) 建筑物变形监测

建筑物变形监测包括沉降监测(差异沉降)、倾斜监测、水平位移监测、裂缝监测。

(1) 沉降监测

① 测点布置。监测点的位置和数量应根据建筑物的体态特征、基础形式、结构种类及地质条件等因素综合考虑。测点应埋设在沉降差异较大的地方,同时考虑施工便利和不易损坏。一般可设置在建筑物的四角(拐角)上,高低悬殊或新旧建筑物连接处、伸缩缝、沉降缝和不同埋深基础的两侧,框架(排架)结构的主要柱基或纵横轴线上。对于烟囱、水塔、油罐等高耸构筑物,应沿周边在其基础轴线上的对称位置布点。

② 其他同地表沉降监测。

(2) 水平位移监测

① 测点布置。当建筑物有可能产生水平位移时,应在其纵横方向上设置监测点及控制点。在可判断其位移方向的情况下,则可只监测此方向上的位移。每次监测时,仪器必须严格对中,平面监测测点可用红漆画在墙(柱)上,亦可利用沉降监测点,但要凿出中心点或刻出十字线,并对所使用的控制点进行检查,以防止其变化。

② 测量方法与仪器。建筑物水平位移监测可根据现场通视条件,采用视准线法或小角度法,主要测量仪器可以是"经纬仪+测距仪",最好采用全站仪。

(3) 建筑倾斜

建筑测斜的方法主要有倾斜仪法、全站仪法、差异沉降法。差异沉降法适用于整体刚度比较大的建筑物(图10-21)。

在测出建筑物沉降值后,进行倾斜计算(一般采用差异沉降法)。

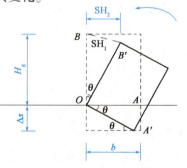

图10-21 差异沉降法示意图

$$\tan\theta = \frac{\Delta s}{b} \qquad (10\text{-}9)$$

式中：θ——所求建筑物水位移产生的倾斜角；

b——建筑物宽度；

Δs——建筑物的差异沉降。

（4）裂缝监测

①一般监测

对于监测精度要求不是很高的部位，如墙面开裂，简易有效的方法是粘贴石膏饼。即将厚 10mm、宽 50mm 的石膏饼骑缝粘贴在墙面上，当裂缝继续发展时，石膏饼随之开裂。也可采用画平行线的方法监测裂缝的上、下错位；或采用金属片固定法，即把两块白铁片分别固定在裂缝两侧，并相互紧贴，再在铁片表面涂上油漆，裂缝发展时，两块铁片逐渐拉开，露出的未油漆部分铁片即为新增的裂缝宽度和错位。裂缝宽度可用裂缝监测仪（可精确至 0.1mm）、小钢尺（可精确至 0.5mm）量测，或用裂缝宽度板来对比。

②精密监测

对于测量精度要求较高的裂缝，如混凝土构件的裂缝，应采用仪表进行监测。可以在裂缝两侧粘贴几对手持应变计的头针，用手持式应变计监测；也可以粘贴安装千分表的支座，用千分表监测。当需要连续监测裂缝变化时，还可采用测缝计或传感器自动监测计监测。

③地下管线沉降监测

a. 抱箍式。由扁铁做成抱箍固定在管线上，抱箍上焊一测杆，测杆顶端不应高出地表，路面处布置阴井，既用于测点保护，又便于道路交通正常通行。抱箍式测点的特点是监测精度高，能如实反映管线的变形情况，但埋设时必须进行开挖，且要挖至管底，对于交通繁忙的路段影响甚大。抱箍式测点主要用于一些次要的干道和十分重要的管道，如高压煤气管、压力水管等。

b. 直接式。用敞开式开挖和钻孔取土的方法挖至管线顶表面，露出管线接头或闸门开关，利用凸出部位涂上红漆或粘贴金属物（如螺母等）作为测点。直接式测点主要用于沉降监测，其特点是开挖量小、施工便捷，但若管线埋深较大，易受地下水位或地表积水的影响，立尺困难，影响测量精度。直接式测点适用于埋深浅、管径较大的地下管线。

c. 模拟式。当地下管线排列密集且管底高程相差不大，或因种种原因无法开挖的情况，可采用模拟式测点，方法是选有代表性的管线，在其邻近打 ϕ100mm 的钻孔，如表面有硬质路面应先将其穿透（孔径大于 50mm 即可），孔深至管底高程，取出浮土后用砂铺平孔底，先放入不小于钻孔面积的钢板一片，以增大接触面积，然后放入一根 ϕ20 钢筋作为测杆，周围用净砂填实。模拟式测点的特点是简便易行，避免了道路开挖对交通的影响，但因测得的是管底地层的变形，模拟性差，精度较低。

上述三种形式的测点均可用于垂直位移监测。抱箍式和直接式亦可用于水平位移的监测，但应注意抱箍式测点的测杆周围不得回填，否则会引起监测误差。

3）隧道变形监测

隧道变形包括隧道隆起与水平位移。隧道隆起采用水准仪测量，管片安装后即测量初始值。水平移位可以采用经纬仪测量，最好采用全站仪。通过监测分析管片变形原因、影响管片变形的因素（主要有注浆材料、注浆方式、注浆压力、盾构推力、隧道线形及地质条件等），从而制订防止管片变形过大或上浮过大的措施。

4) 深层土体位移监测

盾构推进开挖面压力平衡状况与盾尾间隙同步注浆情况是引起深层土体位移的重要原因。深层土体位移反映到地表有一个滞后的过程,需要一定的时间。因此,如能及时掌握深层土体的变形规律,判断开挖面稳定情况,分析盾构施工过程中周围地层的变形规律,在必要时采取适当的施工保护措施,对地下工程施工和周围环境安全非常有利。

深层土体位移监测包括水平位移监测和垂直位移监测。

（1）水平位移监测

①监测孔埋设与布置

根据隧道埋深、地质条件等在整个隧道区间选择有代表性的断面布置测斜孔,一般每个断面对称布置 3~5 个孔。测斜孔埋设如图 10-22 所示。

②监测仪器

包括测斜仪、测斜管等（图 10-23、图 10-24）。

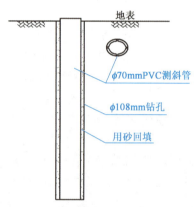

图 10-22　测斜孔埋设示意图

图 10-23　磁锤式测斜仪

图 10-24　测斜管

③侧斜管埋设的注意事项

埋设过程中应注意避免测斜管纵向旋转,管节连接时必须将上、下管节的滑槽严格对准,以避免导槽不通畅。埋设就位时必须注意测斜管的一对导槽与测量位移的方向一致。埋设好测斜管后,需监测测斜管导槽的方向、管口位置及高程,并在测斜管上部设置金属保护套,在测斜管管口处浇筑混凝土窨井,并加盖进行保护。

（2）垂直位移监测

分层标可分为磁锤式和磁环式。前者埋设时为一孔一标,后者一孔可埋设多标。磁环数量可视地层分布而定,也可等间距设置,如图 10-25 所示。

①监测孔埋设与布置

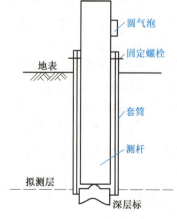

图 10-25　磁锤式埋设示意图

根据隧道埋深、地质条件等在整个隧道区间选择有代表的断面布置分层沉降孔,一般每个断面对称布置 1~3 个孔,与水平位移孔布置在同一断面上。

②沉降孔埋设方法

用钻机在预定位置钻孔至欲测土层的高程后,将护筒放入孔内,将标头放入孔底,压入土层内,随后放入测杆,并使其底面与标志顶部紧密接触,上部的水准气泡居中,最后用三个定位螺丝将测杆在护筒中定位,见图10-26。

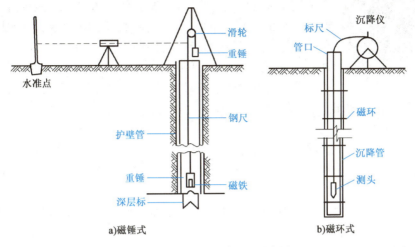

图10-26 磁锤式分层标测量示意图

③主要仪器

磁锤式:包括水准仪、钢尺等。

磁环式:包括分层沉降标、分层沉降管及分层沉降仪。

④监测方法

测量方法如图10-26所示。磁锤式分层标是通过钢尺和水准仪进行监测。孔内重锤靠底部磁块的吸力与标头紧密接触,孔外重锤利用自重通过滑轮将钢尺拉直,用水准仪监测基准点与分层标之间的高差,计算出深层土体的沉降值。

磁环式分层标监测时应先用水准仪测出沉降管的管口高程,然后将分层沉降仪的探头缓缓放入沉降管中,当接收仪发生蜂鸣或指针偏转最大时,就是磁环的位置。自上而下依次逐点测出孔内各磁环至管口的距离,换算出各点的沉降量。

5) 地下水位监测

地下水位监测主要是施工前测量地下水位,为盾构施工开挖面压力设定提供计算依据。施工过程分析施工对地下水位的影响程度。

(1) 水位孔的布设

为盾构施工测量开挖面土(泥水)压力而设根据不同地层地下水的埋藏性质(承压水、潜水)选择有代表性的断面布置水位孔,且应布置在隧道中心线以下。一般与土位移监测布置在同一个断面上。水位孔用小型钻机成孔,孔径应略大于水位管的直径。孔径过小会导致下管困难,孔径过大会使观测产生一定的滞后效应。成孔至设计高程后,放入裹有滤网的水位管,管壁与孔壁之间用净砂回填至离地表0.5m处,再用黏土进行封填,以防地表水流入(图10-27)。

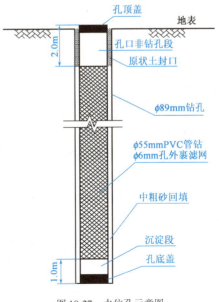

图10-27 水位孔示意图

图 10-28　水位计

(2) 测量仪器

采用水位计和水位管,见图 10-28。水位管选用直径 50mm 左右的钢管或硬质塑料管,管底加盖密封,防止泥砂进入管中。水位管下部留出 0.5~1m 的沉淀段(不打孔),用来沉积滤水段带入的少量泥沙;水位管中部管壁周围钻出 6~8 列直径为 6mm 左右的滤水孔,纵向孔距 50~100mm。相邻两列的孔交错排列,呈梅花状布置。管壁外部包扎过滤层,过滤层可选用马尾、土工织物或网纱。水位管上部再留出 0.5~1m 作为管口段(不打孔),以保证封口质量。

(3) 监测注意事项

①由于地下水位变化除受盾构隧道施工影响外,还受自然气候等诸多因素的影响,为了排除非工程因素的干扰,可在工程施工影响范围之外再布置 1~2 个水位孔,以便进行对比分析、研究。

②在监测了一段时间后,应对水位孔逐个进行抽水或灌水试验,看其恢复至原来水位所需的时间,以判断其工作的可靠性。

③水位孔用于渗透系数大于 $1×10^{-4}$ cm/s 的土层中效果良好,用于渗透系数在 $1×10^{-6}~1×10^{-4}$ cm/s 之间的土层中,要考虑滞后效应的作用,用于渗透系数小于 $1×10^{-6}$ cm/s 的土层中,其数据仅能作参考。

④水位管的管口应高出地表,并加盖保护,以防雨水和杂物进入管内。水位管处应有醒目标志,避免施工损坏。

6) 孔隙水压力监测

通过监测孔隙水压力在施工前和施工过程中的变化情况,为开挖面土(泥水)压力及掘进速度等提供可靠依据。同时结合土压力监测,可以进行土体有效应力分析,作为开挖面稳定计算的依据。

(1) 孔隙水压计布置与埋设

一般水压监测与土位移监测布置在同一个断面上。每个断面布置 1~2 测孔,每个测孔布置 3~5 个孔隙水压计探头(图 10-29)。其埋设方法采用顶入法、埋置法和钻孔法。多采用钻孔法。

无论采用哪一种方法埋设,都要扰动地层,使初始孔隙水压力发生变化。为使这一变化对后期测量数据的影响降至最低,一般应在正式测量开始前一个月进行埋设。

图 10-29　孔隙水压计探头

(2) 测量仪器

孔隙水压力计和频率接收仪。

(3) 注意事项

采用钻孔法埋设水压计探头时,原则上不得采用泥浆护壁工艺成孔。如因地质条件差,不得不采用泥浆护壁时,在钻孔完成之后,需用清水洗孔,直至泥浆全部清除为止。接着,在孔底填入部分净砂后,将孔隙水压计送至设计高程,再在周围填上约 0.5m 高的净砂作为滤层。一般应在正式测量开始前一个月进行埋设。

7) 土压力监测

通过土压力监测找出盾构施工引起的不同距离和深度上地层土压力的变化规律,为开挖面土(泥水)压力设定提供依据,同时为验证泥水压力计算方法和管片设计土压力理论等提供数据。

(1)测点布置和埋设

根据隧道埋深、地质条件、隧道断面大小等在整个隧道区间选择有代表性的断面布置土压力测量仪器,一般每个断面对称布置6~10个压力计。压力计一般埋设在预制的混凝土块内,压力膜应与所测土压力的方向对应。

(2)监测仪器

监测仪器钢弦式压力盒及VW-1型频率接收仪等。

(3)注意事项

①压力盒有双膜和单膜之分,单膜压力盒埋设时,压力膜方向应朝向地层方向。

②选用构造合理的土压力盒。根据研究,D/S值的下限为:对土中土压力盒为2000,对接触式土压力盒为1000。测监土中土压力,应采用直径与厚度之比较大的双膜土压力盒;同时根据可能所受最大土压力要选择量程合适的压力盒。

③采用埋置法施工时,应注意尽量减少对原有土体的扰动,土压力盒周围回填土的性状要与附近土体一致,否则会引起应力重分布。

8)钢筋应力与应变监测

混凝土管片的混凝土内力监测,通过测定受力钢筋的应力或应变,然后根据钢筋与混凝土共同工作、变形协调条件进行计算。主要分析施工荷载对管片内力的影响,为管片设计、施工提供参考。

(1)测点布置与埋设

根据隧道埋深、地质条件、隧道断面大小等在整个隧道区间选择有代表性的断面布置钢筋计,一般每个断面对称布置12~20个。当钢筋笼绑扎完毕后,将钢筋计串联焊接到受力主筋的预留位置上,并将导线编号后绑扎在钢筋笼上并导出地表,从传感器引出的监测导线应留有足够的长度,中间不宜有接头。

(2)测量仪器

①钢弦式应力计、频率接收仪,与主钢筋串联;

②电阻应变计、电阻应变仪,与主钢筋并联。

(3)注意事项

无论哪一种监测传感器,在埋设前都应进行严格标定,并观察其从埋设后至开挖前的稳定性,一般以开挖前的监测值作为初始值。

连接监测传感器的信号线需用金属屏蔽线,减少外界因素对信号的干扰。

由于地下工程的特殊性,选择监测传感器的量程时应比最大设计值大50%~100%。

直接根据监测数据计算出来的混凝土轴力值和弯矩值,有时不能完全反映实际支护结构的受力状态,应对计算公式中未能考虑的结构温度变化、混凝土的收缩和徐变等因素进行综合分析。

项目10 习题

项目 11　管片制作与运输

任务 1　管片的种类

管片作为盾构开挖后的第一次衬砌,支撑作用于隧道上的土压和水压,防止隧道土体坍塌、变形及渗漏水,是隧道永久性结构物,并且要承受盾构推进时的推力以及其他荷载。

1) 按断面形式分类

管片按断面形式的不同可分为箱形(含中字形)、平板形、波纹形。箱形管片是指因手孔较大而呈肋板形结构的管片。手孔大不仅方便螺栓的穿入和拧紧,而且也节省了大量的材料,并使单块管片重量减轻。箱形管片通常使用在大直径隧道中,但若设计不当时,在盾构推进油缸的作用下容易开裂。

平板形管片是指手孔较小而呈曲板形结构的管片,由于管片截面削弱小,对盾构推进油缸具有较大的抵抗能力,正常运营时对隧道通风阻力也小。

2) 按材质分类

管片按材质的不同,主要可分为钢筋混凝土管片、铁制管片(铸铁管片、球墨铸铁管片)、钢管片、复合管片。目前较常使用的管片主要有钢管片、球墨铸铁管片和钢筋混凝土管片。

(1) 钢筋混凝土管片

由于施工条件和设计方法的不同,钢筋混凝土管片具有不同的形式,按管片手孔成形大小区分,可大致分为箱形和平板形两类。钢筋混凝土管片成本低、耐久性好。

(2) 铸铁管片

国外在饱和含水不稳定地层中修建隧道时较多采用铸铁管片,由初期的灰口铸铁逐步发展到球墨铸铁,其延性和强度接近于钢材,管片较轻,安装运输方便,耐蚀性好,机械加工后管片精度高,能有效地防渗抗漏。铸铁管片缺点是金属消耗量大、机械加工量大、价格昂贵,同时具有脆性破坏特性,不宜用作承受冲击荷载的隧道衬砌结构。近年来铸铁管片已逐步为钢筋混凝土管片代替。

(3) 球墨铸铁管片

球墨铸铁管片的特点是强度好、耐久性好、制作精度高;与混凝土管片相对密度量小、掘削面小,承受特殊荷载的地点可选用。其缺点是成本较高,焊接困难。

(4) 钢管片

钢管片的优点是重量轻、强度高、组装运输容易、可任意安装加固材料、加工容易;缺点耐锈蚀性差、成本昂贵、金属消耗量大。钢管片比钢筋混凝土管片具有更大的承受不均匀荷载和变形的能力,常用于隧道通过高层建筑或桥梁等局部荷载下,以及地层不均匀的地段。

(5) 复合管片

复合管片常用于区间隧道的特殊段,如隧道与工作井交界处、旁通道连接处、变形缝处、垂直顶升段以及有特殊要求的泵房交界和通风井交界处等。有时也用于高压水条件下的输水隧道中。它的构造形式是:外周、内弧面或外弧面采用钢板焊接,在钢壳内部用钢筋混凝土浇筑,形成由钢板和钢筋混凝土复合的管片。

复合管片与钢筋混凝土管片相比厚度小、管片轻,但强度比钢筋混凝土管片大、抗渗性能好;与铸铁管片相比,它具有抗压性、韧性高等优点;与钢管片相比,其金属消耗量少。

复合管片是混凝土和钢板有效复合的构造,耐腐蚀性差,造价较高,无特殊要求时不宜大量采用。

管片因使用材料、断面形式及接头方式的不同而异,分类如表 11-1 所示。

管片按照材料、断面形式及接头方式分类　　　　表 11-1

材质	断面形式	接头方式
钢筋混凝土管片	箱形	直螺栓
	平板形	直螺栓
		弯螺栓
		榫接头
		铰接头
		楔接头
铁质管片(铸铁、球墨铸铁)	波纹形	直螺栓
	箱形	直螺栓
钢管片	箱形	直螺栓
复合管片(钢板+钢筋混凝土)	平板形	直螺栓
		榫接头

3) 按适用线形分类

(1) 楔形管片

具有一定锥度的管片称为楔形管环。楔形管片主要用于曲线施工和修正轴向起伏。管片拼装时,根据隧道线路的不同,直线段采用标准环管片,曲线段施工时采用楔形管片(左转弯环、右转弯环)。由楔形管片组成的楔形环有最大宽度和最小宽度,用于隧道的转弯和纠偏。用于隧道转弯的楔形管片由管片的外径和相应的施工曲线半径而定。楔形环的楔形角由标准管片的宽度、外径和施工曲线的半径而定。

采用这类管片时,至少需三种管模,即标准环管模、左转弯环管模、右转弯环管模。

(2) 通用管片

通用管片是针对同一条等直径隧道而言的。该管片既能适用于直线段隧道,也能适用于不同半径的曲线段隧道。

通用管片就是由楔形管片拼装而成的楔形管环,所谓通用就是对楔形管环实施组合优化,使得楔形管环能适用于不同曲率半径的隧道。

从理论上而言,通用管片可适用于所有单圆盾构施工的隧道工程,其理由在于,通过通用管片的有序旋转可完成直线段和不同半径的曲线段以及空间曲线段衬砌。在隧道的实际设计过程中,通用管片更适用于轴线存在较多曲线段以及空间曲线段的隧道。采用通用管片的优点在于:设计图纸简洁、施工方便,同时可减少钢模的品种、降低工程造价。其缺点在于:K型管片必须作纵向插入时,要求盾构推进油缸的行程增大,盾构的机身长度大、管环的每块管片必须等强度设计。对比通用管片的优缺点,可以认为隧道轴线为直线时,采用通用管片无特别的优势。另外,轴线存在较多曲线段,并且其中某一曲线段的曲率半径 $R \leq 400\mathrm{m}$(隧道外径)时,因管环宽度会受到限制而无法体现通用管片的优势。

任务2 管片的构造

2.1 管环的构成

盾构隧道衬砌的主体是管片拼装组成的管环。如图 11-1 所示,管环通常由 A 型管片(标准环)、B 型管片(邻接块)和 K 型管片(封顶块)构成,管片之间一般采用螺栓连接。封顶块 K 型管片根据管片拼装方式的不同,有从隧道内侧向半径方向插入的径向插入型(图 11-2)和从隧道轴向插入的轴向插入型(图 11-3)以及两者并用的类型。半径方向插入型为传统插入型,早期的施工实例很多。但在 B-K 管片之间的连接部,除了有弯曲引起的剪切力作用其上外,由于半径方向是锥形,作用于连接部轴向力的分力也起剪切力的作用,从而使得 K 管片很容易落入隧道内侧。因此,最近不易脱落的轴向插入型 K 管片被越来越多地使用。这也与最近盾构隧道埋深加大,作用于管片上的轴向力比力矩更显著有关系。使用轴向插入型 K 管片的情况下,需要推进油缸的行程要长些,因而盾尾长度要长些。有时在轴向和径向都使用锥形管片,将两种插入型 K 管片同时使用。径向插入型 K 管片为了缩小锥形系数,通常其弧长为 A、B 管片的 1/4 ~ 1/3;而轴向插入型 K 管片,其弧长可与 A、B 管片同样大小。

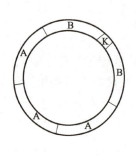

图 11-1 管片的组成

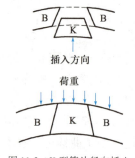

图 11-2 K 型管片径向插入

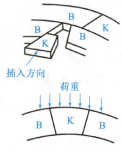

图 11-3 K 型管片轴向插入

2.2 管环的分块

管环的分块数,从降低制作费用、加快拼装速度、提高防水性能角度看,是越少越好。但如果分块过少的话,单块管片的重量增加,从而导致管片在制作、搬运、洞内操作及拼装过程中出现各种各样的问题。因此在确定管片环分块数时一定要经过充分研究。

管环的分块数应根据隧道的直径大小、螺栓安装位置的互换性(错缝拼装时)而定。

管环的分块数即管片数 $n = x + 2 + 1$。其中，x 为标准块的数量，衬砌中有 2 块邻接块和一块封顶块。x 与管片外径有关，外径大则 x 大，外径小则 x 小。

铁路隧道 x 一般取 3~5 块，对上下水道、电力和通信电缆隧道 x 一般取 0~4 块。

一般情况下，软土地层中小直径隧道管环以 4~6 块为宜(也有采用 3 块的，如内径 900~2000mm 的微型盾构隧道的管片，一般每环采用 3 块圆心角为 120°的管片)，大直径以 8~10 块为多。地铁隧道常用的分块数为 6 块(3A + 2B + K) 和 7 块(4A + 2B + K)。

封顶块有大、小两种，小封顶块的弧长以 S 为 600~900mm 为宜。封顶块的楔形量宜取 1/5 弧长左右，径向插入的封顶块楔形量可适当取大一些，此外每块管片的环向螺栓数量不得少于 2 根。

管环分块时需要考虑相邻环纵缝和纵向螺栓的互换性，同时尽可能地考虑让管片的接缝安排在弯矩较小的位置。一般情况下，管片的最大弧长宜控制在 4m 左右，管环的最小分块数为 3 块，小于 3 块的管片无法在盾构内实施拼装。

管环的最大分块数虽然无限制，但是从造价以及防水角度考虑，分块过多也是不可取的。

2.3 管片的宽度及厚度

盾构法隧道的管片不仅要承受长期作用于隧道的所有荷载、防止地下涌水，而且在施工过程中还必须承受盾构前进中推进油缸的推力及衬砌背后注浆时的压力，管片的厚度要根据盾构外径、土质条件、覆盖土荷载决定，但它必须首先能承受施工时推进油缸的推力。管片的厚度过薄，极易在施工过程中损伤及引起结构不稳定，所以必须加以注意。

管片的宽度从拼装性、弯道施工性方面讲，越小越好；而从降低管片制作成本、提高施工速度、增强止水性能方面讲，则是越大越有利。在确定管片宽度时，必须考虑以上这些条件和盾构的长度。从以往实例看，早期的管片宽度以 750~900mm 为主。但最近管片宽度有增大的趋势，使用 1000~2000mm 管片的工程在不断增加。管片宽度增加后，如不能确保管片的抗扭刚性，那么应力集中等的影响就会增大，与管片宽度方向的应力分布就不能保持一致，从而起不到梁构件的作用。因此，设计时必须充分注意。

在实际工程中，应对各种条件加以分析后再决定管片的宽度。在日本，钢筋混凝土管片宽度多在 900~1000mm 之间，钢管片宽度以 750~1000mm 为多。国内地铁隧道的钢筋混凝土管片最常用的宽度是 1000mm、1200mm、1500mm 三种。近年来，随着生产及吊运水平的提高，以及为节约防水材料、减少连接件等要求，国内 11m 级大直径隧道的钢筋混凝土管片宽度扩大到 2000mm。但是需作说明的是，管片宽度加大后，推进油缸的行程需相应增长，从而造成盾尾增长，会直接影响盾构的灵敏度，因此管片也不是越宽越好。

管片的厚度一般需根据计算或工程类比而定。根据工程实践，管片厚度可取隧道外径的 4%~6%，隧道直径大者取小值，小直径隧道取大值。计算式：

$$H_s = (0.04 \sim 0.06)D$$

式中：D——隧道的外径；
H_s——管片的厚度，m，对钢筋混凝土管片，一般取 $0.05D$。

2.4 管片接头

管片接头上作用着弯矩、轴向力以及剪切力，但其结构性能根据接面的对接状态和紧固方法有很大的不同。有的拼接方法即使是不设紧固装置，也能抵抗基本的剪切力。传统上多使用全面拼对方式，但最近部分对接、楔式对接及转向对接的使用频率有日趋增长的趋势。

为了提高管片环的刚性，管片接头多用金属紧固件连接。为了达到管片拼装高效化、快速化的目的，开发了多种金属紧固件。

管片有环向接头和纵向接头。接头的构造形式有直螺栓、弯螺栓、斜插螺栓、榫槽加销轴等，如图 11-4 所示。为了避免管片采用弯螺栓或大面积开孔开发了斜插螺栓的形式。直螺栓接头是最普通常用的接头形式，不仅用于箱形管片，也广泛用于平板形管片。直螺栓连接条件最为优越，在施工方面，该形式的螺栓就位、紧固等最能让施工人员接受。弯螺栓接头是在管片的必要位置上预留一定弧度的螺孔，拼装管片时把弯螺栓穿入弯孔，将管片连接起来。

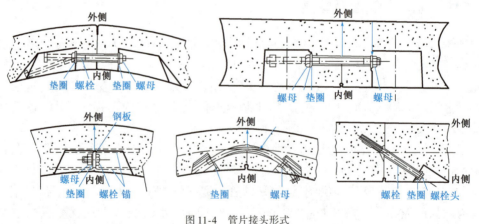

图 11-4 管片接头形式

斜插螺栓在欧洲是最常用的接头形式。因相邻环之间采用有效的榫槽错缝拼装形式，因此隧道掘进到 200 环以后，一般多是拆除所有环的纵向螺栓的。他们认为：拆除螺栓以后的隧道，能适应普通的荷载以及一定烈度(7度)的地震荷载。环向的隧道接缝主要弯矩由相邻环的管片承担，另一部分由接头偏心受压面负担，故斜槽螺栓预埋螺母(螺栓套)的设计至关重要，其直接影响管片的拼装速度及施工质量。目前国内用于管片连接的斜插螺栓接头是一种改良型接头，该接头形式可避免管片大面积开孔，还可相应减少螺栓的用钢量。

环向接头的螺栓是把分散的管片进行连接的主体部件，螺栓的数量与位置直接影响圆环的整体刚度和强度。我国环向接头采用单排螺栓较为普遍，布置在管片厚度 1/3 左右的位置(偏于内弧侧)，每处螺栓的接头数量不少于 2 根。

2.5 传力衬垫

传力衬垫粘贴在管片的环和纵缝内,以起到应力集中时的缓冲作用。它不属于防水措施。衬垫材料根据不同位置、不同受力条件、不同使用习惯,其材料性质、厚度、宽度各有不同。国内最早明确提出使用衬垫的工程是上海地铁 1 号线试验段,当时主要采用的是 2mm 厚的胶粉油毡,以后的工程则大多采用丁腈橡胶软木垫,也有采用软质 PVC 塑料地板,或经防腐处理过的三夹板等。软质 PVC 塑料地板及胶粉油毡薄片在混凝土预制块中受压时,均反映出加工硬化的特点。

目前,地铁盾构用管片的传力衬垫一般采用厚度为 3mm 的丁腈橡胶软木垫,衬垫使用单组分氯丁-酚醛胶黏剂粘贴在管片上。一般除封顶块贴 1 块传力衬垫外,其余每块管片上贴 3 块传力衬垫,如图 11-5 所示。

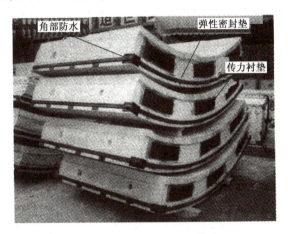

图 11-5 平板型钢筋混凝土管片

2.6 弹性密封垫与角部防水

管片接缝面防水是盾构隧道防水的重要环节。盾构法隧道防水的核心就是管片接缝防水,接缝防水的关键是接缝面防水密封材料及其设置。一般在管片的接缝面设置密封材料沟槽,在沟槽内贴上框形三元乙丙橡胶或遇水膨胀橡胶弹性密封垫圈进行防水。

管片角部防水一般采用自黏性橡胶薄片,其材料为未硫化的丁基橡胶薄片,尺寸一般为长 200mm、宽 80mm、厚 1.5mm,如图 11-5 所示。

任务3 管片制作

3.1 前期准备

管片制作的前期准备工作包括生产资源配置、技术准备、厂房建设、各种机械设备的采购安装以及管片试生产等各项工作。

场地布置主要包括养护池、生产车间、管片存放场的设计与规划。图 11-6 为城陵矶长江穿越隧道(管片内径为 2440mm,外径为 2940mm)的管片厂场地规划图,供参考。

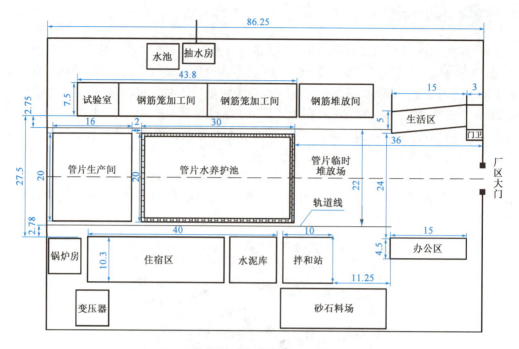

图 11-6　管片厂场地规划实例(尺寸单位:m)

(1) 养护池

养护池面积应能储存 7d 所生产的管片,并有一定富余量。管片在水中养护时(图 11-7 和图 11-8),养护间距一般为纵向 0.35m,横向 0.4m。在计算养护池的面积时,应充分考虑管片的养护间距。

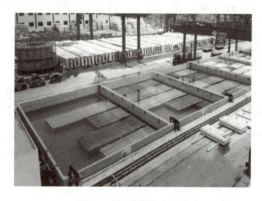

图 11-7　管片养护池全景

图 11-8　管片集中养护

(2) 生产车间

管片生产车间(图 11-9)主要应考虑模具占地、车间内的通道和管片在车间的临时存放所需要的面积。模具间距一般应大于 1.2m,车间内通道主要应包括混凝土运输道路、管片运输道路和钢筋笼运输道路所需面积。临时存放场主要满足管片脱模后需要在车间进行管片编号、修补的需要。采用简易车间时,主要使用门式起重机为起重设备,生产车间的面积应考虑到门式起重机轨线距厂房基础约 2m 的安全距离。

钢筋车间(图 11-10)占地面积根据钢筋用量按需要考虑。

图 11-9 管片生产简易车间

图 11-10 钢筋加工简易车间

(3)管片存放场

管片存放场地的面积按储存管片数量所需要的面积考虑,并考虑场内运输道路和管片装运方面的必要面积。

3.2 管片制作工艺流程

模具组装→模具调校→钢筋骨架入模及预埋件安装→混凝土浇筑成型→蒸汽养护→脱模→成品检验、修补及标志→运至水池养护。

3.3 钢筋笼的制作

(1)管片钢筋笼焊接采用电焊焊接成形,主筋节点采用焊缝强度与钢筋相当的焊条,构造筋间或构造筋与主筋间采用能使焊接部分具有良好性能,不产生焊接缺陷,易于施工的焊条,焊点不能有损伤主筋的现象。

(2)钢筋笼采用先成片、后成笼的生产顺序流水作业。

(3)钢筋根据下达的任务生产通知书安排加工,作业按下达的钢筋加工图进行。特定形状钢筋的长度计量方法、弯曲尺寸计算方法符合图纸要求。

(4)钢筋断料、成型、钢筋骨架制作每道工序必须在班组质量员和车间质检部门的监督下进行。作业人员要持证上岗,上岗前要接受质量部门的质量交底,熟悉施工规范及标准。图 11-11 为已焊好的钢筋笼。

图 11-11 已焊好的钢筋笼

(5) 钢筋的进料、存放、制作与一般的钢筋混凝土施工相同。

3.4 管片制作的质量控制

1) 质量标准

管模检测标准、管片成品标准及拼装质量要求分别见表11-2～表11-4。

管模检测标准　　　　　　　　　　　　　　　　　　　　表11-2

名称	误差范围(mm)	
内弧弦长度	+1	-1
厚度	+1	-1
宽度	+0.5	-0.5
螺栓孔尺寸和位置	+1	-1

管片成品标准　　　　　　　　　　　　　　　　　　　　表11-3

序号	检测内容	要求	方法	允许误差(mm)
1	内弧弦长度	检测率100%	游标卡尺	±1
2	厚度	检测率100%	游标卡尺	+3, -1
3	宽度	检测率100%	游标卡尺	±0.5
4	螺栓孔尺寸位置	检测率100%	游标卡尺	±5
5	嵌槽与密封槽	检测率100%	游标卡尺	±5

三环试拼装标准　　　　　　　　　　　　　　　　　　　表11-4

序号	内容	检测要求	检测方法	允许误差(mm)
1	环缝间隙	每环测6点	插片	1
2	纵缝间隙	每条缝测6点	插片	2
3	成环管片外径	各测6点	用钢卷尺	≤2
4	成环后内径	测6点	卷尺	≤1
5	螺栓孔中心圆	测6点	卷尺	±2

应取10%的管片进行抗渗测试,其检测抗渗压力为0.8MPa,恒压时间为2h,以渗透深度<1/5管片高度为合格。

2) 质量保证措施

(1) 建立质量保证体系,开展全面质量管理活动,各工序指派专人负责,技术人员跟班作业。

(2) 加强对原材料质量检验,材料质量必须符合国家现行标准。做好台账登记,同时通知试验部门取样试验。

(3) 管片必须按设计要求及质量标准进行验收,验收合格的钢模方能投入生产。在生产过程中,质检人员每天对钢模的主要技术指标进行实测实量,不断校正管模尺寸。

(4) 钢筋笼入模后,按标准要求对每个钢筋笼进行校正。对环、纵向螺栓孔位置、保护层厚度进行校正实测,合格后方可浇筑混凝土。

(5) 混凝土搅拌站要经常对各类衡器进行检验,使用过程中加强维修保养,使称量系统始终保持良好的工作状态。

(6)混凝土振捣时要严格控制振动频率和时间,避免过振和漏振产生气泡或浮浆。

(7)管片达到16MPa强度后方可脱模,并在管片上印刷生产日期、型号、编号。

3.5 管片试拼装

(1)示范衬砌

在预制混凝土管片生产正式开始之前,制作3环完整的预制混凝土管片,包括螺母、螺栓和其他附件。在示范衬砌中包含一环楔形管片。

(2)水平拼装

管片每生产100环抽查3环做水平拼装检验,管片试拼装采用多点可调度平台。测试拼装时的环向螺栓的预应力按拧紧力矩控制。图11-12为管片试拼装。其水平拼装检验标准应符合表11-5规定。

图11-12　管片试拼装

水平拼装检验标准　　　　　　　　　　　　　表11-5

序号	项目	允许偏差(mm)	检查频率 范围	检查频率 点数	检验方法
1	拼装成环后初始椭圆率	≤25	每5环	1	尺量计算
2	第一环管片定位量	3	每环	1	尺量
3	相邻环管片的允许高差	5	每5环	1	尺量

3.6 管片养护、储运

1)管片的蒸汽养护

蒸汽养护是防止衬砌裂缝造成抗渗能力下降的重要条件。蒸汽养护与浇水养护相结合是常用的养护法。管片采用带模蒸汽养护,也有喷雾养护、温水滴流养护。待管片表面抹压收水完成后,在其上覆盖塑料薄膜或进行喷塑与外界隔离,再用油布或使用养护罩覆盖。图11-13为养护管片的蒸汽养护罩。管片采用养护罩内蒸汽养护方式生产,除满足一般蒸汽养护操作规程外,还应注意以下几点:

(1)管片振捣结束后,静养2~3h,然后实行蒸汽养护;

图 11-13　养护管片的蒸汽养护罩示意图

(2) 升温速率控制在 15℃/h 以内；

(3) 降温速率控制在 10℃/h 以内；

(4) 蒸汽养护控制在 50℃ 以内；

(5) 车间温度高于 30℃ 时，静养阶段的管片用养护罩保温，使管片核心部的温度与外侧温度差缩小；

(6) 脱模时的管片温度不超过室温 10℃；

(7) 管片脱模强度必须高于设计强度的 50%；

(8) 养护室的温度、湿度由专人专职管理，混凝土达到一定强度后，送至质检站检测中心进行检测试验。

2) 管片水中养护

管片从钢模中脱模后，需在水中养护，吊出水池作露天养护，在管片的端部注明生产日期及管片的型号。

任务 4　管片运输及存放

(1) 管片出厂前逐片进行尺寸、外观的检测，不合格者不允许出厂。

(2) 达到龄期并检验合格的管片有计划地由平板车运到施工现场，吊卸到专门的管片堆放区。管片运输时之间用方木垫隔，防止管片在运输时相互碰撞而损坏。管片在卸之前进行逐一的外观检测，不符合要求(裂缝、破损、无标志等)的管片将被立即退回。由于管片在搬运或组装时易损害，在施工中按实际情况进行表面处理。内侧的棱角线可进行覆盖以防止崩损，或在局部拉上钢筋网以减少崩损，必要时对边缘用角钢加固。

(3) 标准管片和左、右转弯管片分开堆放，以方便吊运和存量统计。图 11-14 为管片的存放示意图。

(4) 管片贴密封垫后，经专人检查合格(位置、型号、黏结牢固性等)才可吊下隧道使用。在雨季设专门的防雨设施，以确保雨季施工不受影响。每环管片分两次吊到两节拖车上，管片之间用方木垫隔，拖车上也须预先安放方木垫块，见图 11-15。

图 11-14　管片的存放示意图

图 11-15　管片装车示意图

项目 11　习题

项目 12　特种盾构工法简介

任务 1　扩径盾构工法

所谓局部扩大盾构法就是在隧道的任意位置对局部断面进行扩大的一种施工方法，如图 12-1 所示。其主要施工原理如下：

（1）正常段施工。首先，进行等断面正常段隧道的施工，在局部断面扩大部分设置特殊管片，在正常段和特殊段管片之间同时设置导向环。

（2）圆周盾构反力支墩施工。拆除特殊段下部的预制扇形衬砌块，设置围护结构后进行土体开挖，必要时可对局部土体进行加固，浇筑圆周盾构掘进时的反向支墩。

（3）扩大部盾构的反向承台制作。在扩大部基础内的导向环片上安装圆周盾构后，边掘进边拼装圆周管片，最后形成扩大部盾构的反力承台（始发基地）。

（4）扩大部盾构安装和掘进。在始发基地内安装扩大部盾构，进行扩大部隧道的开挖。

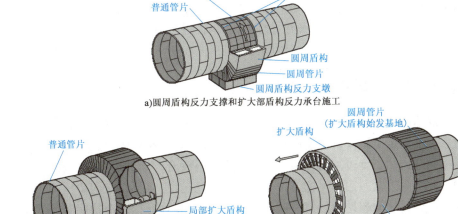

图 12-1　局部扩大盾构法施工原理图

1.1　局部扩大盾构法特点

（1）可根据用途在任何位置以任意长度对隧道进行局部扩大。
（2）局部扩大后的断面形状仍然是圆形，故其力学性能保持圆形断面的特性。
（3）也可进行左右和上下全方位偏心局部扩大。
（4）与开挖式施工法相比，工程费用和工期都可以在一定程度上减少。

(5) 无须设置施工场地和工作井,对周边环境的影响小。

1.2 施工实例

局部扩大盾构法可运用于各种地下工程,迄今工程施工实例已有 8 例,各工程实例的主要技术参数如表 12-1 所示。

施工实例一览表　　　　　　　　　　表 12-1

施工列序号	隧道外径 φ(m)		扩大部施工延长(m)	用途
	普通段	扩大段		
1	6.60	7.80	24.10	电力线人孔
2	2.00	3.15	6.55	电力线人孔
3	6.60	9.20	29.50	共同沟分叉部
4	2.00	3.15	2.62	管路合流部
5	1.90	3.90	8.50	电力线人孔
6	1.95	3.90	8.50	电力线人孔
7	2.75	3.90	25.35	电缆连接部
8	6.00	8.71	11.25	管路合流部

任务 2　球体盾构工法

球体盾构是利用球体本身可自由旋转的特点,将一球体内藏于先行主机盾构的内部,在球体内部又设计一个后续次机盾构。先行盾构完成前期开挖后,利用球体的旋转改变隧道的推进方向,进行后期隧道的开挖;改向后盾构掘进机刀具交换和维修非常方便。到目前为止在日本开发了 3 种用途的球体盾构掘进机并在 9 个工程中得到了运用。

2.1 纵横式连续推进球体盾构

纵横式球体盾构是用一台盾构掘进机完成竖向工作井和横向隧道开挖的一种特殊盾构掘进机。在纵向主机盾构内预先设置一个可旋转的球体,在球体内又设置了一台专门用于开挖横向隧道的长度较短的盾构。在纵向盾构内设有驱动轴可自由旋转的球体,横向盾构的主体切削刀盘兼用于开挖竖向工作井。也就是说,只要在横向盾构的主体刀盘的外侧安装一个环状的超挖刀具,就可以用同一个切削装置开挖两个功能和尺寸不同的地下空间。纵横式球体盾构共享一个切削驱动装置,主体切削刀和外侧环状刀具之间采用铰接式拉杆连接,通过油压千斤顶可使铰接式拉杆伸缩。竖向工作井开挖结束后外侧环状刀具脱离主体刀盘残留在土中,见图 12-2。

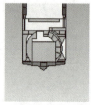
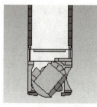
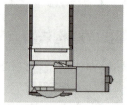

a)竖向工作井开挖　　　b)球体旋转　　　c)横向隧道开挖

图 12-2　纵横式连续推进球体盾构的开挖

纵横式球体盾构的主要特点如下：

(1) 因竖向工作井和横向盾构隧道是连续推进的，所以它无须考虑盾构进出洞时的土体加固处理和漏水等技术问题，提高了大深度工作井和隧道施工的安全性和施工速度，对缩短工期有积极的作用。

(2) 竖向工作井施工时对周围环境和地基沉降的影响较一般的施工法要小。

(3) 竖向工作井的内部空间和井壁厚度都可减小，节省工作井的工程费用。

(4) 隧道推进过程中，开挖刀具的交换和维修非常方便，更适用于长距离隧道的开挖。

2.2 横横式连续推进球体盾构

横横式球体盾构的开挖原理与纵横式球体盾构基本相同，先行主机盾构和后续次机盾构可在同一水平面内进行直角开挖。交通拥挤的十字路口以及在地下一定深度内存在各种管线设施而无法构筑竖向工作井的地区可采用此施工方法。

2.3 长距离开挖球体盾构

设置在球体内的刀盘和其驱动装置与球体一起在盾构掘进机内运转，刀具的修理和更换等作业也在盾构掘进机内进行，作业不受时间、地点的限制，且在已开挖好的隧道内正常大气压中工作，解决了长距离盾构开挖时刀具交换的技术性问题，无需另外构筑工作井，在一定程度上可减少工程费用，尤其适用于工期不太紧张、无须设置换气井的长距离上下隧道的施工。图12-3为用于长距离隧道球体盾构的刀具交换示意图。

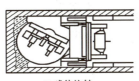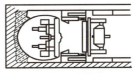

a) 刀盘回缩收藏　　b) 球体旋转　　c) 刀具交换

图12-3　用于长距离隧道球体盾构刀具交换示意图

2.4 工程实例

球体盾构已在下水道工程中得到了广泛的运用。图12-4为实际工程中使用的球体盾构掘进机。

(1) 纵横式盾构。先行主机盾构直径为5.90m，开挖深度为19.3m，后行次机盾构直径为4.20m，开挖长度2017m，盾构形式为纵向开挖主机盾构泥水式，横向开挖次机盾构泥土式。

(2) 横横式盾构。先行主机盾构直径为3.93m，开挖深度为578m，后行次机盾构直径为2.68m，开挖长度898m。盾构形式均采用泥水式。

(3) 长距离开挖盾构。盾构直径为9.45m，开挖深度为4435m，盾构形式均采用泥水式。

a) 纵横式盾构　　　b) 横横式盾构　　　c) 长距离开挖盾构

图 12-4　实际工程中使用的三例球体盾构

任务 3　多圆盾构工法

MF(Multi Face)盾构法是由多个部分错位的圆形断面重合而成,可同时开挖多个圆形断面的盾构法。隧道有效面积较开挖面积相等的单圆断面要大,是一种较为经济合理的断面形式。两个或多个大小不同的圆形断面通过一定规则的叠合可提供任意断面形式的隧道,在隧道线路规划时,对线形的选择有更多的灵活性。上下空间受限制的情况下,则可选择横向叠合式。MF 盾构法更适用于地铁车站、共同沟和地下停车场等大断面隧道的开挖。MF 盾构法应用范围示意图如图 12-5 所示。

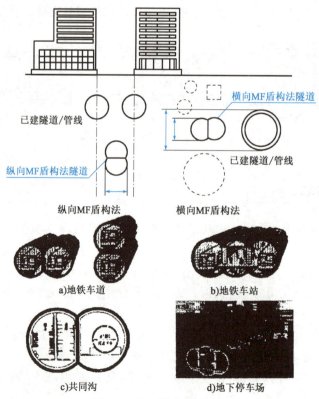

图 12-5　MF 盾构的应用范围

3.1 MF 盾构法的特点

（1）由 MF 盾构法建成的隧道基本结构形式为圆形，所以它保持了圆形断面的力学特性。

（2）隧道可由多个小型圆断面叠合形成，开挖量小，断面利用率高。

（3）在隧道线路规划时对线形的选择有更多的灵活性，可根据需要选择横向 MF 盾构或纵向 MF 盾构，更加适用于地下空间受到限制的隧道建设。

（4）根据土质情况和施工条件以及对周围环境影响的需要，采用泥水盾构或土压盾构。

（5）盾构由多个独立控制的圆形断面组成，可根据不同地质条件进行土体开挖管理。

（6）通过调整各刀盘的转速和转向，利用开挖时作用在盾构上的反力可有效控制盾构的姿势，纠偏也相对容易。

（7）采用横向多圆盾构法可用于地铁车站、地铁车辆机务区段的开挖。

3.2 工程实例

MF 盾构在地铁工程中运用较多，横向两圆断面主要用于地铁线路段的隧道，横向三圆以上断面用于地铁车站和地铁机务段的隧道施工。图 12-6 所示为实际工程中使用 MF 盾构法开挖的隧道实例：横向两圆断面地铁线工程的开挖宽度为 12.19m，两个圆断面均不大于 7.42m，施工长度为 619m；横向三圆断面地铁车站工程的开挖宽度为 17.44m，其中中间圆断面为 8.85m，两侧圆断面均不大于 8.14m，施工长度为 275m。

a) 横向两圆盾构地铁线路工程

b) 横向三圆盾构地铁车站工程

图 12-6　工程实例

任务 4　H&V 盾构工法

所谓 H&V（Horizontal Variation&Vertical Variation）盾构工法是将几个圆形断面根据需要进行组合，以开挖多种断面形式的一种特殊施工方法。H&V 施工法可同时开挖多条隧道，推进方式有像绳子一样互相纠缠在一起的螺旋形式推进和让其中的某一个断面从中独立出去的分岔式推进两种方式，可根据隧道的施工条件和用途在地下自由地掘进和改变隧道走向及断面形式。其施工原理主要采用了一种叉式铰接改向装置，这种装置可使盾构机体前端各自沿着相反方向旋转，从而改变盾构的推进方向，达到旋转式推进的目的（图 12-7）。

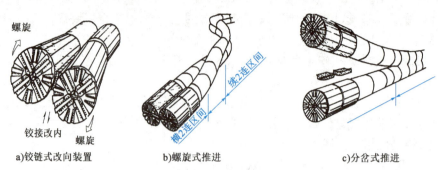

图 12-7　H&V 盾构法原理示意图

（1）螺旋式推进的原理

相邻两个断面的盾构之间设置铰接式改向装置，使两盾构能各自沿着相反的方向螺旋式旋转。促使盾构螺旋式旋转是有效地运用了盾构轴向偏转的特性，由偏心千斤顶提供旋转外力。在盾构改向侧迎土面通过局部超挖刀具进行局部开挖，使盾构顺利并稳定地进行螺旋式过渡。

（2）分岔式推进的原理

H&V 盾构工法中的各盾构配备有独立的驱动和排土设备。相邻两个盾构的前部由锚栓连接，后部则由螺栓连接，两者均可在盾构的内部拆除。盾构掘进机之间在解除连接后由侧向千斤顶将需要分离的盾构顶出后各自沿着自己的方向推进。

4.1　特点

（1）特制的铰接式改向装置，对盾构掘进机的姿态以及方向的控制比较容易。各盾构的驱动装置和开挖装置相互独立，可根据不同土质情况对开挖面的稳定进行管理，可自由选择采用泥水式盾构还是土压式盾构。

（2）从纵向到横向或从横向到纵向，隧道断面在地下可自由地过渡和转换，无须设置工作井，对缩短工期、降低成本有利。

（3）可根据需要自由地选择断面形式，而断面的基本形状是圆形。在构造上保持了单圆盾构良好的力学特性，线形设计时可不受周边障碍物的限制。

4.2　工程实例

H&V 盾构工法通过试验性施工证实此施工法可适用于各种地下工程，并在地铁和下水道中得到了运用；迄今试验性施工一例，工程施工实例两例。其主要技术指标分别如下：

盾构掘进机 A：地铁车站工程施工例，采用 2 主 2 子的 4 圆泥水盾构掘进机，其中主机不大于 6.56m×2 台，子机不大于 1.72m×2 台。隧道宽 13.18m，高 7.06m，施工长 236m。

盾构掘进机 B：下水道工程施工例，采用纵向 2 圆分岔式泥水盾构掘进机，上部盾构直径不大于 3.29m，下部盾构直径为 2.89m，施工长 154m。

任务 5 可变断面盾构工法

所谓可变(自由)断面盾构法就是在一个普通圆形盾构主刀盘的外侧设置数个规模比主刀盘小的行星刀盘，随主刀盘的旋转行星刀盘在外围作自转的同时绕主刀盘公转，行星刀盘公转的轨道由行星刀盘扇动臂的扇动角度确定(图 12-8)，通过对行星刀盘扇动臂的调节可开挖各种非圆形断面的隧道。也就是说，通过对行星刀盘公转轨道的设计可选择如矩形断面、椭圆形断面、马蹄形断面、卵形断面等非圆形断面(图 12-9)。此盾构法尤其适用于地下空间受限制的，如穿越既成管线和水道之间的中小型隧道工程。

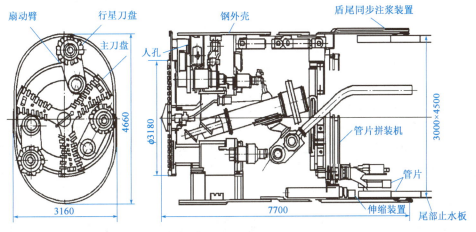

图 12-8 自由断面盾构构造图(尺寸单位：mm)

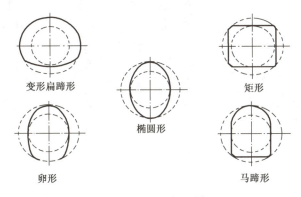

图 12-9 可开挖的非圆形断面

5.1 可变断面盾构法特点

(1)可开挖多种非圆形断面的隧道，选择细长型断面使宽度或深度受限制的地下空间得到更有效利用。

(2)可根据不同的使用目的合理选择不同断面,比如对于共同沟和电力管线等选择矩形断面,对于公路和铁路隧道则选择马蹄形断面等。

(3)隧道断面的最大纵横尺寸之比为椭圆形1.5∶1.0,矩形1.2∶1.0,马蹄形1.35∶1.0。

(4)行星刀盘上的刀具呈梅花状布置,扇动臂采用计算机自动控制(图12-10)。

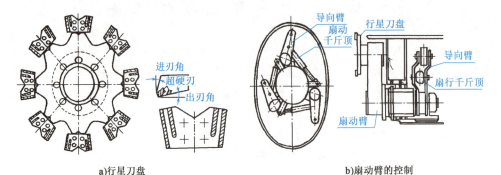

a)行星刀盘　　　　　　　　　　b)扇动臂的控制

图12-10　行星刀盘及扇动臂的控制

5.2 工程实例

自由断面盾构法已在下水道工程中运用,图12-11为一例试验性施工和一例实际工程的施工实例。试验施工中使用的盾构掘进机为宽3.16m,高4.66m的土压式平衡单点铰接盾构掘进机。试验施工直线段长36m,曲线段半径R为60m,长16m。实际工程段为盾构宽3.16m、高4.66m的土压式平衡两点铰接盾构,累积开挖长565m,曲线段最小曲率半径R为20m。

a)纵向椭圆形盾构机　　　b)试验施工隧道(直线段)　　　c)实际工程隧道(曲线)

图12-11　施工实例

任务6　偏心多轴盾构工法

偏心多轴盾构采用多根主轴,垂直于主轴方向固定一组曲柄轴,在曲柄轴上再安装刀架。运转主轴刀架将在同一平面内作圆弧运动,被开挖的断面接近于刀架的形状。因此,可根据隧道断面形状要求设计刀架是矩形、圆形、圆环形、椭圆形或马蹄形。图12-12为开挖圆形断面和矩形断面的偏心多轴盾构原理示意图。

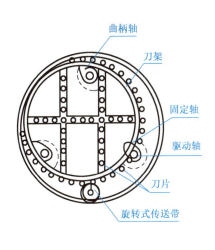
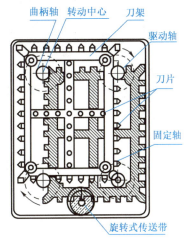

a) 圆形断面 b) 矩形断面

图 12-12 偏心多轴盾构原理示意图

偏心多轴盾构特点如下：

(1) 可根据需要选择刀架形状开挖任意断面的隧道。

(2) 刀架转动半径小，可选择较小的驱动扭矩。因采用多个转动轴同时驱动刀架，所以盾构掘进机具有紧凑、易装、易拆、易运等特点，适用于大断面隧道开挖。

(3) 刀架转动半径小，刀具的行走距离也小，刀片的磨损少，一副刀具比一般盾构至少可多开挖 3 倍以上的距离，适合于长距离隧道的开挖。

(4) 刀架驱动装置小，盾构掘进机内施工操作空间大，可根据需要在盾构掘进机内配置土体改良设备，对整个隧道断面的任何位置进行土体改良，适合于曲率半径小、隧道间隔小、土质差等施工条件差的地方。

(5) 采用十字形交叉式刀片，此刀片的前后刀刃的角度相等，所以可进行全方位开挖。

项目 12 习题

项目 13　土压盾构机施工操作

任务 1　土压盾构机操作面板认识

1.1　上位机界面

在土压盾构机施工前,操作人员必须完成对盾构机的相关基本构造、原理、操作方法、安全操作规程等基础理论学习。盾构机操作人员应熟悉各操作装置的分布位置、使用方法和注意事项,提高操作人员的操作技能水平,确保在各种运行条件下,能正确而熟练地操作盾构机,充分发挥盾构机的效能,安全、优质、低耗地完成任务。

盾构机操作装置比较复杂,各操作岗位应分工负责,协同作业。在实际操作中,盾构机要进行集中操作控制,因此操作控制室是整机操作的核心,见图 13-1。

图 13-1　操作控制室

上位机开启后,打开专用的操作监控软件,该软件是用于监测和控制盾构施工各功能系统的专业应用软件。它能够显示盾构机在施工中所有的重要参数,并能够根据需要对一些参数和功能进行设置和修改,从而使盾构能适应地层变化的复杂性和多样性。

软件界面上方标题栏右侧除了显示系统时间及日期之外,还设置有故障报警标记块,当控制系统有报警故障时,标记块显示为红色,在右上角闪烁指示,并显示报警故障数量。屏幕最下方设置了上位机每个页面的切换按钮,操作时可以根据需要在各个页面之间任意切换。

1) 主监控界面

本界面显示了土压盾构机各功能系统所有的运行参数,包括铰接系统、注浆系统、推进系统、螺旋输送机系统、主驱动系统、膨润土系统、油温、土仓各位置压力及其他常规参数等,见图 13-2。画面上部还显示了当前环数与盾构操作状态等。

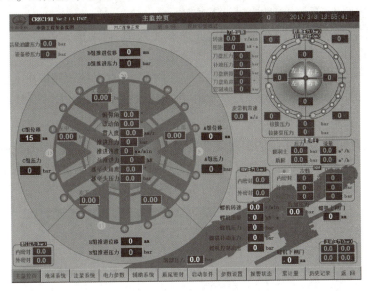

图 13-2 主监控界面

2) 泡沫系统界面

本界面包括泡沫系统的控制及状态监视、土仓加水控制等,见图 13-3。泡沫系统包括手动、自动和半自动控制和参数设置,各路空气及混合液的流量设置值及实际值;显示了泡沫水及泡沫原液的流量及各路泡沫的压力,并设置有 4 路泡沫激活预选按钮。泡沫注入分三种模式:手动、半自动及自动模式。必须至少一路启动按钮按下,显示绿色表明被激活后,在琴台控制面板上才能启动"手动"或者"半自动"控制模式。"自动控制"模式必须 4 路泡沫都已被激活方可启动。

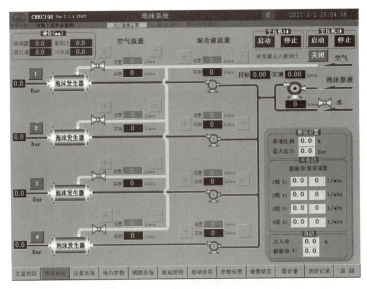

图 13-3 泡沫系统界面

手动模式功能,操作人员根据需求,启动相应的泡沫回路,人为加减泡沫的流量。系统将按照操作人员操作的量调节泡沫流量。

半自动模式功能,操作人员设置各路泡沫流量及膨胀率,半自动模式启动后,激活混合液,系统将按照设定好的参数自动调节泡沫。

自动模式功能,操作人员需设置好膨胀率和注入率,自动模式启动后,一旦有推进速度,泡沫系统将自动计算泡沫需求量自动调节泡沫。

空压机控制功能,增加了空压机1号、2号控制按钮,点击该按钮即可对空压机进行远程控制;同时能够显示泡沫混合液箱、原液箱、污水箱及膨润土罐压力(液位)检测状态。

3)注浆系统界面

本界面主要实现注浆系统的控制及参数设定,见图13-4。界面中的控制按钮与实物按钮类似,按下后显示为绿色时表明处于启动状态,再次按下显示为红色时表明处于关闭状态。其中本地控制按钮可实现主控室与本地控制切换功能。

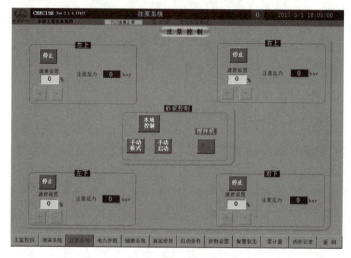

图13-4 注浆系统界面

4)电力参数界面

本界面提供了盾构机整机电力参数监视功能,主要包括进线母排上总功率、功率因数、各相电压电流值和工作时间的监视,见图13-5。

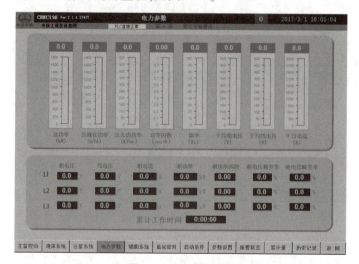

图13-5 电力参数界面

5)辅助系统界面

本界面主要包括超挖刀控制、刀盘喷水控制、气体检测与油温监测、过滤循环泵控制、工业水流量及温度显示,还有一些调试模式按钮,见图13-6。

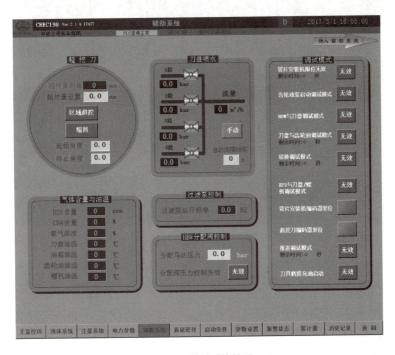

图13-6 辅助系统界面

(1)超挖刀控制功能

按照需求设置超挖量,然后设置超挖起始角度、终止角度,激活区域超挖,超挖完成缩回超挖刀。

(2)刀盘喷水控制功能

设置有喷水模式预选按钮。喷水注入分两种模式:手动、自动模式。手动模式下,操作人员根据需求,启动相应的喷水回路;自动模式下,操作人员需设置好自动间隔时间,自动模式启动后,喷水自第1路到第4路按设定的自动时间间隔循环喷水。

(3)气体含量与油温检测功能

显示当前空气中 H_2S 及 CH_4 含量以及油箱、齿轮油、螺旋输送机实时油温。当气体含量达到预报警时,操作室就会有报警信号;若没有及时处理,达到报警值时,就会停机。当油温达到预警值时,操作室会有报警信号;达到报警值时,就会停相应电机。

(4)过滤循环泵控制功能

设置油箱油温目标值,启动自动模式,泵开始工作,并显示相应的频率。

(5)调试模式功能

启动相应模式的预选按钮,可以忽略相应的条件,进行调试。

6)盾尾密封界面

本界面主要实现除主控室面板实现的操作之外的其他系统的操作,主要实现盾壳膨润土和盾尾密封的选择功能,见图13-7。

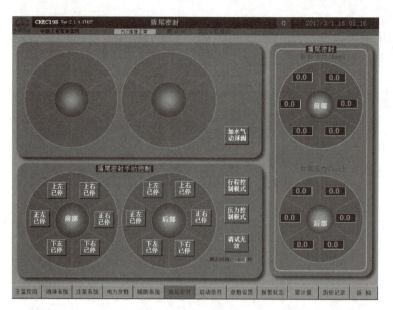

图 13-7 盾尾密封界面

(1) 盾壳膨润土系统功能

选择盾壳膨润土控制模式(手动/自动,前提条件盾壳膨润土箱有足够的盾壳膨润土)。如果选择手动,需人为选取需要注入的点(分中盾和尾盾);如果选择自动,将从"中盾上右"到"尾盾上左"自动循环注入。

(2) 盾尾密封系统功能

在主控室面板选择控制模式(手动/自动,前提条件盾尾油脂桶有足够的油且控制盒处于工作模式)。如果选择手动,需在主控室面板按下"启动"按钮,并在上位机上选择需要注入的点(前部和后部);如果选择自动模式,将按照"参数设置"界面"盾尾密封系统"的"注脂次数"和"等待时间"从"前部上右"到"后部上左"循环注入;如果选择"自动"且选择"行程控制模式",将按照"参数设置"界面"盾尾密封系统"的"行程距离",每到一个行程距离,循环注脂一次。如果选择"自动"且选择"压力控制模式",将按照"参数设置"界面"盾尾密封系统"的"最大压力",循环注脂,直到达到设定的压力。

7) 启动条件界面

本界面显示常规条件以及刀盘驱动、推进、螺旋输送机、皮带输送机、泡沫等系统的启动条件,见图 13-8。如果某项条件满足本系统启动要求时字体显示为绿色,否则显示为红色。每一系统对应的一栏中所有条件都显示为绿色时,表示所有条件都已满足启动要求,相应的系统方可启动。对于操作时间不长,不够熟练的工作人员,可按本界面的提示进行操作盾构机。

8) 参数设置界面

本界面显示了各系统主要参数的设置,见图 13-9。参数设置页面需要输入密码方可改变参数值。盾构机正常施工期间,需要盾构司机与土木工程师根据现场条件,共同制定各项参数值。设置的参数值必须在相应的范围内,如果超出预设范围,参数不能被改变。

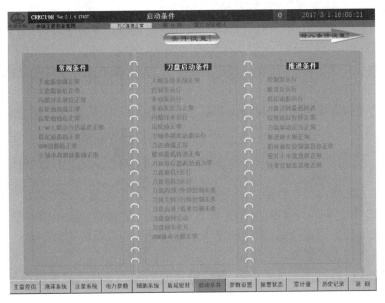

图13-8 启动条件界面

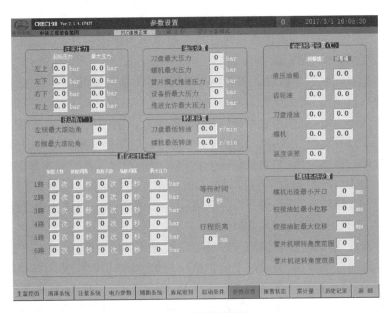

图13-9 参数设置界面

(1)注浆压力

注浆自动控制模式下的压力设置。在注浆自动控制模式下,当某一路注浆压力小于相应的起始压力设置值时,此路注浆被激活,系统按照此路设定的注浆速度进行注浆,直到此路注浆压力达到设置的最大压力,停止此路注浆。之后,随着推进的继续,此路相应的检测压力值将减小,当减小至小于设置的起始压力,此路注浆再次启动,周而复始。各路都按这一模式进行工作,从而达到自动控制的目标。

(2)油压设置

①螺旋输送机最大压力功能:通过设定螺旋输送机的最大压力,可以限定螺旋输送机液压泵的最大输出压力,当螺旋输送机油压达到最大设定压力后螺旋输送机停止旋转进

行卸载，从而保护螺旋输送机液压系统的安全性。

②管片模式推进压力功能：在管片安装模式下推进泵压力为一恒定值，其大小由此参数栏设置。

③设备桥最大压力功能：当设备桥压力达到设定值，既不能控制后配套拖拉油缸的伸出，也不能控制其回缩。

④推进允许最大压力功能：通过设定推进允许最大压力，可以限定推进泵输出的最大压力，当推进泵压力达到最大设定压力并持续3s后，停止推进模式，从而保护推进泵液压系统的安全性。

(3) 滚动角

①左倾最大滚动角与右倾最大滚动角功能：通过设定这两个数值限定盾构推进时盾体的滚动角度，当左倾达到设定值，不允许刀盘右转，当右倾达到设定值时限制刀盘左转。

②刀盘最低转速设置功能：刀盘转速小于此栏设置的最低转速时不允许推进，从而防止刀盘转动负载过大或卡死于掌子面。

③螺旋输送机最低转速设置功能：螺旋输送机转速小于此栏设置的最低转速时不允许刀盘旋转。

④铰接油缸最小与最大位移功能：在推进模式或者铰接调试模式下铰接可以进行"伸出"或"缩回"操作。但是当四组铰接任意一组位移小于此栏设置的最小位移值时，不允许铰接进行"缩回"操作。当四组铰接任意一组位移大于此栏设置的最大位移值时，则不允许铰接进行"伸出"操作。

⑤盾尾密封自动注入参数设置功能：前腔（后腔）次数与时间设置为在行程控制模式下自动注入参数设置值，最大压力是在尾密封油脂压力控制模式下自动注入参数设置值。在行程控制模式下，在设置的推进距离内，每一路注入设定的次数即转入下一路注脂，时间间隔参数用于设置此路注入完毕后转入下一路注入时间的间隔。等待时间用于设定每路注脂最大允许的持续时间，如果此路注入达到设置的最大等待时间次数仍未达到，则跳转到下一路。在压力控制模式下，可以设定每一路注入的最大压力值，在自动控制模式下，程序依次对12路进行注脂，每一路注入启动后，当检测到压力值达到此路设置的压力时即停止注入，进行下一路的注入，循环往复。

⑥油温参数设置功能：预警值用于设置上位机报警的门限值，报警值用于设置停机的门限值。当油温超过预警值，会通过上位机给出报警，蜂鸣器鸣响并闪烁提示操作司机。如果该油温超过报警值，相应泵启动条件不满足，则对应系统的液压泵将立刻停机。

⑦温度误差功能：用于屏蔽传感器检测值的跳动，当检测值超过门限值加设置的误差值时，相应的报警才将被激活，当检测值低于门限值减设置的误差值时，相应的报警才能被复位。

9) 报警系统界面

本界面能够即时显示盾构机掘进期间发出的报警与故障信号，以方便操作与检修人员及时获取设备工作状态与异常信息，见图13-10。当设备出现任何异常时，面板蜂鸣器发出报警提示音，并且在此界面将出现相应的报警内容。在故障未消除的情况下，如果按下复位按钮，蜂鸣器将停止报警提示，但是出现的相应报警内容不会消失。然而当故障消除后，按下琴台面板上的复位按钮，提示音与相应的信息都将消失。此时按下"报警历史"按钮，可以查询到所有报警过的信息条目。

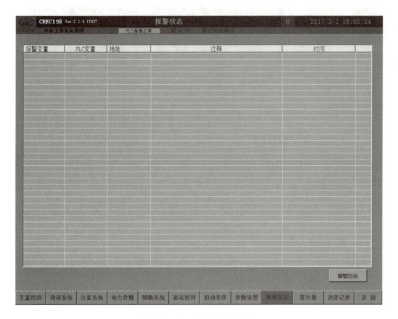

图 13-10　报警系统界面

10) 累计量界面

本界面能够即时显示泡沫系统、膨润土系统、油脂系统、刀盘喷水、注浆系统流量以及电量在当前环的使用情况以及累计使用情况,直观反映相关参数的变化,见图 13-11。如果操作人员要从当前开始记录使用情况,可点击总累计清零。

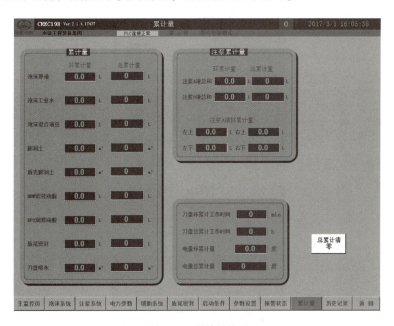

图 13-11　累计量界面

11) 数据历史界面

本界面能对 24h 内的参数进行记录,方便操作人员对掘进参数进行统计,见图 13-12。

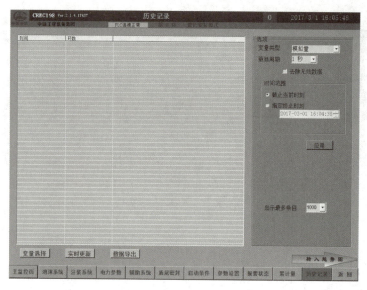

图 13-12　数据历史界面

1.2 操作面板功能介绍

1) 电机启动控制面板

土压盾构机电机启动控制面板主要包括过滤泵、冷却泵、润滑油脂泵、控制泵、增压泵、污水泵等动力源的启动和停止控制。电机操作控制面板及操作说明分别见图 13-13 和表 13-1。

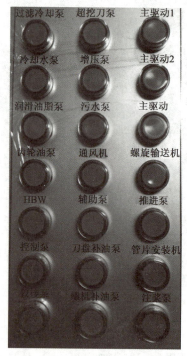

图 13-13　电机操作控制面板

电机操作控制面板说明 表 13-1

名称	功能	前提条件
过滤冷却泵	打开和关闭液压油箱的过滤冷却管线(拖车2)。 (1)绿灯闪烁(快):故障。 (2)绿灯闪烁(慢):泵启动过程中。 (3)绿灯常亮:正常运行	(1)液压油箱中有足够的油(不低于最低液位)。 (2)足够的冷却水和环境温度用于液压油冷却
冷却水泵	打开和关闭冷却水泵(拖车5)。 (1)绿灯闪烁(快):故障。 (2)绿灯闪烁(慢):泵启动过程中。 (3)绿灯常亮:正常运行	内循环水箱有足够的水(不低于最低液位)
润滑油脂泵（EP2）	打开和关闭螺旋输送机的和刀盘驱动的轴承润滑泵(拖车1)。 (1)绿灯闪烁(快):故障。 (2)绿灯闪烁(慢):泵启动过程中。 (3)绿灯常亮:正常运行	(1)气动泵进口手动球阀处于开启状态。 (2)EP2油脂桶内有足够油脂(不低于最低极限)。 (3)EP2油脂润滑桶处于非换桶状态(油位正常,现场控制盒拨动开关处于工作状态)
齿轮油泵	打开和关闭齿轮油泵(盾体)。 (1)绿灯闪烁(快):故障。 (2)绿灯闪烁(慢):泵启动过程中。 (3)绿灯常亮:正常运行	齿轮箱中有足够的油(不低于最低液位)
HBW泵	打开和关闭HBW泵的气动球阀。 (1)绿灯闪烁(快):故障。 (2)绿灯闪烁(慢):泵启动过程中。 (3)绿灯常亮:正常运行	(1)气动泵进口手动球阀处于开启状态。 (2)HBW油脂润滑桶内有足够油脂(不低于最低极限)。 (3)HBW油脂润滑桶处于非换桶状态(油位正常,现场控制盒拨动开关处于工作状态)
控制泵	打开和关闭用于刀盘驱动及推进的控制泵。 (1)绿灯闪烁(快):故障。 (2)绿灯闪烁(慢):泵启动过程中。 (3)绿灯常亮:正常运行	(1)液压油箱中有足够的油(不低于最低液位)。 (2)液压油箱油温不高于上位机设置的极限值
辅助泵	打开和关闭液压泵以便管片运输小车以及后配套推拉工作。 (1)绿灯闪烁(快):故障。 (2)绿灯闪烁(慢):泵启动过程中。 (3)绿灯常亮:正常运行	(1)液压油箱中有足够的油(不低于最低液位)。 (2)液压油箱油温不高于上位机设置的极限值。 (3)推进注浆辅助急停系统正常
超挖刀泵	打开和关闭液压泵以便超挖刀系统工作。 (1)绿灯闪烁(快):故障。 (2)绿灯闪烁(慢):泵启动过程中。 (3)绿灯常亮:正常运行	(1)液压油箱中有足够的油(不低于最低液位)。 (2)液压油箱油温低于报警值
刀盘补油泵	打开和关闭补油泵以便主驱动刀盘系统工作。 (1)绿灯闪烁(快):故障。 (2)绿灯闪烁(慢):泵启动过程中。 (3)绿灯常亮:正常运行	(1)液压油箱中有足够的油(不低于最低液位)。 (2)液压油箱油温不高于上位机设置的极限值
主驱动泵	打开和关闭补油泵以便主驱动刀盘系统工作。 (1)绿灯闪烁(快):故障。 (2)绿灯闪烁(慢):泵启动过程中。 (3)绿灯常亮:正常运行	(1)液压油箱中有足够的油(不低于最低液位)。 (2)液压油箱油温不高于上位机设置的极限值。 (3)主驱动刀盘急停系统正常。 (4)补油泵补油压力正常
螺旋输送机	打开和关闭用于螺旋输送机的液压泵。 (1)绿灯闪烁(快):故障。 (2)绿灯闪烁(慢):泵启动过程中。 (3)绿灯常亮:正常运行	(1)液压油箱中有足够的油(不低于最低液位)。 (2)液压油箱油温不高于上位机设置的极限值。 (3)补油泵补油压力正常。 (4)螺旋输送机急停系统正常。 (5)皮带输送机正常启动

续上表

名称	功能	前提条件
推进泵	打开和关闭液压泵以便推进油缸。 (1)绿灯闪烁(快):故障。 (2)绿灯闪烁(慢):泵启动过程中。 (3)绿灯常亮:正常运行	(1)液压油箱中有足够的油(不低于最低液位)。 (2)液压油箱油温不高于上位机设置的极限值。 (3)推进注浆辅助急停系统正常
注浆泵	打开和关闭液压泵以便注浆系统工作。 (1)绿灯闪烁(快):故障。 (2)绿灯闪烁(慢):泵启动过程中。 (3)绿灯常亮:正常运行	(1)液压油箱中有足够的油(不低于最低液位)。 (2)液压油箱油温不高于上位机设置的极限值。 (3)推进注浆辅助急停系统正常
管片安装机	打开和关闭管片安装机的液压泵。 (1)绿灯闪烁(快):故障。 (2)绿灯闪烁(慢):泵启动过程中。 (3)绿灯常亮:正常运行	(1)液压油箱中有足够的油(不低于最低液位)。 (2)液压油箱油温不高于上位机设置的极限值。 (3)管片安装机急停系统正常
增压泵	打开和关闭增压水泵。 (1)绿灯闪烁(快):故障。 (2)绿灯闪烁(慢):泵启动过程中。 (3)绿灯常亮:正常运行	工业进水管路中有足够的水(不低于最低液位)
污水泵	打开和关闭污水泵。 (1)绿灯闪烁(快):故障。 (2)绿灯闪烁(慢):泵启动过程中。 (3)绿灯常亮:正常运行	工污水箱内有足够的水(不低于最低液位)
通风机	打开和关闭二次通风机。 (1)绿灯闪烁(快):故障。 (2)绿灯闪烁(慢):泵启动过程中。 (3)绿灯常亮:正常运行	无

2)螺旋输送机控制面板

螺旋输送机控制面板主要包括进/出料闸门开关、螺旋主轴正反转、转速及螺旋轴的伸缩控制,可在主控室进行远程操作,也可在本地操作以方便维修保养。螺旋输送机控制面板及操作说明分别见图13-14和表13-2。

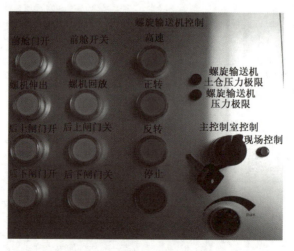

图13-14 螺旋输送机控制面板

螺旋输送机面板操作说明 表13-2

名称	功能	状态及操作
螺旋输送机土仓压力极限	灯亮:土仓压力过上位机设置	1. 状态: (1) 过滤器和冷却泵工作状态。 (2) 主轴承润滑油脂泵处于工作状态。 (3) 螺旋输送机泵工作。 (4) 皮带输送机工作。 (5) 设备桥螺旋输送机紧急停止功能处于非工作状态。 2. 操作步骤: (1) 调节旋转电位器到"0"。 (2) "停止"灯灭。 (3) 按"正转"按钮。 (4) 打开上闸门及下闸门。 (5) 打开后闸门。 (6) 用电位器顺时针缓慢旋转,螺旋输送机旋转。 (7) 调节旋转电位器到"0"。 (8) 关闭后闸门。 (9) "停止"按钮停止旋转。 (10) 按钮"反转"。 (11) 打开后闸门。 (12) 用电位器顺时针缓慢旋转,螺旋输送机旋转。 (13) 调节旋转电位器到"0"。 (14) 关闭后闸门。 (15) 按"停止"按钮停止旋转。 (16) 关闭上闸门。 (17) 关闭下闸门。
螺旋输送机压力极限	灯亮:螺旋输送机压力超过上位机设置	
前仓门开/关	打开和关闭螺旋输送机前仓门。 (1) 常亮:指示是否开/关到位。 (2) 按下闪烁:开/关过程中。 (3) 常灭:开/关都没有到位	
螺旋输送机伸出/回收	伸出和回收螺旋输送机。 (1) 常亮:指示是否伸/缩到位。 (2) 闪烁:伸或缩过程中。 (3) 常灭:伸或缩都没有到位	
后闸门开/关	打开和关闭螺旋输送机的泄渣仓门。 (1) 常亮:指示是否开/关到位。 (2) 按下闪烁:开/关过程中。 (3) 常灭:开/关都没有到位	
正转/反转	黄色按钮/选择泄渣方式	
停止	停止泄渣。 (1) 常亮:旋转条件不满足。 (2) 常灭:旋转条件满足	
高速(脱困)	特殊情况下螺旋输送机高速旋转	
速度控制(电位器)	调节螺旋输送机旋转速度0至最大	
主控制室控制/现场控制	(1) 主控制室:主控室操作螺旋输送机。 (2) 现场控制:启动螺旋输送机现场控制面板,现场控制螺旋输送机,以便维保	
现场控制	(1) 灯灭:主控室控制。 (2) 灯闪烁:主控室现场均不能控制。 (3) 灯亮:现场维保控制	

3) 刀盘控制面板

刀盘控制面板主要包括刀盘转向控制、转速控制,可分别在主控室和本地进行控制。刀盘控制面板及操作说明分别见图13-15和表13-3。

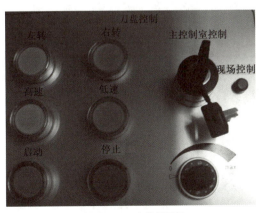

图13-15 刀盘控制面板

刀盘面板操作说明 表13-3

名称	功能	状态及操作
速度(电位器)	顺时针调节转速	状态： (1)过滤器和冷却泵工作状态。 (2)齿轮油泵工作。 (3)补油泵运行。 (4)控制泵运行。 (5)1~3刀盘驱动泵工作。 (6)油脂润滑工作。 (7)HBW泵工作。 (8)主控室的控制板处于工作状态。 操作步骤： (1)逆时针电位器到"0"。 (2)选择低速或高速。 (3)选择左转或右转。 (4)按下启动按钮,启动灯亮。 (5)顺时针调节电位器,调节转数。 (6)逆时针调节旋钮,转速归零。 (7)"停止"按钮关闭刀盘旋转
低速/高速	预选低速或高速	
左转/右转	预选左或右旋转方向	
启动/停止	启动和停止刀盘的旋转	
主控制室控制/现场控制	(1)主控制室控制:正常工作状态。 (2)现场控制:控制板启动刀盘以便维保	
现场控制	(1)灯灭:主控室控制。 (2)灯闪烁:主控室现场均不能控制。 (3)灯亮:现场维保控制	

4) 推进油缸控制面板

推进油缸操控面板主要包括模式转换(推进/管片拼装)、分区推进油压调整、推进速度调整。推进油缸控制面板及操作说明分别见图13-16和表13-4。

图13-16 推进油缸控制面板

推进油缸面板操作说明　　　　　　　　　表13-4

名称	功能	状态
推进速度(电位器)	顺时针(0~MAX)调节前进速度	
A-D压力组压力（电位器）	顺时针(0~MAX)调节前进压力	
推进模式	选择盾构状态。在推进模式下,所有推进油缸按掘进模式伸出。此操作通过主控室内的控制板实现	状态: (1)过滤器和冷却泵工作状态。 (2)控制泵处于工作状态。 (3)推进泵处于工作状态。 (4)皮带输送机处于工作状态。 (5)螺旋输送机处于工作状态。 (6)盾尾油脂处于工作状态。 (7)刀盘达到上位机设置最低转数。 (8)刀盘驱动压力小于上位机设置值。 操作步骤: (1)将推进速度电位器调节到"0"。 (2)按"推进模式"按钮。 (3)顺时针调节电位器调节推进油缸压力。 (4)顺时针调节电位器调节推进油缸速度。 (5)用"停止"按钮停止掘进
管片安装模式	选择管片安装状态。在管片安装模式下推进油缸,为管片安装服务。通过主控室内的按钮,将推进油缸操作控制转移到管片安装机控制板上	状态: (1)过滤器和冷却泵工作状态。 (2)控制泵处于工作状态。 (3)推进泵处于工作状态。 操作步骤: (1)按"管片安装模式"按钮。 (2)通过"停止"按钮停止掘进
停止	在掘进状态停止推进油缸的运行模式	
推进允许	(1)灯亮:主控室及现场能操作油缸。 (2)灯灭:推进条件不满足	

5) 盾尾密封控制面板

盾尾密封控制面板主要包括盾尾密封油脂的注入控制、油脂的注入模式(手动/自动)转换及泵的启停。盾尾密封控制面板及操作说明分别见图13-17和表13-5。

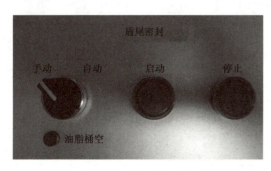

图13-17　盾尾密封控制面板

盾尾密封面板操作说明　　　　　　　　　　表 13-5

名称	功能	状态及步骤
开始/停止	按钮/打开和关闭油脂泵	
手动/自动	旋转开关/在手动和自动模式间选择	
油脂桶空	指示灯/指示油脂桶状态	

6) 泡沫控制面板

泡沫控制面板主要包括泡沫注入模式的选择(手动/半自动/自动)和泵的启停。泡沫控制面板及操作说明分别见图 13-18 和表 13-6。

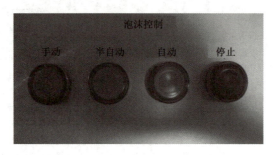

图 13-18　泡沫控制面板

泡沫控制面板操作说明　　　　　　　　　　表 13-6

名称	功能	状态及步骤
手动	用于手动模式下的空气和液体调节	状态： 足够的液体和压缩空气供应。 操作步骤： (1) 在上位机激活管路 1～4 路。 (2) 预选"手动"。 (3) 在上位机上实现混合液及空气的流量控制
半自动	用于半自动模式下的空气和液体调节。当管片安装开始时泡沫设备将自动停止,操作员可重新打开它	状态： 足够的液体和压缩空气供应。 操作步骤： (1) 在上位机激活管路 1～3 路。 (2) 预选"半自动"。 (3) 在上位机上输入参数设置泡沫流量及膨胀率。 (4) 当管片安装开始时泡沫设备自动停止
自动	用于自动模式下的空气和液体调节。自动系统将自动调节泡沫注入量以适应掘进速度。通过泡沫设备和掘进的联系,当掘进停止时,它也将自动停止(例如管片安装);当掘进重新开始时它也将重新启动	状态： 足够的液体和压缩空气供应。 操作步骤： (1) 在上位机激活管路 1～4 路。 (2) 预选"自动"。 (3) 显示屏上输入的泡沫注入总量的百分比分配。 (4) 输入的 FER 值和显示屏上的 FIR 值。 (5) 泡沫设备独立于掘进速度,开始和停止
停止	停止泡沫系统	

7) 膨润土控制面板

膨润土控制面板主要包括泵的启停、流量控制和注入管路的选择。膨润土控制面板及操作说明分别见图 13-19 和表 13-7。

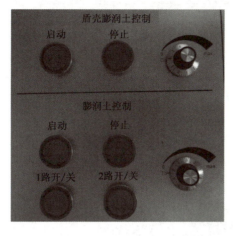

图 13-19　膨润土控制面板

膨润土面板操作说明　　　　　　　　　　　　　　　　　　　　　表 13-7

名称	功能	状态/步骤
开始/停止	按钮/打开和关闭膨润土泵	1. 状态： 膨润土罐中足够的膨化后的膨润土。 2. 操作步骤： (1) 调节电位器到"0"。 (2) 按下"启动"按钮。 (3) 顺时针调节电位器调节流量。 (4) "停止"按钮停止膨润土
速度（电位器）	顺时针调节电位器：膨润土流量调节	

8) 皮带输送机控制面板

皮带输送机控制面板主要包括皮带输送机的启停和转速控制，并显示渣车状态，如果连锁选择有效，则皮带输送机控制与螺旋输送机状态连锁起作用。皮带输送机控制面板及操作说明分别见图 13-20 和表 13-8。

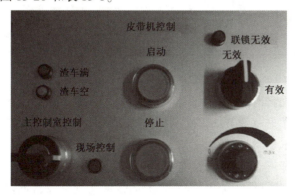

图 13-20　皮带输送机控制面板

皮带输送机面板操作说明　　　　　　　　　　　　　　　　　表 13-8

名称	功能
启动/停止	打开或关闭皮带输送机
速度	顺时针调节电位器:皮带输送机速度调节
渣车满/空	显示渣车已满或是已准备好。由皮带输送机控制板控制
主控制室控制/现场控制	指示灯:闪烁由主控制室控制,灭灯由现场控制。 主控制室控制:正常工作状态。 现场控制:主控制室控制无效,启动现场控制面板
连锁	皮带输送机与螺旋输送机的连锁选择
连锁无效	皮带输送机与螺旋输送机连锁无效时常亮

9) 一般性操作控制面板

土压平衡盾构机一般性操作控制面板按钮主要包括紧急停止、故障铃、灯测试、复位、控制电压。一般性操作控制面板及操作说明分别见图 13-21 和表 13-9。

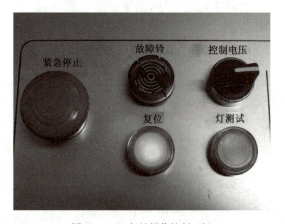

图 13-21　一般性操作控制面板

一般性操作面板操作说明　　　　　　　　　　　　　　　　　表 13-9

名称	功能	
紧急停止	紧急停止功能按钮/关闭机器的主要开关	此按钮只在紧急情况时使用
控制电压	控制电压,为控制系统提供 24VDC 电压	
灯测试	测试面板指示灯是否正常	
复位	复位变频器、软启动器及安全继电器	
复位蜂鸣器	故障时发出声音	

10) 管片拼装机遥控器控制面板

土压盾构机目前的管片拼装基本都采用遥控器控制,如图 13-22 所示。在操作时具有操控灵活、降低操作人员的劳动强度、提高管片拼装效率、提高施工操作的安全性,但当控制距离超限、电量不足时,容易出现信号干扰、信号中断等情况。

操作时,右侧摇杆可以进行 45°方向操作,以实现红、蓝缸同时的伸缩,即向右上方向拨动摇杆可以实现红蓝缸同步伸出,向左下方向拨动实现红蓝缸同步缩回。管片拼装机遥控器具体的操作说明见表 13-10。

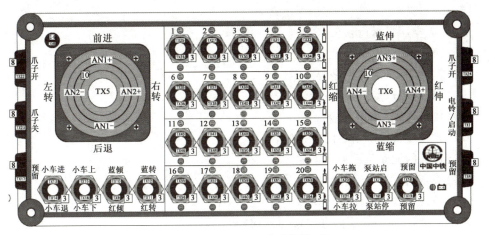

图 13-22　管片拼装机遥控器控制面板

管片拼装机遥控器操作说明　　　　　　　　　　表 13-10

名称	功能	状态及操作
蓝转/红转	升降安装机头部旋转到蓝色或红色油缸处	状态： (1)过滤器和冷却泵工作状态。 (2)处于管片安装状态。 (3)辅助液压泵工作。 (4)无紧急停止功能。 (5)管片安装机泵工作
蓝倾/红倾	旋转安装机头部前/后倾斜	
小车拖/小车释放	选择管片运输小车拖拉或释放	
小车前进/小车后退	选择管片运输小车前进或后退	
小车上/小车下	选择管片运输小车上升或下降	
红缸伸/红缸缩 蓝缸伸/蓝缸缩	伸缩活动架	
管片安装机前进/管片安装机后退	管片安装机向前或向后运行	
管片安装机左转/管片安装机右转	管片安装机顺时针旋转或逆时针旋转	
爪子开	两个按钮同时按下打开卡爪	
爪子关	关闭卡爪	
推进油缸伸出/回收	选择推进油缸伸出或回收	
电铃	通过遥控器操作	

任务2　土压盾构机操作

2.1　施工操作前准备工作

1)土压盾构机开机前的检查

土压盾构机开机前的检查应对以下设备进行检查。

(1)检查延伸水管、电缆连接正常。

(2)检查供电是否正常。

(3)检查循环水压力是否正常。

(4)检查滤清器是否正常。

（5）检查皮带输送机、皮带是否正常。

（6）检查空压机运行是否正常。

（7）检查油箱油位是否正常。

（8）检查油脂系统油位是否正常。

（9）检查泡沫剂液位是否正常。

（10）泥水处理系统的检查。

（11）检查注浆系统是否已准备好。

（12）检查后配套轨道是否正常。

（13）检查出渣系统是否已准备就绪。

（14）检查盾构操作面板状态：开机前应使螺旋输送机前门应处于开启位，螺旋输送机的螺杆应伸出，盾构处于掘进模式，无其他报警指示。

（15）检查测量导向系统是否工作正常。

（16）若以上检查存在问题，首先处理或解决问题，然后再准备开机。

（17）请示土木工程师并记录有关盾构掘进所需要的相关参数，如掘进模式（敞开式、半敞开式或土压平衡式等）、土仓保持压力、线路数据、注浆压力等。

（18）请示机械工程师并记录有关盾构掘进的设备参数。

（19）若需要，则根据土木工程师和机械工程师的指令修改盾构掘进参数。

（20）确认注浆系统已经开始工作。

2）检查各系统是否能够正常启动

（1）根据工程要求选择盾尾油脂密封的控制模式，即选择采用流量控制和采用压力控制模式。

（2）参照工业电脑，检查是否存在当前错误报警，若有，首先处理。

（3）将操作面板螺旋输送机转速调节旋钮、刀盘转速调节旋钮、推进油缸压力调节旋钮、盾构推进速度旋扭等调零。

（4）启动液压泵站的冷却循环泵，并注意泵启动时声音和振动情况等是否正常。

（5）依次启动润滑脂泵、齿轮油泵。

（6）依次启动补油泵、控制油泵。

（7）依次启动主驱动泵及螺旋输送机驱动泵。

（8）依次启动推进泵及辅助泵。

（9）启动主轴承密封油脂泵，调整油脂泵使其保持在设定的泵送油脂量和气动压力。

（10）选择手动或半自动方式启动泡沫系统。

（11）启动盾尾油脂密封泵，并选择自动位。

2.2 正常施工操作过程

1）启动皮带输送机

按下启动按钮，转动电位器旋钮，调节皮带输送机转速，让皮带输送机空运转一会儿。

2）启动刀盘

（1）选择刀盘的挡位，一般在软岩地段选择低速挡位；在扭矩比较小的地层中可以选择高速挡位,具体要根据实际情况来确定。

(2)根据测量系统面板上显示的盾构目前滚动状态选择盾构旋向按钮,一般选择能够纠正盾构滚动的方向。

(3)选择刀盘启动按钮,并慢慢顺时针旋刀盘转速控制旋钮。严禁旋转旋钮过快,以免造成过大液压冲击,损伤液压设备。此时注意主驱动压力变化,若因压力过高而使刀盘启动停止,则先把速度旋钮至最小,再重新启动。

3)启动螺旋输送机

(1)慢慢开启螺旋输送机的出渣口仓门。

(2)启动螺旋输送机按钮,并逐渐增大螺旋输送机的转速。

4)开始推进

按下推进按钮,并根据测量系统屏幕上指示的盾构姿态,调整各组推进油缸的压力至适当的值,并逐渐增大推进系统的整体推进速度。下面是土压模式掘进参数的调整。

(1)对于岩层稳定性较好的岩层(一般岩层强度f_c>60MPa),可以采用敞开式掘进,则不用调整土仓压力,以较大开挖速度为原则。

(2)对于开挖地层具有一定的自稳性(一般岩层强度30MPa>f_c>60MPa),可以采用半敞开式掘进,这样需要调节螺旋输送机的转速,使土仓内保持一定的渣土量,一般约保持2/3左右的渣土。工业电脑监视器上土压传感器值一般显示:1号压力可以为0bar,2、3号压力值稍大于0,4、5号压力值为1bar左右即可。

(3)对于开挖地层稳定性不好或有较多的地下水的软质岩地层(一般岩层强度5MPa≤f_c≤30MPa)时,需采用土压平衡模式(即EPB模式)。此时需根据前面地层的不同,保持不同的渣仓压力,具体压力值应由土木工程师决定;但最大土仓压力值必须低于盾构主轴承密封的最大抗压能力,否则有可能损坏主轴承密封。

(4)对于地层稳定性很差的极软岩(一般岩层强度f_c<5MPa)和软硬不均的地层,一般也采用EPB模式,和上一步骤土仓压力调整相同。

(5)若压力大时可以采取以下几个措施来降低压力:加快螺旋输送机的转速,增加出渣速度;适当降低推进油缸的推力;降低泡沫和空气的注入量;适当的排出土仓内一定量的空气或水。

(6)若压力小时,可以采取以下几个措施来增大压力:降低螺旋输送机的转速,降低出渣速度;适当增大推进油缸的推力;增大泡沫和空气的注入量。

(7)增大或降低土仓内的压力是可以通过上面几种办法的综合运用来调整实现,但调节时要综合考虑几种方法对盾构施工的影响,如必须考虑到掘进的速度、对管片的保护以及是否发生喷涌等因素。一般情况下有以下几种影响:长时间降低螺旋输送机的转速可能会使开挖速度下降;过量注入泡沫来保压不但不够经济,而且有可能发生喷涌;过少则可能造成刀盘扭矩增加;推进系统推力过大有可能破坏管片,造成裂纹或变形,并且可能损坏刀具;推进系统推力太小则掘进效率降低。

5)盾构推进方向的调整

(1)盾构方向的调节,是通过推进系统几组油缸的不同压力来进行的。一般的调节原则是:使盾构的掘进方向趋向隧道的设计中心线。

(2)盾构推进油缸每组压力,一般对盾构掘进方向的影响是:当盾构油缸左侧压力大于右侧时,盾构姿态趋势自左向右偏移;当上侧压力大于下侧压力时,盾构姿态趋势自上向下偏移。依次类推即可调整盾构的姿态。

(3)为了保证盾构的铰接密封、盾尾密封工作良好,同时为了保证隧道管片不受破损,盾构在调向的过程中不能有太大的趋势,一般在测量系统屏幕上显示的任一趋势值不应大于规定的偏差。

(4)一般情况下,当盾构处于水平线路掘进时,应使盾构保持稍向上的掘进姿态,以纠正盾构因自重而产生的低头现象。

6)盾构滚动的调整

为了保证盾构在推进过程中正确的受力状态,盾构不能有太大的自转,一般不能大于测量系统屏幕上显示的允许滚动值。通过调整盾构刀盘的转向可以调整盾构的自转。改变盾构刀盘转向按以下操作进行:按停止按钮停止掘进,将刀盘机转速旋钮调至最小,重新选择刀盘转向,按开始按钮,并逐渐增大刀盘转速即可。

7)刀盘扭矩的调整

当刀盘扭矩过大时可以采取以下措施:加大渣土改良物质的注入量,适当降低推进油缸推力,适当减少刀具的贯入量等。

8)铰接油缸操作调整

铰接油缸的作用是为了使盾构能够很好适应蛇行前进,特别是为了使盾构更好适应隧道曲线掘进。当旋钮在收缩位时盾尾缩回,当处于保持位时铰接油缸处于锁定位,当处于释放位时,铰接油缸处于浮动位,此时盾尾能根据前盾和管片的位置自动调整姿态。

9)其他辅助设施的操作

(1)仿形刀的操作:当盾构在转弯半径较小的曲线上掘进时,有时会用到仿形刀进行辅助掘进。仿形刀可以根据工业电脑的设定实现在一定的角度范围伸缩,具体的数值应由土木工程师来确定。当需要使用仿形刀时,首先启动仿形刀油泵,然后选择仿形刀控制旋钮到自动位,仿形刀即可按照预先设定的值进行工作。当需要停止时需先选择到手动位,把仿形刀缩回,然后再停止仿形刀油泵。

(2)稳定器的操作:当盾构在较硬的地层中掘进,盾构滚动趋势比较严重,或盾构本身振动比较严重时,有的盾构设计了专门的稳定器装置,可以根据需要使用稳定器来辅助掘进。这时只需在掘进时同时伸出左右两个稳定器即可。当不用时把稳定器缩回。

(3)泡沫系统的操作:泡沫系统一般有三种操作模式,即自动、半自动、手动,当各种条件都比较理想时可以采用自动模式,否则就要采用半自动或手动模式。根据实际情况,一般采用半自动或手动模式。此时操作司机根据盾构综合参数,如刀盘扭矩、土仓压力及出渣情况等,依据个人的经验对泡沫剂或空气的流量进行手动调节,一般按"＋"按钮增大流量,按"－"按钮减小流量。当掘进结束时按停止按钮停止泡沫系统。

(4)膨润土系统的操作:膨润土的作用也是为了改良渣土的特性,使其更利于掘进和出渣。当需要使用膨润土时,首先要在洞外将膨润土搅拌好并输运到洞内的膨润土罐内,然后启动搅拌泵和输送泵,并调整膨润土的泵送流量即可。停止输送时直接停止输送泵,但当罐内还有膨润土时一般不要停止搅拌泵。

10)掘进结束操作

当掘进结束时,按以下顺序停止掘进:

（1）停止推进系统。

（2）逐步降低螺旋输送机的转速至零，停止螺旋输送机。

（3）关闭螺旋输送机出渣口仓门。

（4）停止皮带输送机。

（5）若刀盘驱动压力较大，则可持续转动刀盘，适当搅拌土仓内渣土，当驱动压力（电驱动时主要看电流的变化）降低至一定程度时减小刀盘转速至零，并停止刀盘转动。这样有利于下次刀盘启动时扭矩不至于太大。

（6）若立即准备安装管片，则按下管片安装按钮。

（7）依次停止主驱动泵（电机）、补油泵、螺旋输送机泵、控制泵、油脂密封系统、齿轮油泵、泡沫系统，通知有关人员进行下一工序的工作。

2.3 操作要求和注意事项

（1）在盾构的掘进过程中，应有一名司机随时注意巡检盾构的各种设备状态，如泵站有噪声情况，液压系统管路连接是否松动及是否有渗漏油，油脂及泡沫系统原料是否充足，轨道是否畅通，注浆是否正常等。操作室内主司机应时刻监视螺旋输送机出口的出渣情况，根据测量系统屏幕上显示的值调整盾构的姿态，发现问题立即采取相应措施。

（2）掘进过程中主司机必须严格按照要求填写相关部门规定的各种数据表格，以及详细的故障及故障处理办法。

（3）盾构操作必须一切以保证工程质量的要求为出发点，充分保证隧道的衬砌质量，保证线路方向的正确性，并且尽量减小因盾构施工而引起的地表沉降。所以必须做到：注浆不能保证时不能掘进；方向没有量测时不能掘进；严格执行土木工程师下达的土压指令，对掘进中的出土量突现异常时要立即报告，有问题及时提出。

（4）盾构操作要充分合理利用盾构的各种功能，严禁为了赶进度而拼设备；要严格执行盾构说明书上的各种安全操作要求，严格遵守机械工程师下达的参数指令。

（5）操作人员操作期间必须集中精力，不得从事其他与掘进无关的工作。

（6）掘进报告和作业记录的填写。

为了积累盾构施工经验，更好地进行盾构施工的总结，以及留下必要的施工考证依据，在盾构施工的过程中必须严格按照要求填写掘进报告。

（7）非操作人员严禁操作盾构机。

项目 13　习题

项目14　泥水盾构机施工操作

任务1　泥水盾构机操作面板认识

盾构操作是一项综合性较强的技术。它不但要求操作者对整个盾构施工的各方面知识有一定的了解，更重要的是，要非常熟练地掌握盾构及其相关设备的各种操作方法及技巧，以及处理施工中可能出现各种情况的能力。因此要求操作者必须充分地理解盾构的操作原理，完全掌握盾构的操作技术，这样才能真正完成盾构的操作任务。

盾构的操作包括许多方面的内容。盾构主要的控制系统安装在主控制室内，其中包括推进系统、铰接油缸、主驱动系统、泥水循环系统、盾尾油脂密封等部分的控制，以及盾构操作中主要参数的设置，所以说主控制室内的操作是盾构操作的核心。

上位机启动后将自动运行本台盾构专用的监控软件，该软件是用于监测和控制盾构施工各个功能系统的专业应用软件。它能够显示盾构机在施工中所有的重要参数，并能够根据需要对一些参数和功能进行设置和修改，从而使盾构能适应地层变化的复杂性和多样性。

监控程序运行后将自动进入主监控页面。页面上方标题栏右侧除了显示系统时间及日期之外，还设置有故障报警标记块，当控制系统有报警故障时，标记块显示为红色，在右上角闪烁指示，并显示报警故障数量。屏幕下方设置了上位机每个页面的切换按钮，操作时可以根据需要在各个页面之间任意切换。顶端公共数据区，显示掘进通用参数，例如刀盘转速、挡位、方向、推进状态、泥浆循环状态、主开关状态等。

1.1　主监控界面

该界面显示了盾构机主要功能系统运行参数，如图14-1所示，包括推进系统、注浆系统、刀盘系统、铰接系统、驱动润滑、油脂监控及其他常规参数等。位于画面上部中间位置的"PLC连接正常"提示上位机与PLC之间的数据交换状态，当为绿色代表正常，红色代表异常。画面上部还显示了当前环数与盾构操作状态等。

主监控页面上刀具测量栏中的一项是刀具磨损压力检测。当压力低于40bar时上位机对刀具磨损进行报警。

当上位机刀具磨损报警时需要停机进行刀具磨损程度判断，判断方法如下：

（1）关闭通向刀盘的各刀具检测管路上的手动球阀。

（2）将进油阀推到对蓄能器冲压位置，观察压力表，压力到达200bar后再搬回中位。

（3）开启通向刀盘的1路刀具检测管路上的手动球阀，等待1min，注意观察压力表数值变化。

(4) 对没有磨损的刀具检测管路进行刀具未损坏标记。
(5) 当检测到刀具已经损坏后对该路进行标记,并关闭该路手动球阀。
(6) 按照上述方法检查另外 1 路。

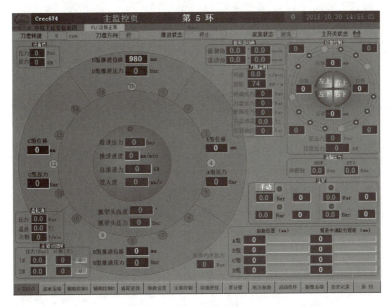

图 14-1　主监控界面

1.2 泥水环流界面

泥水环流界面显示了盾构机泥水环流系统的阀门状态、进浆阀开启数量、维修保压状态、泥浆泵状态、进排浆流量密度、气垫仓液位监视、开挖仓及气垫仓压力监视等,如图 14-2 所示。

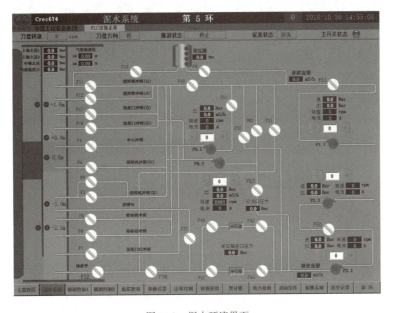

图 14-2　泥水环流界面

阀门状态:阀门有三种状态,分别代表阀门开、关和介于开关之间的状态。当形成通路时,将有水流效果。

进浆阀开启数量:统计进浆阀开启数量显示。

维修保压状态:显示维修保压罐压力及液位情况。

泥浆泵状态:显示泥浆泵设定速度、进出口压力、转速、电流等。

进排浆流量密度:实时显示进排浆主管路的流量及密度。

气垫仓液位监视:配置连续量的拉绳液位计及开关量的液位开关,监视气垫仓液位。

开挖仓及气垫仓压力监视:实时监视开挖仓、气垫仓压力。

1.3 注浆控制界面

该界面主要实现注浆系统的控制及参数设定,如图14-3所示。界面中的控制按钮与本地操作面板按钮功能一致,按下后显示为绿色时表明处于启动状态,再次按下显示为红色时表明处于关闭状态。其中本地控制按钮可实现主控室与本地控制切换功能。

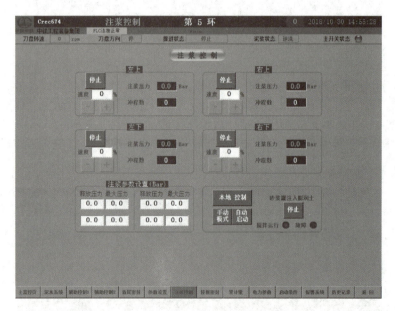

图14-3 注浆控制界面

砂浆罐注入膨润土按钮:控制砂浆罐注入膨润土气动球阀,启动显示绿色。

搅拌状态显示:搅拌运行绿灯显示,搅拌故障红灯显示。

1.4 电力参数界面

该界面提供了盾构机电力参数监视功能,如图14-4所示,主要包括进线母排上总功率、功率因数、各相电压电流值和工作时间等参数的监视,特别提供有功电能费率及无功电能费率的统计显示功能。

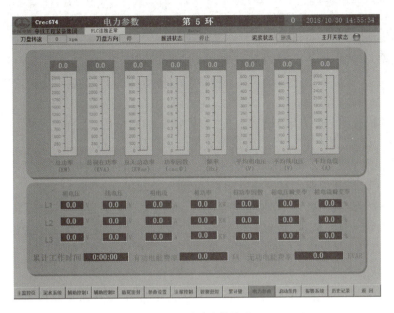

图 14-4　电力参数界面

1.5 辅助系统界面

1) 辅助系统页面 1

辅助系统页面 1 如图 14-5 所示，主要包括拼装机位置监测、超挖刀控制、破碎机控制、通信状态、累计运行时间统计。

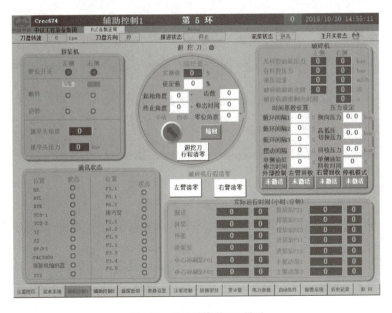

图 14-5　辅助系统页面 1 界面

项目 14　泥水盾构机施工操作

213

（1）拼装机位置监测：显示当前拼装机左右侧接近开关限位实时状态，是否感应到信号；监视拼装机旋转的状态，顺转、逆转过报警位置显示，到达极限位置显示；显示拼装机编码器检测的拼装机当前角度以及抓举头压力。

（2）超挖刀控制：首先需要对超挖刀相关参数进行设定，设定自动模式下起始角度、终止角度。手动模式下，通过伸缩按钮进行操作；自动模式下，刀盘到起始位置伸出，终止位置缩回。

（3）破碎机控制：显示当前破碎机左、右侧油缸的有杆腔、无杆腔压力。可以对循环等待时间进行设置，其中自动模式可以设置三个挡位的时间值，摆动模式可以设置一个时间值。破碎机需要进行外部控制时，必须在上位机进行激活操作，并且激活本地控制盒的控制权。破碎机润滑监视内容为油脂压力、注射次数及循环时间。

（4）通信状态：显示各个IO站的通信状态，绿色代表通信正常，红色代表通信故障。

（5）累计运行时间监视：通过程序的累计功能，可以监视主要系统或者过程的累计运行时间，包括掘进、管片拼装、停机、P2.1泵、P1.1泵等的累计运行时间。

2）辅助系统页面 2

辅助系统页面2如图14-6所示，主要是齿轮油监视、润滑油脂监视、收浆泵监视、外循环水监视、液压油箱监视、变频器控制选择、气垫仓液位开关冲洗控制、空压机自动排水手动、中继泵激活控制。

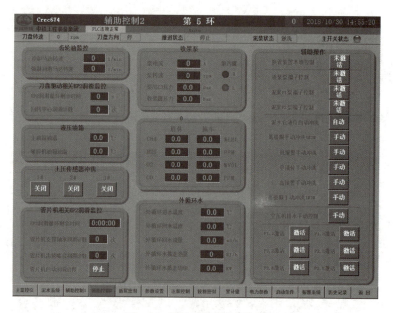

图 14-6　辅助系统页面 2 界面

（1）齿轮油监视：监视齿轮油润滑马达的转速。

（2）滑油油脂监视：实时监视润滑油脂的次数及循环时间。其中，管片安装机自动润滑可以选择是否启用。

（3）收浆泵监视：实时监视渣浆泵电流，运行频率，泵出口压力以及集污罐液位情况。

（4）外循环水监视：监视外循环水进出水温度、回水流量，以及计算出来的外水携带走的热量和功率值。

（5）液压油箱监视：实时监视油箱1（主油箱）和油箱2（破碎机油箱）的温度。

(6)变频器控制选择:选择变频器的控制方式、端子或者总线控制。

(7)气垫仓液位开关冲洗控制:泥水仓液位冲洗可以选择手动或自动模式,手动模式下,按相应位置的液位开关冲洗按钮,进行一次冲洗操作。自动模式下,程序将按固定时间间隔,对所有液位开关进行一次冲洗操作。

(8)空压机自动排水手动控制:通过激活该按钮,可以手动让空压机排水动作一次。可以用来调试或者判断排水的状况。在未按手动按钮时,程序按照固定时间执行一次排水动作。

(9)中继泵激活控制:当安装相应的中继泵时,需要上位机激活相应中继泵,以便进行控制。

1.6 盾尾密封界面

盾尾密封界面如图 14-7 所示,在主控室面板选择控制模式(手动/自动,前提条件盾尾油脂桶有足够的油脂且控制盒处于工作模式)。如果选择手动,需在主控室面板按下"启动"按钮,并在上位机上选择需要注入的点(前腔、中腔和后腔);如果选择自动模式,将按照"参数设置"界面"盾尾密封系统"的"冲程数设定"和"等待时间设定"从"前腔右上"到"后腔左上"循环注入;如果选择"自动"且选择"行程控制模式",将按照"参数设置"界面"盾尾密封系统"的"行程距离",每到一个行程距离,循环注脂一次。如果选择"自动"且选择"压力控制模式",将按照"参数设置"界面"盾尾密封系统"的"最大压力",循环注脂,直到达到设定的压力。

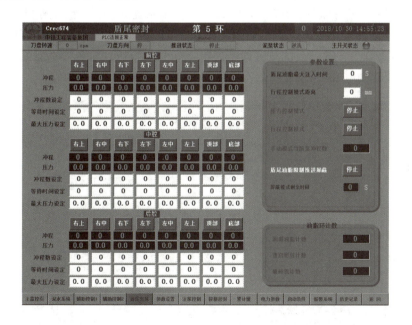

图 14-7 盾尾密封界面

盾尾密封自动注入参数设置:前腔(中腔、后腔)次数与时间设置为在行程控制模式下自动注入参数设置值,最大压力是在盾尾密封油脂压力控制模式下自动注入参数设置值。在行程控制模式下,在设置的推进距离内,每一路注入设定的次数即转入下一路注脂,时间间隔参数用于设置此路注入完毕后转入下一路注入时间的间隔。等待时间用于设定每路注脂最大允许的持续时间,如果此路注入时间达到设置的最大等待时间次数仍未达到,则跳转到下一路。在压力控制模式下,可以设定每一路注入的最大压力值,在自动控制模式下,程序依次对每一路进行注脂,每一路注入启动后,当检测到压力值达到此路设置的压力时即停止注入,进行下一路的注入,循环往复。

油脂桶内油脂用完后需要更换油脂桶,满油脂桶通过蓄电池车运输至油脂泵区域,利用油脂起重机吊下放到合适的位置。油脂桶更换操作顺序如下:

(1)将油脂泵送系统控制旋钮拧至维修挡。

(2)调节气缸压力至6bar,打开油脂桶通风阀,将气锤操作手柄上抬,提升气锤,将气锤从空油脂桶中提出。

(3)搬开空的脂桶,将满桶正放在气锤下方。

(4)拧开气锤上的放气螺杆,关闭油脂桶通气阀,下压气锤操作手柄,将气锤压入油脂桶中。

(5)一旦气锤进入油脂桶,调节气锤压力,降至不能高于2bar,将泵送手动阀拧至手动工位,可听见油脂泵频率很高的"啪啪"声,这时可以打开油脂泵放气阀放出油脂桶内的空气,待其频率降低后,即表示已开始注脂,关闭放气阀。

1.7 启动条件界面

该界面显示推进系统、泥浆泵、周末模式、常规水系统、油脂系统、破碎机系统、刀盘等系统的启动条件,如图14-8所示。如果某项条件满足本系统启动要求时字体显示为绿色,否则显示为红色。每一系统对应的一栏中所有条件都显示为绿色时,表示所有条件都已满足启动要求,相应的系统方可启动。

图14-8 启动条件界面

1.8 参数设置界面

该界面显示了各系统主要参数设置,如图14-9所示。参数设置页面需要输入密码方可改变参数值。盾构正常运行期间,需要盾构司机与土木工程师根据现场条件,共同制定各项参数值。设置的参数值必须在相应的范围内,如果超出预设范围,参数不能被改变。参数设置页面所设置的参数是盾构机运行的重要依据,其他人员勿更改。

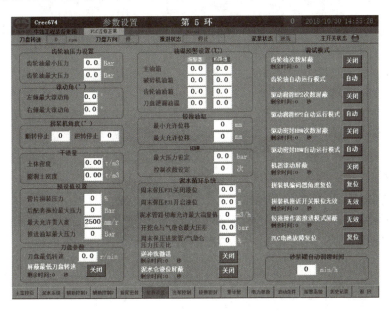

图14-9 参数设置界面

(1)齿轮油压力设定:设置齿轮油最小压力与最大压力,监控第三道密封腔的密封情况,如果压力低于最低压力或者高于最大压力,则刀盘不允许旋转。

(2)左倾最大滚动角与右倾最大滚动角:通过设定这两个数值限定盾构推进时盾体的滚动角度,当左倾达到设定值,不允许刀盘右转,当右倾达到设定值时限制刀盘左转。

(3)拼装机角度:设定拼装机顺转停止限定角度与逆转停止限定角度。

(4)后配套行程:用于监控后配套油缸行程状态,并用于警报。

(5)管片模式推进压力:在管片安装模式下推进泵压力为一恒定值,其大小由此参数栏设置。

(6)后配套拖拉最大压力:当设备桥压力达到设定值,既不能控制后配套拖拉油缸的伸出,也不能控制其回缩。

(7)贯入度:设定贯入度最大值,用于限定推进最大允许贯入度。

(8)推进油缸最大压力:通过设定推进允许最大压力,可以限定推进泵输出的最大压力,当推进泵压力达到最大设定压力并持续3s后,停止推进模式,从而保护推进泵液压系统的安全性。

(9)刀盘最低转速设置:刀盘转速小于此栏设置的最低转速时不允许推进,从而防止刀盘转动负载过大或卡死于掌子面。

(10)油温参数设置:预警值用于设置上位机报警的门限值,报警值用于设置停机的门限值。当油温超过预警值,会通过上位机给出报警,蜂鸣器鸣响并闪烁提示操作司机。

如果该油温超过报警值,相应泵启动条件不满足,则对应系统的液压泵将立刻停机。

(11)铰接油缸最小与最大位移:在推进模式或者铰接调试模式下铰接可以进行"伸出"或"缩回"操作。但是当四组铰接任意一组位移小于此栏设置的最小位移值时,不允许铰接进行"缩回"操作。当铰接任意一组位移大于此栏设置的最大位移值时,则不允许铰接进行"伸出"操作。

(12)周末保压启动注入液位:周末保压时,当液位低于该值时,启动液位自动注入操作。

(13)周末保压停止注入液位:周末保压时,当液位高于该值时,停止液位自动注入操作。

(14)泥水管路切断最大允许流量:管路阀门进行关闭操作时,管路最大允许流量限定,以免发生爆管等事故。

(15)开挖仓与气垫仓压力差:限定掘进过程中的开挖仓与气垫仓压力差,如果掘进过程中,压力差超过限定值,则推进模式停止。

(16)周末保压进浆管压力/气垫仓压力:用于设定周末模式下进浆管压力目标值,保证注入压力。

(17)逆冲洗激活:逆冲洗激活限定按钮,设定密码保护。

(18)泥水仓液位屏蔽:可以进行泥水仓液位屏蔽操作,当屏蔽模式启用时,液位开关相关连锁解除。在限定时间5min过后,液位连锁自动恢复。

1.9 报警系统界面

报警系统界面即时显示盾构机掘进期间发出的报警与故障信号,以方便操作与检修人员及时获取设备工作状态与异常信息,如图14-10所示。当设备出现任何异常时,面板蜂鸣器发出报警提示音,并且在此界面将出现相应的报警内容。

图14-10 报警系统界面

在故障未消除的情况下,按下复位按钮,蜂鸣器将停止报警提示,但是此页面出现的相应报警内容不会消失;当故障消除后,按下琴台面板上的复位按钮,提示音与相应的信息都将消除。此时按下"报警历史"按钮,可以查询到所有已报警的信息条目。

1.10 历史记录界面

历史记录界面能对 24h 内盾构机产生的各项参数进行记录,可方便操作人员对掘进参数进行统计和查看,如图 14-11 所示。

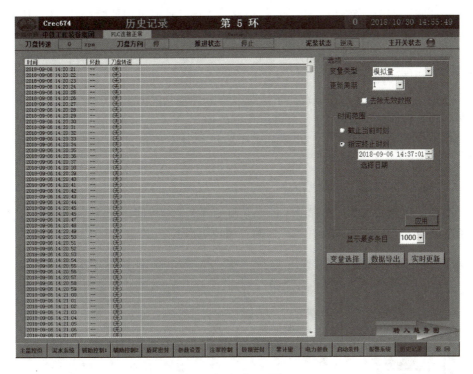

图 14-11 历史记录界面

任务 2 泥水盾构机操作

盾构操作必须一切从保证工程质量的要求为出发点,充分保证隧道的衬砌质量,保证线路方向的正确性,并且尽量减小因盾构施工而引起的地面下沉,所以必须做到:注浆不能保证时不能掘进;没有方向测量时不能掘进;严格执行土木工程师提出的土压指令,有问题及时提出。

盾构操作要充分合理地应用盾构的各种功能,严禁为了赶进度而拼设备;要严格执行盾构机各种安全操作要求,严格遵守机械工程师提出的参数指令。

在盾构的掘进过程中,应有一名司机随时注意巡检盾构的各种设备状态,如泵站噪声情况,液压系统管路连接有否松动及是否有渗漏油,油脂系统原料是否充足,轨道是否畅通,注浆是否正常等。操作室内主司机应时刻监视气垫仓内泥浆液位变化情况,根据导向系统调整盾构的姿态,发现问题立即采取相应的措施。

掘进过程中主司机必须严格按照要求记录相关部门规定的各种数据表格,以及详细的故障及故障处理办法。盾构操作人员必须身体健康,能够适应较长时间的洞内工作,无色盲,具有较强的责任心。

2.1 泥水循环操作

泥水循环系统既有保持掌子面压力的作用,也有排渣的作用,但保持掌子面压力的作用是首要且必须满足的。

为保证施工安全,当液位监视显示气垫仓液面已经达到低液位时,便需停止从气垫仓排出泥浆的工作,且所有相关球阀必须设定到各自相应的位置。

同样,当气垫仓达到高液位时,气垫仓/泥水仓的进浆便停止,且所有相关球阀也必须设定到各自相应的位置。

上述情况下,各泥浆泵按设定要求运行。一旦气垫仓液面再次达到所需标准值,操作人员必须检查球阀的位置,然后才可以运行掘进模式。

如果液位必须完全降低,可将液面监视功能通过上位机显示屏上的一个开关予以切断。

1) 泥水循环控制面板/界面

泥水循环控制面板和泥水循环上位机界面是两个并行界面,通过切换可选择其中之一控制泥水循环系统的运行,两个控制界面的各项功能基本一致,如图 14-12a)、b)所示。

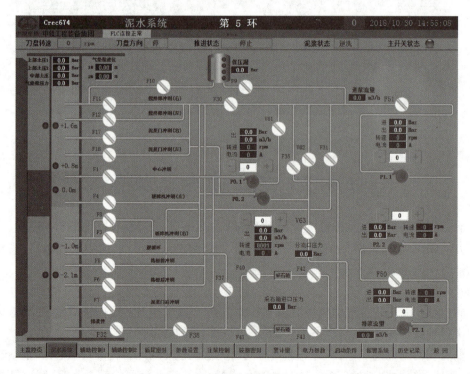

a) 泥水循环上位机界面

图 14-12

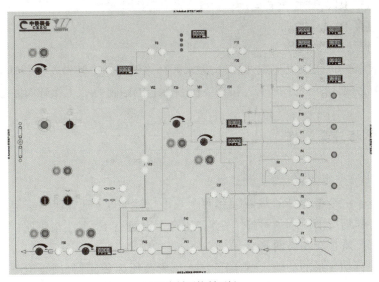

b）泥水循环控制面板

图 14-12　泥水循环上位机界面及控制面板

2）基本操作步骤

（1）上部液位监控

①条件：液位达到 +0.8m

旁路球阀 F31 自动打开；

进浆主球阀 F30 自动关闭；

当液位达到标准值时，重新启动：

手动打开球阀 F30；

手动关闭旁路球阀 F31；

②条件：液位达到 +1.6m

旁路球阀 F31 自动打开；

进浆泵 $P1.1 \sim P1.n$ 自动关闭；

排浆泵保持工作状态；

当液位达到标准值时，重新启动；

打开进浆泵 $P1.1 \sim P1.n$；

手动关闭旁通球阀 F31。

（2）下部液位监控

①条件：液位达到 -1.0m

旁路球阀 F31 自动打开；

旁通球阀 F31 完全打开后自动关闭排浆球阀 F32；

所有进浆球阀保持原有状态；

当液位达到标准值时，重新启动；

手动打开排浆球阀 F32；

排浆球阀 F32 完全打开后手动关闭旁路球阀 F31。

②条件：液位达到 -2.1m

关闭排浆泵 $P2.1 \sim P2.n$。

当液位高于上限值时,重新启动;

打开排浆泵 P2.1~P2.n。

(3)泵故障,电源故障

如果排浆泵或进浆泵发生意外故障,泥水循环系统通过上述液位监控功能进行控制。如果断电,旁通球阀打开,所有连接气垫仓、泥水仓的球阀关闭,其余球阀保持原有状态。

2.2 同步注浆操作

1)同步注浆系统组成、性能参数

系统配置了一个带搅拌的浆液罐和两个双出口注浆泵(既确保注浆速度,又保证单台泵失效等特殊情况下工程的可持续性)。盾壳上设置有10个注浆管路(4用6备),其中2路设置在尾盾顶端左右两侧。

为了实现自动注浆的功能,在管路的注入端安装压力传感器,用于检测注浆压力,可以通过控制液压油流量来调整注浆泵动作次数,从而调整泵送注浆量,在实际操作中通过电位器控制比例调速阀来实现流量控制。

2)同步注浆系统控制

本设备由液压动力站提供动力。泵送注浆量可以通过控制液压油流量来调整。4个出口都装有压力传感器。在泵的冲程可检验的地方,每个活塞都装有计数器。这样每条线上的注浆量均可变化以适应盾构的掘进速度,每个注浆点上的压力传感器发出的信号可以用于控制注浆过程。

(1)手动操作

在手动方式中,有可能单独选择四个注浆点的每一个,并通过控制板的开关启动该系统。注入量可借助控制板上的电位器进行变化。

(2)自动操作

在自动操作中,所有4个注浆点都设有连续监测,如果压力超过最小静压力的预设值开始注浆。如果超过最大静压力预设值注浆就会减少,直到该值降到限制值以下。注浆压力在主控室有显示,并且最小、最大静压力的预设也是在主控室完成的。

3)盾构的推进与注浆同步的保证措施

同步注浆与盾构推进同时进行,通过同步注浆系统及盾尾的注浆管,在盾构向前推进盾尾空隙形成的同时注浆。同步注浆在盾尾空隙形成的极短的时间内将其充填密实,从而使周围岩体获得及时的支撑,可有效地防止岩体的坍陷,控制地表的沉降,地表沉降量应控制在要求范围之内。

(1)必要条件

①盾构配置的注浆系统能力与盾构推进能力相匹配。

②根据地层渗透特性、掘进速度,准确计算每环的注浆量。

③根据地层特性及参数,确定正确的预设压力。

④根据要求配置合格的浆液配比成分。

(2)保证措施

①同步注浆坚持"掘进必须注浆"的原则。

②注浆结束标准应以注浆量和注浆压力双重标准进行控制。
③结合地表监测结果,对注浆参数进行调整,严格执行信息化施工控制。

2.3 管片拼操作

1) 管片安装前的准备

(1)确认推进油缸行程至少大于1700mm。
(2)确认管片安装设备液压及控制系统工作正常。
(3)所需要的安装工具及设备如风动扳手、紧固螺栓等准备完成。
(4)确认由相关技术人员决定的管片类型及管片安装的环向位置。
(5)检查运输进隧道内的管片类型是否符合要求。
(6)清理管片安装区域的渣土、泥水、杂物等。

2) 管片安装步骤

(1)将管片按正确顺序放在管片小车上。
(2)将盾构工作模式转换到管片安装模式下。
(3)依次启动过滤冷却泵、辅助泵、推进泵、控制泵、管片安装机泵。
(4)收第一块管片安装区的推进油缸。
(5)管片小车将第一块管片输送到安装机下方。
(6)管片安装机抓牢管片后,通过调整大油缸、旋转马达、抓举头翻转等,将其准确定位到最终位置。
(7)在需要安装螺栓的孔内穿上螺栓,但暂时不要拧紧。
(8)将相应的推进缸伸出,顶紧已到位的管片。
(9)松开抓取头,进行下一块管片的安装。
(10)按照以上的步骤依次安装除封顶块以外的其余管片,安装封顶块时要使封顶块从梯形头的大端向小端慢慢移动来进行定位。
(11)管片安装完成后,应将管片安装机的抓取头向下放置,并将盾构切换到掘进模式。
(12)用风动扳手将螺栓紧固,风动扳手的风压要满足规定的扭矩要求。
(13)根据需要将本环管片的安装信息输入导向系统。

3) 管片运输安装注意事项

(1)管片车进入后配套区域时,有撞伤人员的危险,请司机按照指挥人员信号行车。
(2)在搬运、安装管片时有碰撞作业人员的危险,搬运者应确认前方无人。另外,为防止发生意外,操作人员请勿进入管片运输作业范围内。
(3)如果起吊或前后搬运的操作过猛,有起吊物脱落而造成伤害的危险,须将起吊冲击控制在最低程度,保持平稳操作。
(4)管片吊钩如未完全锁好,有管片落下伤及作业者的危险,须确认吊钩完全锁好后再起吊。
(5)管片起吊、放下时,有因管片晃动,夹住手脚的危险,因此管片等物起吊时,勿进入起吊物下方,避免发生重大人身事故。
(6)搬运中的管片,有因晃动而碰撞身体的危险,须确认附近无人后再作业。另外,为了避免起重物摇动,须平稳操作。

(7)起重机应在额定起重量范围内使用,否则造成人身事故。

(8)安装管片之前,应将盾尾杂物清理干净,否则将会损坏盾尾密封以及影响管片安装的质量。

(9)由于管片安装作业区狭小、危险,操作人员必须熟悉安全操作规程,注意操作人员之间的相互协调,一定要保证人身和设备安全。

(10)管片安装机工作时,严禁管片安装机下站人,严禁非工作人员进入工作区。

(11)当正在安装的管片接近已安装好的管片时,要注意不能快速接近,以免碰撞而破坏管片。接近后要利用转动与翻转装置进行微调,保证管片块间的连接平顺。

(12)安装管片过程中,要保证密封条完好,否则应更换。

(13)安装完成后应对已完成的管片质量进行检查,并进行记录。

(14)管片安装机旋转马达的油管损伤时,有失控旋转而夹伤人的危险。通过日常检查,确认油管有无损伤、漏油,特别是超出旋转限度使用时,软管很有可能被拉断,须避免。

(15)注意用干净的手操作管片安装机操作盒。另外,要防止操作盒受潮、沾染污迹。

(16)管片安装机旋转时,有被旋转环、升降机架等旋转物夹住的危险,所以勿靠近旋转的管片安装机。

(17)管片安装机操作中,如软管等被周边设备挂住而损伤,则有管片安装机械手和管片落下伤人的危险,须注意保护软管。

(18)管片安装机停止时,管片安装机抓举头要停在正下方的位置。在管片吊起状态和抓举头转到上方的状态时,勿长时间(3min 以上)放置,有坠落的危险。

(19)如管片抓举头未抓持到底,有管片落下,造成重大事故的危险,须将抓举头抓持到位并注意观察旋转时是否脱出。

(20)组装管片上部时,为防物件落下伤及下边的作业者,作业时勿在下边行走。

(21)管片定位时,有将手脚夹在管片间的危险,须确认作业者的安全后操作管片安装机。

(22)组装管片时,也会进行推进油缸的伸缩动作,作业者的手脚有被夹在突然动作的推进油缸和管片间的危险。因此,管片安装机和盾构推进油缸的操作者须明确联络口令,确认作业者的安全。

2.4 导向系统操作

导向系统是用来监视盾构精确姿态的一种导向系统。此系统为用户提供了盾构相对于隧道设计轴线的详细偏差信息,便于用户及时纠正盾构的姿态,可连续、高精度地显示机器的姿态,因此可大大提高隧道施工的效率,降低施工的费用。

1)工作原理

由激光全站仪发射出一束可见红色激光束,激光束照射到激光靶,光束相对于激光靶的位置已精确测定,水平角是由激光全站仪照射到激光靶的入射角决定的。在激光靶内部安装有一个监测激光靶仰俯角和滚动角的双轴传感器,可以分别测激光靶的上下仰俯倾角和激光靶相对于水平面的旋转角。激光照射到激光靶的距离由全站仪测定。当测站坐标和后视坐标确定后,激光靶的方位和坐标就确定下来了。根据激光靶的中心和盾构的主机轴线平面几何关系,就可以确定盾构的轴线。再把隧道设计中心线的坐标输入隧道掘进软件,就可以全天候动态显示盾构主机和隧道设计中心线的关系。

2) 导向系统组成

(1) 激光全站仪

激光全站仪是同时测量角度(水平和垂直)和距离的测量仪器,并能发射出一束可见红色激光。

(2) 激光站端口单元

本单元安装在激光站的附近,并允许激光全站仪直接同隧道掘进软件相连接。在通常的用途中,只有在前移激光站或激光测量数据被更新的情况下才可以进入激光站端口单元。数据可直接被输入到处理器显示单元中的激光经纬仪/全站仪中,如果有与地面的连接,也可通过地面办公室中的电脑进行。

(3) 集成激光靶单元

本传感器(一般称为激光靶模块)是来测量盾构相对于基准激光的垂直及水平偏差的装置。本模块同时测量激光光束的水平入射角及机器相对于水平面的滚动角及仰俯角。

(4) 处理器显示单元

本模块是数据显示的主界面,是供工作人员操作的电脑监视器。由隧道掘进软件计算所有的数据,并用图表和数字表格两种形式显示在监视器上,使盾构的位置一目了然。

(5) 隧道掘进软件

隧道掘进软件是导向系统的核心。通过其附带的通信装置接收数据,由隧道掘进软件计算盾构的方位和坐标,并以图表和数字表格的形式显示出来。

(6) 连接盒

本单元控制处理器显示模块和集成光靶模块之间数据的交换,并为两个模块供电。

(7) 电缆卷筒

当盾构向前推进时,激光全站仪和安装在盾构上的其他设备间的距离会增大,因此需要用带有滚动装置的电缆卷筒。

(8) 无线调制解调器

此无线调制解调器用于激光站端口单元与连接盒的无线通信。

(9) 工具及测试设备

为了便于进行保养及设置,本系统都配有一个工具箱,内有系统常用的工具及测试设备。

2.5 带压进仓作业

在掘进地质比较差的地段,必须进行刀盘的检查和刀具的更换,可实行带压进仓。用压力仓的工作压力来与刀盘前方的掌子面相平衡,防止掌子面围岩的坍塌,或突然涌水。

1) 掌子面形成泥膜

(1) 在开仓前通过备用注浆管向刀盘仓注入高浓度的泥浆,同时加大气仓压力,使泥浆充分渗透到掌子面,形成良好的泥膜,达到较好的护壁效果。

(2) 恢复保持的压力,静置1h以上,待压力稳定后进行下一步操作。

2) 降低液位

通过 P2.1 泵将气舱液位降到20%左右,然后打开气仓和泥水仓之间的连通阀,液位稳定后,等待几分钟观察气仓液位和泥水仓压力是否变化,如果气仓液位和泥水仓压力无变化,则掌子面泥膜形成良好。再通过 P2.1 泵缓慢将气垫仓的液位逐渐降低到最低位。

3) 泥水仓密封效果检测

为了确保带压进仓作业安全顺利进行,进仓前必须进行泥水仓密封效果试验等工作。液位降低、泥膜形成后,静置一段时间,观察、记录仓内液位及压力变化,若液位及压力无变化或变化小,则证明成膜质量好,泥水仓密封效果良好,可进行下步作业;反之,则需重新成膜,直至达到良好的密封效果。

4) 人舱作业

人舱操作员只允许经过授权医师书面确认的身体健康的人员入舱,所有人舱操作员必须经过专门的业务培训,必须严格遵守操作指南。并且,所有部件(如显示设备、有纸记录仪、加热设备、时钟、温度计、测试的密封件和阀)都必须检查其功能是否完备。

同时,入舱人员必须接受以下培训:

①闸阀与舱门在正常情况和紧急情况下的操作;
②安全要求;
③技术设备及设备检查;
④医学知识。

(1) 入舱原则

进入压缩空气环境下的工作室,每个人与工具都必须经过人舱。随着气压的增高,空气中将有更多的各种气体,特别是氮气,开始溶入人体血液循环系统,而后,进入人体组织。其饱和度取决于压力和人体组织与氮气的结合能力变化。脂肪组织吸收能力特别强。如果快速从正常状态转变到正压状态,可能会造成诸如耳痛、头痛、平衡能力降低和牙痛等明显的不适症状。充气腔内(如鼻窦、鼓膜、胃肠道、不健全的牙齿填充腔)压力均衡受影响(如因为寒冷),也会导致不适。在入舱操作之前和操作时,必须遵守下列规则:

①进行入舱前,必须检查压缩空气调节系统的气密性和功能,所有舱室都必须在无缺陷的情况下运作;否则必须通知值班工程师或入舱操作员。如出现不适则必须停止或放弃舱内作业。

②从入舱开始到出舱完毕,禁止大量进食和吸烟。酒后人员不得入舱。不得食用肠胃胀气的食物。入舱前和舱内操作过程中都不得饮用碳酸饮料。

③伤风或感冒人员不得入舱。内耳有问题或患流行性感冒的人员不得在压缩空气下作业(中耳炎、上颌窦炎)。

④舱内人员要多喝水以预防脱水,否则会很快导致减压病。如有要求,应将干衣服带入舱室。要延长在舱室内的时间,建议带食物。

⑤检查所有显示设备和有纸记录仪、加热器、时钟、温度计、电话、应急电话和阀等。

⑥检查舱门密封件的清洁。在舱内打开有纸记录仪,并检查其功能完好以及纸量供应情况。缓慢打开进气阀,向舱内增压,直到达到操作压力。

⑦关闭人舱和气垫舱之间的闸门,并确保其正确关闭。确保人舱操作员和舱内人员之间的电话联系。

⑧当人舱同作业舱内压力平衡时(通过"人舱压力表"及"作业舱压力表"读数),可以小心打开人舱和作业舱之间的"作业舱压力补偿"球阀。一旦人舱同作业舱压力补偿完成,必须关闭球阀。

⑨在作业仓内作业时,通向作业仓的舱门必须保持打开状态。

（2）入舱过程

在入舱过程中，在逃生门内的球阀或逃生门本身必须打开。入舱过程如图14-13所示。

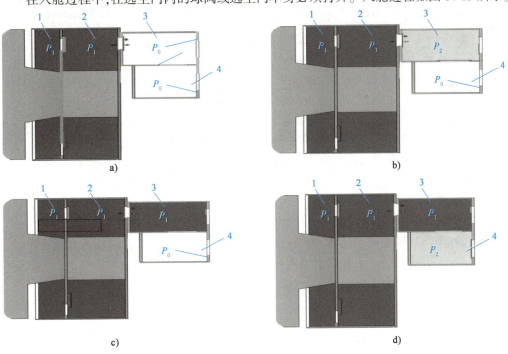

图14-13 入舱示意图

1-泥水仓；2-气垫仓；3-主舱；4-副舱 $P0$-大气压；$P1$-表面支撑压；$P2$-$P0$ 与 $P1$ 压力差

①在开始状态下，只有泥水仓和气垫仓是加压的。所有入舱条件满足时，入舱过程方可开始。

②主舱加压：$P1 > P2 > P0$。

③压力补偿完成后，进入作业舱。$P1 > P0$。入舱开始通过主舱实现，而副舱不加压。

④通过副舱后续入舱。

通过副舱入舱的过程与主舱操作类似，唯一不同点在于所使用的阀和显示设备，包括副舱通风阀门、副舱放气阀门、副舱排气流量计、副舱压力表。

副舱内增压：$P1 > P2 > P0$；然后前舱内压力补偿：$P1 > P0$。

如果另有一个人要进入主舱，便要进行后续入舱。后续入舱由副舱来实现。后续入舱的人员要调整至主舱的压力。每次后续入舱过程完成之后，副舱必须减压，以允许再后续入舱过程。

（3）出舱准备

溶解到血液和组织里的气体必须在出舱过程中释放出来。出舱时压力慢慢降低，要释放的气体可以通过循环系统和肺排出体外。降压太快会导致体液和组织产生气泡（汽水瓶效应），因此而引起的气栓病对健康造成损害。此外，细胞内气体的释放会造成临时性或永久性的组织损伤。从正压向正常压力的转化会造成或多或少明显的降压病。各种症状可能会在减压时表现出来，也可能会在减压几个小时之后表现出来。减压病症状主要有关节痛、肌肉痛、皮肤发痒或皮肤变色、头昏眼花、耳鸣、听力困难、呼吸障碍、视力和语言能力障碍、瘫痪、痉挛、心脏病、循环系统紊乱、呼吸困难、手指或脚趾麻木等。

出舱过程中必须遵守以下原则：

①衣服保持干燥,避免受冻或颤抖。避免浅呼吸,避免采取强迫性的姿势。定期起立和活动四肢。

②进入人舱,并关闭球阀,关闭通向作业仓的两个闸门。

③确保人舱操作员和舱内人员的电话联系。

④通过排气球阀缓慢降低舱内的压力,同时监看舱内压力表。

⑤使用人舱进气和排气球阀进行调整,直到在降压过程中产生一个明显的恒定和缓慢的压力下降为止。在这样的环境下,进气管路流量计上的流量值必须符合相关国家规定。

⑥当舱内压力到达了第一停留期的压力,人舱操作员通过调节进气球阀和卸压阀将压力保持在这一阶段值上,并同时记录时间。此外,他还要定期检查流量计,以掌握人舱的通风情况。

⑦第一停留期结束后,人舱操作员通过球阀开始逐渐降低舱内的压力至第二停留期压力,操作方法和第一停留期减压方法相同。以此类推直至减压结束人员退出。

⑧人舱操作员停止记录仪,将人舱程序(日期、时间、压力、人数等)输入人舱手册。

工作人员出舱后必须遵守以下原则：

①避免繁重的体力工作。

②不要长时间和用太热的水洗浴。

③多喝水。

④出舱后至少24h以后才可乘机飞行(与压力无关)。

(4)出舱过程

如果出舱步骤是使用氧气进行的,这个过程必须遵照各国家相关规定和法规。在出舱过程之后,必须有符合国家规定的一段最低限度的等待时间,直到出舱人员可以离开建筑工地为止。出舱过程如图14-14所示。

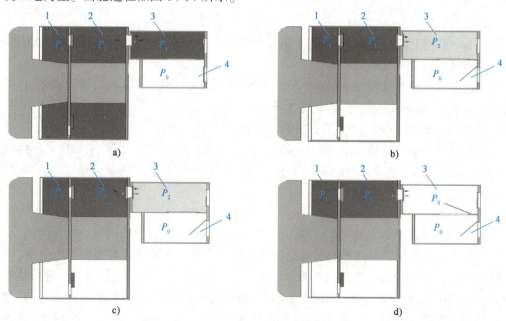

图14-14 出舱示意图

1-泥水仓;2-气垫仓;3-主舱;4-副舱 P_0-大气压;P_1-表面支撑压;P_2-P_0 与 P_1 压力差

①在开始状态下,$P1 > P0$。

②主舱内减压 $P1 > P2 > P0$。

作业仓压力波动,例如:压力损失 $P1 < P2 > P0$。通过紧急舱门后,任何情况下人都是"安全"的。作业仓内的压力波动将不再影响人舱内的压力情况。这样的话,在作业仓发生压力波动时,人员可以安全出舱。

③出舱过程结束,$P1 > P0$。

(5)紧急情况下的措施

尽管采取了所有的预防措施,入舱人员还是容易在舱内或出舱后表现出患病症状。如果出现这样的情况,在出舱前必须先咨询当值医师,以协调下一步骤。

人舱操作员必须确保立即通知当值医师,并负责让受影响人员特别小心地缓慢出舱。与负责压缩空气问题的医生协调后,可将压力迅速降至大气压,医师须决定有关降压速度。之后,必须立即启动以下应对措施,包括急救、监护患病人员处理舱室(再加压)等。

2.6 循环水管及风管延伸

1) 循环水管延伸

在盾构的掘进中操作员需要将管线沿隧道壁循环安装直到最后一节拖车。在掘进中为了便于管线延伸,循环水管延伸可使用卷筒。延长管线时机器上和隧道里管道的阀门都必须关闭。在管线解除压力后可以打开管道并安装另一段管道,最后,所有的阀门重新打开。

在有压力的情况下不能打开这些管线,在拆卸前必须检查管线是否已经卸压。

2) 风管延伸

(1)从零环开始,每隔3m在每环管片最顶部纵向螺栓孔位置安装一个风管挂钩,然后挂上风管延伸用的钢丝绳。

(2)拆除负环后,将钢丝绳固定到风机出口,风管与风机连接,保证不泄漏。再把风管挂到延伸用钢丝绳上,依次延伸至储风筒处。

(3)盾构机每掘进3m,需要在管片的最顶部螺栓孔位置安装一个风管挂钩,风管挂钩安装必须牢固,螺栓无松动,然后把延伸风管用的钢丝绳挂到风管上。

(4)每当盾构掘进达100m时,需要重新在储风筒上套上新的风管,套新的风管时应先把风机关闭。

(5)将旧储风筒放在运输小车上运出洞外。

(6)将新储风筒运到后配套储风筒安装区域。

(7)连接新储风筒并按相反工序安装。

(8)将风管拉到新储风筒的外面并和隧道的另一接头连接。

(9)延伸过程中注意防滑和高处坠落。

2.7 数据采集系统操作

1) 地面监控通信方式

PC测量数据采集系统通过工业以太网及光端机一直保持联系,它可以从盾构的PLC

上获得所有关于机器状态的相关信息。此外，双向连接使得 PC 测量数据采集系统可以通过工业以太网将信息传往相应的 PLC,如图 14-15 所示。

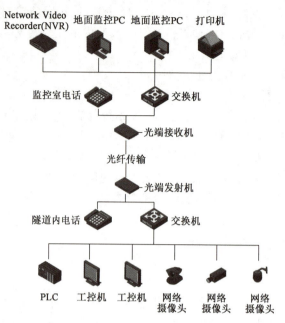

图 14-15　地面通信示意图

2）客户端与服务器的连接

OPC 是 PLC 与 PC 数据交换的接口,而西门子 OPC 的实现只能通过 Simatic NET 软件,Simatic NET 起到 OPC 服务器的作用。

OPC 服务器和 OPC 客户端都放在计算机中。为了能让 OPC 服务器访问 PLC,必须在计算机中安装 Simatic Step7 和 Simatic NET 两套软件,需要同时对它们进行设置。

只有专业人员才能安装和设置 OPC 服务器。一旦安装 OPC 服务器的计算机崩溃,则需要重新安装系统。要正常运行地面监控,应当先启动地面监控服务器。该服务器安装在具有 OPC 服务器的计算机上。

界面中有两个按钮:启动服务器/停止服务器,和激活定时器/取消激活定时器。当激活定时器并看到右侧滚动条闪烁以及响应代号为 GOOD 时,就表明地面监控服务器已工作正常。

在线信息显示了所有已连接本地面监控服务器的所有客户端,包括 C/S 客户端和浏览器客户端。客户端启动后需要输入授权信息和服务器的 IP 地址和端口号。通过对地面监控服务器中 Config 下的 HmiPassword.xml 设置来初始化可以访问的用户名和密码。

3）程序数据的显示

数据显示界面是地面监控用户和程序本身交流的界面。数据采集系统在没有操作员在场时也能自行工作,因而图形用户环境并不是最为急需的。但为了潜在用户能对机器的运行数据有一个了解,当前重要测量数据的显示又是十分必要的。

（1）图形用户环境的结构

图形用户环境的结构很简单。在其下部边线有一个长方形区域(所显示的每张图片上均有),它作为图片的标题并包括当前机器运行状态、当前日期、时间、PLC 连接状态、当前故障总数目。

在状态时间显示的右侧有一个区域用于显示盾构的故障信息。若出现故障,此区域会不断地闪动,若无故障信息则此区域呈静止的蓝色。最右边是个滚动条,用于表示网络状态,当该条闪烁一次,表明已从 PLC 获取了一次数据。当闪烁停止时,表明可能连接已被意外中断,屏幕显示的不是最新的数据。

(2) 显示界面

在菜单的"画面"中可以选择显示的画面。

(3) 历史数据

历史数据每一秒记录一次,可以通过菜单中"数据分析"来查看它们。可以一次设置多条需要显示的记录,设置显示起始点,并可动态缩放大小。

4) 测量数据的存档

测量数据的评估可以通过两种不同的方法来实现:一方面,通过掘进报告进行,只要打印机和地面监控电脑进行了连接,掘进报告就会自动被打印出来;另一方面,通过所示的测量数据进行人工图表评估。两种方法解释如下。

因为测量数据以 Microsoft Office Access 格式储存,常用的大多数计算程序或数据库都可以读取这些数据。储存了这类数据,就要使用一个公用系统,此系统对于数据评估来说不限制使用特定的软件。一般来说,一个特定的软件要用较长一段时间,使用此系统进行数据评估可在短期内以特定方案来完成。

测量数据以天(d)为单位存储,每一秒存储一次,数据存储在 Data\DataArchive 目录下。应该经常备份该目录下的文件于其他计算机或移动存储设备上,以防止安装地面监控的电脑因意外崩溃而导致原始数据永久性丢失。

5) 地面监控数据采集系统使用注意事项

盾构的数据采集系统是一个比较完善的机器状态采集与监控系统,它的正常使用为以后积累盾构的掘进历史进程提供了极好的工具,并且地面监控系统也为盾构的远程控制与远程状态分析、远程维修提供了可能,所以无论如何应充分保证地面监控系统的正常运行。

地面监控计算机在盾构正常施工阶段应保持每天 24h 开机,任何人不得无故停、关机。为了保证地面监控计算机系统能连续工作,地面监控机房应保证室温不高于 28℃,环境清洁卫生。

严禁对地面监控计算机系统进行任何软、硬件方面的改动。

由于地面监控采集系统是通过光端机来对隧道内的 PLC 系统进行连接的,所以应对地面监控系统的连接电缆(光缆)进行日常的检查与保养,发现问题应立即修复。

地面监控计算机存在随时损坏的可能,应定期将计算机的采集数据备份到地面监控软件系统。

当通过远程控制对地面监控计算机进行监控时,应严格管理远程管理的授权,否则可能意外破坏地面监控系统。

对系统的下列修改可导致对程序数据记录和显示系统功能的影响:对 PC 硬件的修改,如 CD 刻录机、网卡等外部程序的并行执行;测试处理或图形应用程序外部程序的安装。

若对系统做出了修改,不能保证整个系统的正常工作。此外,若对系统操作不当,不能保证该系统正常运行,如人为删除或改动软件或数据。

2.8 掘进操作流程及注意事项

1) 开机前准备

在掘进操作前需要对设备进行机械、电、气和液压等系统的检查,确保各系统无故障或者无故障隐患时方可进行掘进操作。因此,要做以下准备工作:

(1) 确保各操作系统的参数已设定在合理范围内。
(2) 检查延伸水管、电缆连接是否正常。
(3) 检查供电是否正常。
(4) 检查循环水压力是否正常。
(5) 检查滤清器是否正常。
(6) 检查进排浆泵、泥浆管是否正常。
(7) 检查空压机运行是否正常。
(8) 检查油箱油位是否正常。
(9) 检查油脂系统油位是否正常。
(10) 检查注浆系统是否已准备好并运行正常。
(11) 检查后配套轨道是否正常。
(12) 检查盾构操作面板状态:开机前应使延伸系统泥浆管路阀门处于开启位,管片安装按钮应无效,无其他报警指示。
(13) 检查导向系统是否工作正常。
(14) 若以上检查存在问题,首先处理或解决问题,然后再准备开机。
(15) 请示土木工程师并记录有关盾构掘进所需要的相关参数,如土仓保持压力、线路数据、注浆压力等。
(16) 请示机械工程师并记录有关盾构掘进的设备参数。
(17) 若需要调整盾构参数,则根据土木工程师和机械工程师的指令修改盾构参数。

2) 掘进操作步骤

(1) 开启分离设备

泥水分离厂首先要进行调制浆工作。在盾构机开始掘进前盾构机控制室通知泥水处理站开启泥水分离设备。

(2) 旁通循环

启动 P1.1 泵、P2.1 泵开始旁通循环。这里要注意一定要确保旁通阀是打开的,否则会发生严重后果。泥浆管延伸到一定距离加设 P2.2 泵后,还要开启 P2.2 泵。

(3) 掘进循环

首先开启进浆和出浆阀,然后关闭旁通阀开始工作泥浆循环。这里一定要注意阀的开关顺序,否则会引起管路破裂。

(4) 启动刀盘

① 根据测量系统面板上显示的盾构目前滚动值选择刀盘旋转方向。滚动值为正选择

正转,滚动值为负选择反转。

②按下刀盘启动按钮。

③旋动刀盘加速按钮慢慢给刀盘加速,转速要分几次加上去,以免造成过大冲击,损伤设备。

(5)推进

①使盾构机进入掘进模式。

②打开推进控制按钮。

③旋转推进速度控制按钮,把速度控制在一定的速度,开始掘进。

④掘进时要根据盾构机姿态调整油缸的推力。

⑤掘进期间主司机要时刻注意气垫仓的液位和顶部压力,控制进、排浆的流量。

⑥掘进过程中要同步注入砂浆。

(6)掘进结束

当掘进结束时,按以下顺序停止掘进:

①停止推进系统;

②待扭矩减小到一定值后停止刀盘;

③减小 P1.1 泵、P2.1 泵、P2.2 泵的功率;

④打开旁通阀,快速关闭通往前面的所有阀,进入旁通循环;

⑤继续慢慢减小 P1.1 泵、P2.1 泵、P2.2 泵的功率,直至关闭;

⑥关闭碎石机泵电源开关;

⑦在泥水分离厂逐渐关闭各设备电源开关;

⑧若准备立即安装管片,则使盾构机进入安装模式;

⑨通知有关人员进行下一工序的工作;

⑩管片安装完毕进行下一循环掘进,如果泥浆管、钢轨、水管、风筒用尽,则要相应延伸泥浆管、钢轨、水管、风筒后再掘进。

3)掘进报告的填写

为了更好总结盾构施工技术应用经验,以及留下必要的施工考证依据,在盾构施工过程中必须严格按照要求填写掘进报告。

对于简单的停机可以在掘进报告的给定位置简单说明,对于长时间影响掘进的故障或事故,必须另外记录清楚。对于在掘进过程中发生的任何设备故障都应该有详细的记录。

4)掘进中的辅助操作

(1)压力调整

气垫式泥水平衡盾构的压力是靠气体保压系统自动控制,掘进前需根据前面地层的不同设定不同的土仓压力,具体压力值应由土木工程师决定。

掘进过程中需要控制调节气垫仓泥浆液位。

①液位低时可以采取以下几个措施来增加:

方式一:保持排浆泵流量,增加进浆泵流量。

方式二:保持进浆泵流量,降低排浆泵流量,同时降低推进速度,配合出浆流量。

方式三:增加进浆泵流量,降低排浆泵流量。

②液位高时可以采取以下几个措施来降低：
方式一：保持排浆泵流量，降低进浆泵流量。
方式二：保持进浆泵流量，增加排浆泵流量。
方式三：增加排浆泵流量，降低进浆泵流量。

(2)盾构姿态的调整

①采用自动导向系统和人工测量辅助进行盾构姿态监测

自动导向系统配置了导向、自动定位、掘进程序软件和显示器等，能够适时显示盾构机当前位置与隧道设计轴线的偏差以及趋势。据此调整控制盾构机掘进方向，使其始终保持在允许的偏差范围内。

②盾构掘进方向控制

根据线路条件所做的分段轴线拟合控制计划、导向系统反映的盾构姿态信息，结合隧道地层情况，通过分区操作盾构机的推进油缸来控制掘进方向。盾构方向是通过推进系统几组油缸的不同压力来进行调节的，一般的调节原则是使盾构的掘进方向趋向隧道的理论中心线。

调节盾构推进油缸每组压力对盾构掘进方向的影响一般是：当盾构油缸左侧压力大于右侧时，盾构姿态自左向右摆；当上侧压力大于下侧压力时，盾构姿态自上向下摆；依次类推，即可调整盾构的姿态。

当盾构处于水平线路掘进时，应使盾构保持稍向上的掘进姿态，以纠正盾构因自重而产生的低头现象。

在上坡段掘进时，适当加大盾构机下部油缸的推力；在下坡段掘进时则适当加大上部油缸的推力；在左转弯曲线段掘进时，则适当加大右侧油缸推力；在右转弯曲线掘进时，则适当加大左侧油缸的推力。

在均匀的地质条件时，保持所有油缸推力一致；在软硬不均的地层中掘进时，则应根据不同地层在断面的具体分布情况，遵循硬地层一侧推进油缸的推力适当加大，软地层一侧油缸的推力适当减小的原则来操作。

为了保证盾构的铰接密封、盾尾密封工作良好，同时为了保证隧道管片不受破坏，盾构在调向过程中不能有太大的趋势，一般在导向系统上显示的任一方向的趋势值不应大于10。通常盾尾位置每循环调节量不大于10mm。

③盾构自转的调整

为了保证盾构在推进过程中正确的受力状态，盾构不能有太大的自转，一般不能大于导向系统面板上显示的转动值10。通过调整盾构刀盘的转向可以调整盾构的自转。按以下操作改变盾构刀盘转向：按停止按钮停止掘进，将刀盘转速旋钮调至最小，重新选择刀盘转向，按开始按钮，并逐渐增大刀盘转速即可。

(3)其他辅助措施的操作

①盾尾油脂密封阀的手动操作：当盾尾油脂密封在手动位时，可以按下每个位置的注脂按钮来进行手动注脂，这个功能主要用于对盾尾油脂密封阀检修或自动功能暂时出现故障时。

②刀盘冲刷操作：在黏土等地层掘进时可以开启 P0.1 泵和 P0.2 泵对刀盘进行冲刷。

5)掘进时注意事项

(1)调整推进油缸的掘进速度时，必须先让刀盘旋转，并确实接触开挖面后，再慢慢调整推进速度。

(2)推进油缸停止后,再停止刀盘旋转。

(3)变更刀盘旋转动方向时,先要使切削刀盘完全停下来后,再变更旋转方向。

(4)泥水循环系统掘进模式未运行,不可向前推进。

(5)掘进前必须保证主驱动齿轮油温度在65℃以下;如在65℃以上运行,有可能损坏密封。

(6)防止电机堵塞。由于电机风扇周围堵塞而不能散热,有损伤电机内部线圈、发生火灾的可能,因此须保持电机风扇周围空气的流通。

(7)推进油缸靴撑和管片间有夹住手脚的危险。注意不要把手脚置于其间。

(8)承受土压、泥水压的盾构,在进行推进油缸缩进操作时,盾构有后退的危险,因此,推进油缸不能全部缩回。

(9)要时刻监视盾构姿态(倾向、侧滚、偏转)发现偏离隧道设计路线时,要迅速修正。(延误修正,有时会导致盾构难以回到隧道设计路线)。

(10)防止盾尾注浆材料流入土仓内。盾尾注浆的注入压力不要超过设定值。机器未掘进时,一般不要注浆。

(11)机器异常的早期发现。与通常掘进时的参数相比,推进油缸推力、切削刀盘扭矩、进排浆比重是否变化较大。设备运行过程中,注意异常声音及异常情况,如果对设备的异常声音及异常情况不加以注意,零部件将可能破损、飞散,并有因零部件飞散而造成人员伤害的危险。设备发生异常声音及异常情况,须立即中止掘进,进行检查、维修。

(12)掘进中注意后配套拖车安全性。

如后配套拖车运行轨道及隧道上有障碍物时,会造成拖车脱轨、倾覆,可能造成人身事故,请确认有无障碍物。有障碍物时,须立即排除。

随着盾构的掘进,后续拖车也前进,手指和身体有被车轮、车体夹住的危险,所以掘进过程中,勿接近车轮及倚在拖车上等。

后配套拖车会因隧道的坡度而自行前进、后退,从而挟住身体,须注意。在弯道施工中,须检查后续拖车与管片是否相干涉。曲线部分的轨道请使用与曲线的曲率半径相吻合的导轨,以免脱轨、倾覆。

6) 始发、到站注意事项

初期掘进时,盾构主机放置在始发架上,并且始发井端头土体进行过加固,土层强度变大,所以要注意以下事项:

始发、到站接收时,盾构有发生倾覆、侧滚的危险,因此,始发、到站掘进请尽量控制刀盘扭矩,勿进入机内及设备周围的区域或站在设备顶端。

进出洞时,如果电缆、软管断裂,有发生触电、漏电、漏油等二次灾害的危险。因此,确定临时电缆、软管的敷设路线,以避免与周边设施发生干涉。

盾体通过帘布板时,有可能从主机盾壳周边及铰接处喷出泥、砂和水,造成二次灾害,因此勿接近帘布板。控制设备的推进速度,掘进时,时刻监视掘进周边情况。

使用盾尾密封油脂的目的是提高止水效果。盾尾油脂能起止水、防止同步注浆浆液回流的作用。另外,盾尾油脂也有防止钢丝刷磨损的作用。始发时一定要按照要求注入盾尾密封油脂。

试掘进时需采取的措施:

(1) 防止侧滚

盾构外壳左右两侧要焊上防止侧滚挡块。盾构刀盘接触掌子面时,推进油缸要以较低的速度推进,监视刀盘扭矩及倾斜仪的数据,控制侧滚量。

(2) 洞门帘布橡胶板的保护

盾构进入洞门前,应在帘布橡胶板面涂敷油脂,防止刀盘上的刀具损坏帘布橡胶板。

(3) 防止土仓堵塞

初期掘进时,仓内压力设定较低,泥浆携渣不畅,要防止渣土堵塞,注意泥水循环系统没有运行时不要推进。

(4) 保证盾尾密封刷的密封效果及使用寿命

在管片组装前分开钢丝刷,在钢丝刷的不锈钢网及钢丝刷上充分填涂盾尾油脂。每道钢丝刷之间也必须在涂满油脂后才能进行负环管片的拼装。

(5) 防止从盾尾密封处漏水、砂土

负环管片安装后,使用盾尾密封油脂注入装置加注油脂。掘进时,自动加注盾尾油脂。如出现密封性能下降时,要加大油脂注入量。

项目14　习题

项目 15　TBM 施工操作

1.1　概述

TBM 所有相关的仪表的监测与控制均显示在主控室内的两台工业电脑的屏幕上。工业电脑屏幕为触摸屏,操作员可以通过触摸点击的方式点击屏幕下方的标签菜单选择各画面,操作也可以通过鼠标或键盘来控制。

操作员可以修改部分参数数据,选择相应参数后会弹出修改参数密码窗口,操作员必须输入正确的密码,方可进行参数设置。操作员必须确保修改的参数不会对设备及掘进造成任何损失及风险。除操作员外的其他任何人员均不允许修改任何参数。

1.2　对盾构机操作手的要求

1) 身体条件

(1) 身体健康,能够承受隧道内长时间的专心工作。

(2) 无心脏疾病,在面对突发事故时不至于突发疾病。

(3) 视力、听力正常,可以分辨盾构机上可能的危险。

2) 心理素质

(1) 遇事不紧张,能够在施工中出现问题时冷静处理,及时操作设备避免危险,或在施工中出现问题时能立即组织人员处理问题。

(2) 沉着、冷静,不受外界的干扰,能独立分析操作中的现象或参数。

3) 责任心

(1) 对自己的操作负责,对任何引起施工问题的操作现象有责任去发现并积极寻找解决办法。

(2) 不敷衍,执行上级下达的参数要求,同时能够实事求是地对下达的参数可能存在的问题提出自己的见解。

4) 对专业的理解

(1) 对地质有一般性了解,如地质表达的含义、一般地质的特性、土压的简单计算、推力的简单计算、转矩的组成、转弯半径的理解。

(2) 对盾构机工作原理的理解,了解盾构机的基本参数,如盾体长度、直径、盾尾间隙等。

(3) 了解盾构机一般参数的含义及相关成因,如驱动转矩、推力、弯折等。

(4) 对管片的理解,如转弯环的使用、管片选择与盾尾间隙的关系等。

5）安全知识

（1）基本的防火意识及防火常识。

（2）电焊操作的安全防范意识。

（3）盾构机上运行部件的安全意识。

（4）管片拼装的安全意识。

（5）盾构机操作中的施工及设备安全意识，如土压、土量、扭转、水量的控制。

1.3　操作控制界面

新培训的盾构机操作人员，在完成对盾构机的基本构造、原理、操作方法、安全操作规程等基础理论学习后，便可以进行实际操作训练。盾构机操作员在实际操作训练前，必须熟悉各操纵装置的分布位置、使用方法和注意事项，这样才能打牢操作作业的基础，练就过硬的基本功，提高驾驶员的操作技术水平，确保在各种运行条件下，能正确而熟练地操作盾构机，充分发挥盾构机的效能，安全、优质、低耗地完成任务。盾构机的操作比较复杂，各操作岗位应分工负责，协同作业。盾构机操作装置包括盾体、刀盘驱动、双室气闸、管片拼装机、排土机构、后配套装置、电气系统和辅助设备，由于盾构机比较庞大，需要操作的系统也比较多，因此要集中操作控制，所以操作控制台是操作的核心。

工业电脑的显示界面由多个显示不同功能的子界面组成，子界面包括主监控界面、双护盾系统界面、单护盾系统界面、液压系统界面、水系统界面、电机驱动界面、辅助系统界面、参数设置界面等。下面以中铁工程装备集团有限公司某型盾构机操作界面为例，逐一进行介绍。

1）主监控界面（图15-1）

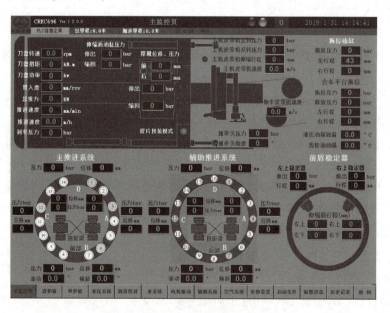

图 15-1　主监控界面

该页面为掘进时主要的参考界面，包含掘进过程中操作员需要时刻关注的 TBM 掘进主要参数，这些参数包括：刀盘转速、扭矩、功率等；贯入度、推进速度、总推力、盾体姿态等;拼装机抓举头位置及压力;撑靴系统压力、位移等;主推系统、辅推系统压力及位移等;主机皮带输送机转速、压力及后配套皮带输送机速度;扭矩梁油缸、伸缩盾油缸、稳定器油缸压力及位移等;后配套拖拉油缸压力及位移等。

2) 双护盾系统界面(图15-2)

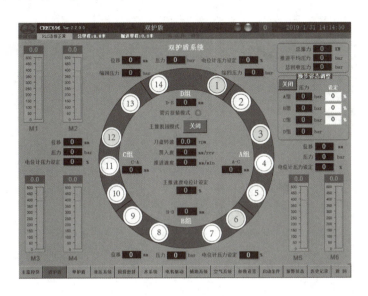

图15-2　双护盾系统界面

该页面为双护盾模式时主要的参考界面,包含双护盾掘进过程中操作员需要时刻关注的TBM主推进油缸主要参数和操作按钮,这些参数包含:主推进系统各组油缸压力设定、压力、行程;换步模式下,主推各组油缸压力设定与压力监控;掘进过程中,刀盘转速、电机电流等;掘进过程中,贯入度、推进速度、推力显示等;主推进系统脱困操作按钮。

3) 单护盾系统界面(图15-3)

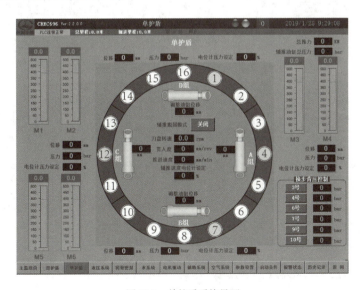

图15-3　单护盾系统界面

该页面为单护盾模式时主要的参考界面，包含单护盾掘进过程中操作员需要时刻关注的 TBM 辅推进油缸主要参数和操作按钮，这些参数包含：辅推进系统各组油缸压力设定、压力、行程；换步模式下，主推油缸背压监控及启闭操作；掘进过程中，刀盘转速、电机电流等；掘进过程中，贯入度、推进速度、推力显示等；辅推进系统脱困操作按钮。

4）液压系统界面（图 15-4）

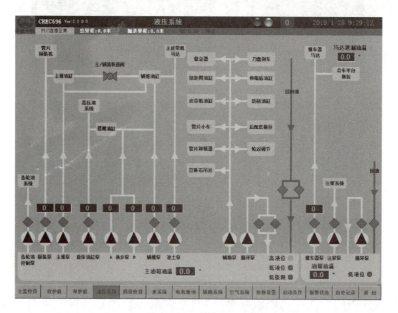

图 15-4　液压系统界面

该页面为液压系统显示界面，主要包含了液压泵站运行状态相关参数。这些参数包含：各泵的运行状态及出口压力，过滤器状态指示，液压油箱相关参数，系统关键回路参数等。

5）水系统界面（图 15-5）

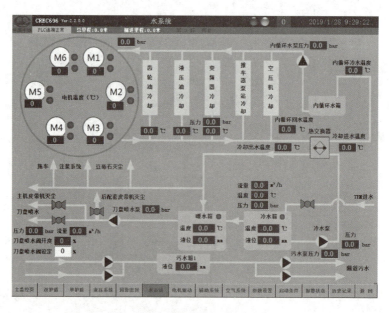

图 15-5　水系统界面

该页面为水系统界面,包含工业水系统运行状态相关参数。这些参数包含:电机温度监控、减速机温度开关状态,各路水系统流程路线,内循环水系统参数及运行状态,冷却水系统参数及运行状态,污水系统参数,刀盘喷水系统状态及压力等。

6) 电机驱动界面(图 15-6)

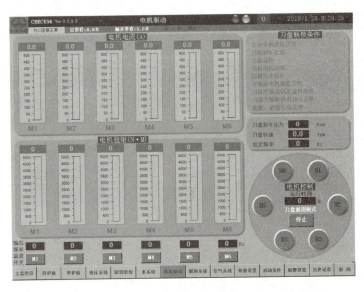

图 15-6　电机驱动界面

该页面为刀盘电机驱动界面,包含主驱动刀盘电机控制及相关参数显示,同时显示刀盘启动需要满足的连锁条件。这些参数包含:每个电机的当前电流柱状图显示(单位 A);每个电机的当前输出扭矩柱状图显示(单位 N·m);每个电机对应变频器的输出频率;刀盘连锁条件,条件满足时为绿色;刀盘制动释放压力、刀盘转速、变频器给定的频率;刀盘脱困模式操作按钮等。

7) 辅助系统界面(图 15-7)

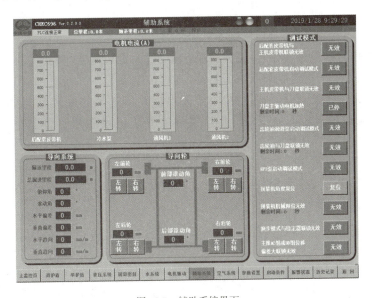

图 15-7　辅助系统界面

该页面为辅助系统界面，包含辅助功能的状态显示以及参数设置。这些参数包含：后配套皮带输送机、冷水泵、二次风机的运行电流，导向轮油缸行程监控，导向轮调向控制，主机各系统调试模式选择，导向系统基本参数显示等。

8）参数设置界面（图15-8）

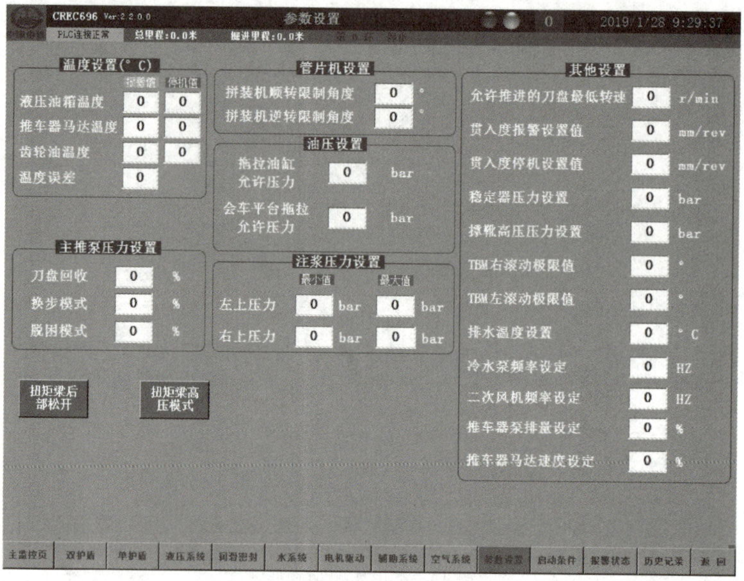

图15-8 参数设置界面

该页面为参数设置界面，包含辅助功能的状态显示以及参数设置。这些参数包含：拖拉油缸允许压力设置；油箱、水箱、变频柜回水及齿轮油等温度；其他设置；扭矩梁油缸手动控制按钮等。

1.4 掘进

1）概述

在掘进操作之前及过程中，注意机器平稳运行，如发现异常，停机并排除导致异常的原因：检查传送带上的掘进物料状态及特性；观察控制室显示系统上的信息显示；观察隧道开挖方向及掘进速度；在转弯过程中不要超出机器传送带的旋转范围；坚持做好隧道开挖日志；记录故障及其产生原因，并且将解决方法记录在机器日志中（标注日期及时间）。

所有属于掘进过程用于物料运输的设备、消耗品以及外围设备，必须时刻准备好投入使用并保持良好状态。所有相关功能的手动控制设备必须时刻准备好投入使用。

2）掘进步骤

在掘进之前，为保证掘进过程顺利，所有相关的支持及输送系统（如皮带输送机等）必须保持良好操作状态。

为确保人员及机器安全，在隧道掘进机上进行的任何维护及维修工作必须通知操作司机。

(1)掘进模式启动前(开始/掘进中的操作)

①泵站设备启动

a. 启动水泵:依次按下内循环水、冷却水泵、刀盘喷水泵的"启动"按钮,启动水系统。

b. 启动二次风机、空压机及除尘系统:依次按下二次风机、空压机、除尘器启动按钮,启动通风及除尘设备。

c. 启动液压泵站:依次启动相应泵组,满足设备上各油缸动作。

d. 启动润滑系统:依次按下齿轮油泵、齿轮油冷却泵、齿轮油润滑泵按钮,启动齿轮油冷却泵和齿轮油润滑泵;按下"润滑油脂泵"启动,EP2润滑油脂系统润滑密封主驱动。

②皮带输送机启动

a. 启动后配套皮带输送机。通过按下"启动"按钮启动后配套皮带输送机,启动命令发出后,按钮指示灯会闪烁15s发出声光报警,提示皮带输送机准备启动,待按钮常亮后,通过调速电位计逐渐增加后配套皮带输送机带速,直至达到2.0m/s以上。

b. 启动主机皮带输送机。通过按下"启动"按钮,启动主机皮带输送机。启动命令发出后,按钮指示灯会闪烁15s发出声光报警,提示皮带输送机准备启动,待按钮常亮后,通过调速电位计逐渐增加主机皮带输送机带速,直至达到2.0m/s以上。

③刀盘启动

a. 在上位机"电机驱动"界面依次激活各刀盘驱动电机选择按钮,选中的电机按钮指示灯由红色变成绿色。

b. 在操作面板刀盘控制区域按下刀盘"顺转"按钮,然后按下"启动"按钮,启动命令发出后,启动按钮指示灯会闪烁15s发出声光报警,启动按钮常亮后主驱动变频器开始启动。

c. 启动后应立即观察上位机"电机驱动"界面实时电流和扭矩显示变化情况,任何一台电机电流和扭矩过高或过低都不正常,电机电流和扭矩都正常才能进行下一步操作。

d. 慢慢旋动"刀盘转速电位计"旋至给定1Hz后停下来,观察上位机"电机驱动"界面实时电流,刀盘启动瞬间电流会比较大,电流不要超过300A,待电流下降到100A左右稳定后,慢慢旋动旋钮增加"刀盘转速电位计"输出,增加给定频率,刀盘转速会逐渐增大,转速值根据围岩情况选择。

(2)掘进模式启动

双护盾TBM的推进系统包括两种工作模式:在良好岩石条件下,使用撑靴支撑、主推油缸动作完成推进,称为双护盾模式;当围岩软弱破碎、强度不足以提供撑靴支撑反力时,使用辅推油缸支撑已拼装管片完成推进,称为单护盾模式。

①双护盾掘进启动

第一步:将"复位/掘进"两位拨扭开关拨到"掘进"位置,拨到"掘进"位置后模式选择的是双护盾掘进模式,此时"主推手动"按钮指示灯会常亮;如果想选用单护盾模式,则按下"主推手动"按钮,"主推手动"按钮指示灯熄灭,然后再按下"辅推手动"按钮,此时"辅推手动"按钮指示灯常亮,单护盾掘进模式选定。

第二步:先按下"撑靴低压撑紧"按钮,撑靴油缸开始快速伸出,在低压伸出的过程中"低压撑紧"按钮指示灯慢闪直至撑靴油缸接触岩壁后压力达到30bar以后,"低压撑紧"按钮指示灯常亮,代表低压已撑紧;然后按下"撑靴高压撑紧"按钮开始撑靴高压伸出,"高压撑紧"按钮指示灯开始闪烁直至上位机撑靴压力显示超过撑靴高压设定值,"高压撑紧"按钮指示灯常亮,此时代表撑靴高压已撑紧。(单护盾模式下不操作此项,并确保撑靴处于收回状态。)

第三步:查看上位机"启动条件"页面中的"双护盾掘进",每一项条件满足后字体颜色会由红色变成绿色,当双护盾掘进条件都满足后,琴台推进控制区域的"推进允许"指示灯会常亮,代表双护盾掘进条件满足。掘进启动前按住"灯测试"按钮持续5s,发出掘进警报。

第四步:按下"启动"按钮启动双护盾掘进模式,"启动"按钮常亮。

第五步:通过主控室琴台推进控制区域中间的电位计控制推进速度,通过上、下、左、右四个电位计分别控制四个区域的主推油缸压力,仔细观察上位机中"双护盾界面"中各组主推油缸的油缸行程和压力,掘进过程中通过调整四个调压电位计来控制掘进方向。

②单护盾掘进模式

第一步:收回撑靴:同时按下"撑靴收回使能"和"撑靴收回"按钮直至撑靴油缸位移小于30mm。

第二步:将主推油缸四组全部回收并锁定,行程显示保持在50~100mm,并使之对齐,保证主推液压油缸有一个缓冲。

第三步:将"复位/掘进"两位拨扭开关拨到"掘进"位置,拨到"掘进"位置后模式选择的是双护盾掘进模式,此时"主推手动"按钮指示灯会常亮;然后按下"辅推手动"按钮,此时"辅推手动"按钮指示灯常亮"主推手动"按钮指示灯会熄灭,选定单护盾掘进模式。主推手动和辅推手动两个按钮互锁。

第四步:查看上位机"启动条件"界面中"单护盾掘进"中各项条件,确保所有条件都满足、变绿。琴台推进控制区域的"推进允许"指示灯会常亮,代表单护盾掘进条件满足。掘进启动前按住"灯测试"按钮持续5s,发出掘进警报。

第五步:确保拼装模式按钮熄灭,按下"启动"按钮启动单护盾掘进模式,"启动"按钮常亮。单护盾掘进模式下管片拼装模式和掘进模式互锁。

第六步:通过主控室琴台推进控制区域中间的电位计控制推进速度,通过上、下、左、右四个电位计分别控制四个区域的辅推油缸压力,仔细观察上位机中"单护盾界面"中各组辅推油缸的油缸行程和压力,掘进过程中通过调整四个调压电位计来控制掘进方向。

(3)停止掘进

①当主推系统油缸任何一组油缸行程达到1620mm后推进自动停止(单护盾模式下为辅推油缸行程2260mm自动停推进),其余任何时刻主司机通过按下"推进停止"按钮停止推进模式。

②按下"主推回收"按钮,将刀盘往后退30mm,退刀盘必须在刀盘旋转的情况下执行(单护盾模式下不操作此项)。

③继续让刀盘转动一会,通过视频监控看到主机皮带上的渣石量非常少时,按下"刀盘旋转停止"按钮。

④将主机皮带输送机调速电位计慢慢旋转到0位,待皮带输送机转速显示为0.0m/s后按下主机皮带输送机"停止"按钮。

⑤通过视频监控确认后配套皮带上的渣石量输送完毕后,将后配套皮带输送机调速电位计慢慢旋转到零位,待后配套皮带输送机转速显示为0.0m/s后按下后配套皮带输送机"停止"按钮。

注意事项：如果推进操作无法启动，上位机将显示故障信息；如果刀盘无法启动，上位机将显示故障信息。如果是双护盾模式，将主机皮带输送机停止后就可以进行换步操作，单护盾掘进模式掘进完成后因需进行管片拼装，无法继续掘进，主司机视停机时间决定是否停止皮带输送机。

（4）掘进周期中应注意的问题

①如图15-9所示，操作司机需要确保合适的掘进参数及正确的掘进方向。

机器是否平稳安静的运行。如有任何不明原因的移动或噪声，立即停止机器并排除产生故障的原因。

②皮带输送机出渣情况及渣粒性质。

③不间断观察上位机故障信息显示，以便随时处理产生的故障信息，保护人员和机器不受损害。

④始终注意观察机器的掘进方向。其实际位置和方向偏差通过导向系统显示器显示。

图15-9　司机操作盾构机

⑤一个掘进周期结束后，必须执行以下步骤：停止刀盘；将掘进数据填入日志；根据上次的掘进参数确定是否检查滚刀、刮刀以及刀盘结构；双护盾模式时，为换步做准备；单护盾模式时，为管片拼装做准备。

（5）换步

换步功能仅适用于"双护盾模式"，在撑靴换步前，操作司机必须保证没有任何人处于危险区域内。

①通过上位机界面查看前盾滚动情况，视情况确定是否需要调整前盾滚动。当滚动角为零时，保持扭矩油缸左右两侧压力差值小于5bar。

②将前盾稳定器高压伸出，保证左右油缸伸出压力不低于160bar。如因围岩空洞等特殊情况无法建立压力，可通过"辅助界面"中的"换步模式与稳定器高压伸出无效"按钮暂时取消联锁，待换步完成后将联锁恢复。

③确认管片拼装完成后通过按下"拼装模式停止"按钮停止拼装模式，并且每一组辅推都有油缸顶在管片上，通过同时按下撑靴"释放使能"和"释放"按钮收回撑靴，直到撑靴压力低于20bar和撑靴位移小于30mm。

④先发出换步警告，按下"指示灯测试"按钮，连续按3次，每次持续6s，并用扬声器发出换步命令，确保换步期间盾体主推缸、辅推缸区域及整机作业区域人员得到换步信息，避免出现挤伤的危险情况。

⑤将"主推手动"和"辅推手动"按钮同时拨至复位，切换到换步模式，按下"主推/辅推伸出"按钮开始换步，此时主推油缸开始缩回，辅推油缸开始伸出。换步期间时刻观察主辅推油缸位移和压力变化是否稳定，同时观察支撑盾滚动角情况，需要调整的话，一边换步，一边通过"扭矩油缸顺/逆转"拨扭调整支撑盾滚动角，时刻观察各项数据和报警信息直到换步完成；当油缸位移达到换步极限位移后换步操作自动完成。

⑥再观察支撑盾滚动角，如需调整，则可再进行滚动角微调，正常后可以通过按下"低压伸出"按钮撑靴低压伸出，伸出过程中按钮闪烁；待低压伸出按钮常亮后，开始按

"高压伸出"按钮,撑靴高压伸出,直至压力达到高压按钮常亮。

(6)推进油缸的使用

①扭矩油缸的使用

扭矩油缸有两个控制按钮,前盾滚动角和支撑盾滚动角调整都使用这两个按钮,但情况不同,主要如下:

调整前盾滚动角时,一定要在掘进中调整。当滚动角为正值时,按下"扭矩梁逆时针",此时要观察扭矩梁油缸压力值,让右边逆转压力值稍大些即可;当滚动角为负值时,按下"扭矩梁顺时针",让扭矩梁油缸值左边顺转压力稍大些即可;当滚动角为零时,保持左右两压力值相差不大即可。

调整支撑盾滚动角时,一定要在换步时调整(撑靴收回)。当滚动角为正值时,按下"扭矩梁顺时针",其滚动角会出现减小现象,要断续按多次才能使之为零。当滚动角为零时,保持左右两压力值相差不大即可。

②辅推调整油缸的使用

在软弱破碎围岩中施工时使用单护盾模式,将主推油缸全部收回,刀盘掘进反扭矩靠辅推油缸撑在管片上提供,由此产生的盾体滚转通过四个区域的辅推调整油缸来调整,如刀盘顺转一定时间后,盾体产生逆向滚转趋势,将辅推油缸控制切换至拼装模式,依次调整四个区域调整油缸的逆转来抵消逆转趋势,并提供反扭矩力。

(7)盾构方向控制

在盾构施工过程中,必须要保证盾构机处于预设的路线上掘进,因此需要测量盾构机的姿态,将数据与隧道设计轴线进行比较,调整盾构机姿态。

①盾构偏向的原因

a.地质条件影响,地层土质不均匀,正面及四周的阻力不一致等。b.TBM本身精度影响,各千斤顶工作不同步、加工精度误差造成伸出阻力不一致。c.施工操作的因素影响,衬砌环缝的防水材料压密量不一致,盾构下部土体如有过量流失,引起盾构下沉,管片拼装质量不佳等。

②盾构的纠偏与状态

目前通过棱镜三点法、激光导向系统或人工测量的方法进行盾构纠偏。前两种方法是普遍应用的纠偏方法,更方便、快捷、准确。但在特殊情况时,可能只能暂时用人工测量的方法来实现纠偏。对盾构现状位置测量后,通过姿态参数的计算来反映盾构真实状态。

③具体测量

人工进行测量。采用坡度板,直接读出盾构纵坡、转角的值。测量两腰千斤顶活塞杆伸出长度,估计平面纠偏效果。用水准仪、激光经纬仪完成测量。

④盾构的操作方法

千斤顶编组:千斤顶的数量应尽量多,管片纵缝处的骑缝千斤顶一定要用,纠偏数值不得超过操作规程的规定值。

⑤千斤顶区域油压调整

目前多数盾构将千斤顶分为上、下、左、右四个区域,每一区域为一个油压系统。通过区域油压调整,起到调整千斤顶合力位置的作用,使其合力与作用于盾构上阻力的合力形成一个有利于控制盾构轴线的力偶。

⑥盾构自转的纠正

产生自转的原因：土质不均匀、纠正不当，大的旋转设备顺着一个方向使用过多；由于盾构制作误差、千斤顶位置与轴线不平行。

纠正方法：盾构有少量自转时，用大型旋转设备反转法；当自转量较大时，采用压重的方法。

(8)操作过程中注意事项

为了保证隧洞的成洞质量，提高掘进效率，同时避免或者杜绝因为误操作和操作不当引起的设备损坏，对双护盾 TBM 的操作及姿态控制注意事项说明如下：

①机器的报警信息应考虑存在"压力、温度、位移、油位、速度、开关闭合、断开"等问题。

②操作人员应严格按照操作程序执行，在未达到操作目的情况下，要仔细检查，禁止反复按压按钮；当故障排除后，应持续关注一段时间，确认问题不再发生。

③掘进参数的选择：掘进时根据岩石和地层的变化来适当调整推力及刀盘转速。参数选取原则为：软岩情况下为小推力、低转速；硬岩情况下为大推力、高转速。在掘进过程中时刻观察刀盘扭不超过 2400kN·m、贯入度不超过 20mm/r、推力不超过 10000kN（刀盘额定推力的 85%）、皮带输送机输渣负载不超过 80% 为宜。

④撑靴压力：主司机可根据围岩情况确定撑靴高压压力，压力值可在参数设置界面更改，若压力低于设置值后会自动补压，当压力持续低于设置值 5min 后会自动停机，维保人员应查明不能及时补压的原因后方可恢复掘进。

⑤主推油缸和辅推油缸长度：为防止油缸位移传感器出错，掘进时要经常测量主推油缸和辅推油缸伸出长度，测出的长度与"上位机"上显示长度对比。正常情况每两环测一次，非正常情况需每环测一次。避免因油缸行程传感器出错而误导操作人员。

⑥刀盘喷水：注意刀盘喷水，喷水量不宜过多，应根据渣石中含水情况及掘进时间调整喷水量。

⑦掘进过程中密切注意机器的实时状态及前向趋势，积极应对掘进方向和设备姿态的调整，对调整的步骤参数及调整量要谨慎对待；对于前盾及支撑盾滚动角，以 0° 为调整目标，保证滚动角控制在 ±0.5° 之内；对于垂直方向主推进油缸的上下行程差宜控制在 80mm 以内，水平方向主推进油缸的左右行程差宜控制在 100mm 以内。

⑧双护盾 TBM 掘进调向/纠偏原则：总体原则为勤调缓调，避免急调大调。在掘进过程中，要保证掘进理论轴线、合适的盾尾间隙，以保证管片拼装质量为依据。当 TBM 姿态偏离设计轴线，或者与管片拼装出现不吻合时，禁止快速回调或者强行安装管片调整，此时在保证管片安装质量的情况下，可暂时保持 TBM 姿态不变，按照现有姿态直线前进，当管片间隙满足姿态调整时，缓慢调整姿态，调整量宜控制在 6mm/m 之内。

⑨严格按照操作程序来执行每一步操作，禁止跳步或者倒乱操作顺序，在没有实现操作目的情况下，要依次排查，禁止反复操按钮。

⑩当故障排除后，应持续关注一段时间，确认故障排除。

⑪操作过程中禁止仅关注某一项参数，要综合相关的各项参数做出最终判断，避免某一项参数临时出错引起的操作误判。

1.5　管片拼装

1) 概述

图 15-10 所示，管片拼装机位于尾盾部分，完成管片锁紧、平移、回转、升降、旋转、倾

斜、转动7种动作,主要作用是安装单层管片衬砌。

(1)管片的类型及特点

球墨铸铁管片:强度高、重量轻、搬运安装方便;精度高、外形准确、防水性能好;加工设备要求高、造价大。

钢管片:型钢或钢板焊接加工而成;强度高、延性好、运输安装方便;精度稍低于球墨铸铁管片;易变形、易锈蚀。

钢筋混凝土管片:有一定强度,制作较容易;耐蚀,造价低;较笨重,在运输、安装过程中易被损坏。

(2)管片的拼装方式

通缝拼装:定位容易,螺栓容易安装;容易产生环面不平,导致环向螺栓难安装;环缝压密量不够。

图15-10 管片拼装机

错缝拼装:一般错开1/3~1/2块管片弧长;整体性较好,施工应力大易使管片产生裂缝;纵向安装螺栓困难,纵缝压密差;环面较平整,环向螺栓比较容易安装。

2)管片拼装机主要结构

(1)抓举装置

采用机械式抓举,完成管片锁紧和抓取。此外,通过抓举装置上液压油缸的伸缩对管片姿态进行微调。

(2)回转机构

主要由液压马达、减速器、小齿轮、回转轴承、回转架等组成,在拼装管片的过程中提供回转力矩,并为整个拼装系统提供支撑。

(3)举升机构

主要由提升油缸组成,用来提升管片和粗调管片姿态。

(4)平移机构

通过纵向移动油缸的伸缩使移动架及安装在其上的回转机构、举升机构等沿轨道做往复运动,从而使管片沿隧道轴向运动。

3)安全设施

安装机遥控器上有一个紧急制动器。当开动安装机遥控器控制板上的紧急制动器时,安装机立即停止工作。复位遥控器时,只能用开动启动开关来重新启动。

4)步骤

(1)管片拼装机启动前的准备工作

①确认遥控器紧急停止按钮未按下。

②检查管片拼装机遥控器面板右下角电量闪烁指示灯为绿色,如果显示为红色表明电池电量不足,需及时更换周转电池。

③检查所有控制开关处于原始位置。

④按下遥控器右侧的"复位"(电铃)按钮。

⑤在主控制室琴台按下"复位"按钮。

⑥确认管片拼装机泵满足启动条件,在主控制室琴台启动P1B泵。

⑦待泵完全启动,泵提示灯变为常亮即可操作。

（2）管片拼装的步骤

①启动过滤冷却泵、管片拼装机泵。

②将工作模式转换到管片安装模式下。

③收第一块管片安装区的推进油缸。

④控制起重机，将第一块管片输送到安装机下方。

⑤管片安装机抓牢管片后，通过调整举升油缸、旋转马达、抓举头翻转等将其准确定位到最终位置。

⑥在需要安装螺栓的孔内穿上螺栓并戴上螺母，但暂时不要拧紧。

⑦将相应的推进缸伸出，顶紧已到位的管片。必须保证在每个管片至少有两个（对）油缸对称的顶紧管片。

⑧用风动扳手将螺栓紧固，风动扳手的风压要满足规定的扭矩要求。

⑨松开抓取头，进行下一块管片的安装。

⑩按照以上的步骤依次安装除封顶块以外的其余管片；安装封顶块时要使封顶块从梯形头的大端向小端慢慢移动来进行定位。

⑪管片安装完成后，应将管片安装机的抓取头向下放置。在单护盾模式下，切换到掘进模式。

⑫根据需要将本环管片的安装信息输入导向系统。

5）拼装时容易出现的问题

①环面不平整：环面不平整是指相邻两块管片环面不平。

②纵缝质量不符合要求：有前后喇叭、内外张角、内弧面平整度、两管片相对旋转及纵缝过宽等表现。

③圆环面不正：整个环面与隧道轴线的垂直度有误差，即上下超前及左右超前。

④螺栓拧紧不足。

⑤管片旋转：由于管片旋转，施工车架同时伴随倾斜，对管片成环带来不同程度的困难。

⑥管片的缺角、掉边及断裂。

1.6 管片起重机

1）概述

管片起重机用于完成从编组列车到管片拼装机的起吊和输送工作。其轨道梁横穿各号拖车、设备桥后梁和设备桥前梁。管片起重机采用矩形钢型梁框架结构，小车行走机构采用齿轮齿条驱动机构。

2）控制手柄

控制手柄如图 15-11 所示。

3）管片吊运的步骤

①如图 15-11 所示，通过控制手柄，管片起重机运行到 1 号拖车管片卸载区域上方，在管片吊具接近管片时要求慢速运行，然后调整管片起重机，使其起重机吊具对准管片吊孔。

图 15-11　控制手柄

②把管片吊装螺纹销轴旋进管片中心的吊装孔内。

③按动管片起重机遥控器下降按钮,使吊具慢速下降,接近管片吊装销轴时,插下吊具上的挡销。

④使吊具继续下降,人工辅助使吊装销轴顶盖装入吊具的凹槽内,然后装上吊具挡销。

⑤启动遥控器上升按钮提升吊具,下吊梁带动吊具使管片上升,直至管片与小车四个支撑脚橡胶垫接触,完成管片吊装。

⑥按前进操作按钮小车慢速向前行走,直至抵达设备桥后梁与管片输送小车之间的区域,松开前进按钮,按下下降按钮,先把管片下降 1700mm 左右,人工推动管片旋转 90°;然后再次按前进按钮,使管片前进到管片小车后部,松开前进按钮,使管片起重机停在此处。

⑦在管片即将下落的位置垫上木条,然后操作遥控器,使管片慢慢下落到木条上。

⑧管片下落到木条上后,使吊具再下落一定的高度,拆下吊具挡销,人工辅助使起吊销轴退出吊具孔,然后使吊具起升至最高位置,管片起重机沿轨道退回 1 号拖车位置,即完成一个周期的管片吊运。

1.7　注浆系统

1) 概述

为了保证周围岩体获得及时的填充,有效稳定岩体,控制地表沉降,TBM 设备配置了三套注浆系统,分别为砂浆系统、双液注浆系统和二次注浆系统。

(1) 注浆的作用

防止地表变形;减少隧道的沉降量;增加衬砌接缝的防水性能;改善衬砌的受力状况;有利于盾构推进纠偏,若要使盾构向右纠偏,可选择右侧压浆,使管片外周单侧有压力,迫使衬砌向左移动,靠足左面盾尾部,右侧盾尾内衬砌与盾壳之间的间隙加大,盾构向右侧纠偏余量就大。

(2)注浆工艺

①分次注浆:用于土质条件好的情况,一般先压集料填充空隙,然后注水泥浆。

②一次注浆:软土层,地下水位高,饱和土质。

③注入时间:盾尾后空隙形成,立即进行压浆。

④注浆量:一般为理论空隙的150%~250%范围。

⑤注浆压力:根据地面建筑物的特点及隧道埋深而定。

⑥同步自动注浆:采用注浆压力自动控制系统,一边使压力保持不变,一边直接向盾尾建筑空隙注浆。另外,通过电磁流量计在监测流量的同时进行自动注浆。

2)步骤

为了实现自动注浆的功能,在管路的注入端安装了压力传感器,用于检测注浆压力,可以通过控制液压油流量来调整注浆泵动作次数,从而调整泵送注浆量。在实际操作中通过电位器控制比例调速阀来实现流量控制。

注浆设备由液压动力站提供动力。泵送注浆量可以通过控制液压油流量来调整。2个出口都装有压力传感器。在泵的冲程可检验的地方,每个活塞都装有计数器。这样每条线上的注浆量均可变化,以适应 TBM 的掘进速度。每个注浆点上的压力传感器发出的信号可以用于控制注浆过程。

(1)手动操作

在手动方式中,通过控制板的开关启动该系统,注入量可借助控制板上的电位器进行调整。

(2)自动操作

在自动操作中,所有2个注浆点都设有连续监测,如果压力超过最小静压力的预设值开始注浆;如果超过最大静压力预设值注浆就会减少,直到该值降到限制值以下。同时注浆压力在主控室有显示,并且最小、最大静压力的预设也是在主控室参数设置界面完成的。

项目15 习题

参 考 文 献

[1] 张凤祥,朱合华,傅德明.盾构隧道[M].北京:人民交通出版社,2004.

[2] 陈馈,洪开荣,吴学松.盾构施工技术[M].北京:人民交通出版社,2009.

[3] 尹旅超,朱振宏,李玉珍,等.日本隧道盾构新技术[M].武汉:华中理工大学出版社,1999.

[4] 竺维彬,鞠世健.复合地层中的盾构施工技术[M].北京:中国科学技术出版社,2006.

[5] 韩亚丽,陈馈.南京地铁盾构隧道管片拼装技术[J].隧道建设,2003(2):16-17,54.

[6] 陈馈.南京地铁盾构掘进技术[J].建筑机械化,2004(2):30-33.

[7] 康宝生,陈馈,李荣智.南京地铁盾构始发与到达施工技术[J].建筑机械化,2004(2):25-29.

[8] 李荣智,陈馈,史基盛.南京地铁联络通道冷冻法施工技术[J].建筑机械化,2004(2):33-35.

[9] [日]土木学会.隧道标准规范(盾构篇)及解说[M].北京:中国建筑工业出版社,2001.

[10] 白廷辉.盾构法隧道施工技术与环境保护[J].地下工程与隧道,1993(3):21-28,35.

[11] 孙钧,易宏伟.地铁隧道盾构掘进施工市区环境土工安全的地基变形与沉降控制[J].地下工程与隧道,2001(2):10-13,33,48.

[12] 顾国明,陈卫平.大型泥水盾构越江隧道施工技术[J].建筑机械化,2008(10):52-56,6.

[13] [德]B.Maidl.机械化盾构隧道掘进[M].鄢伯贤,曾慎聪,胡胜利,译.杭州:浙江大学出版社,2002.

[14] 周文波.盾构法隧道施工技术及应用[M].北京:中国建筑工业出版社,2004.